Benozzo Gozzoli

Comitato Nazionale per le celebrazioni
del V centenario della morte di Benozzo Gozzoli

Benozzo Gozzoli

allievo a Roma, maestro in Umbria

a cura di
Bruno Toscano e Giovanna Capitelli

SilvanaEditoriale

Silvana Editoriale

Progetto e realizzazione
Arti Grafiche Amilcare Pizzi Spa

Direzione editoriale
Dario Cimorelli

Coordinamento
Natalia Grilli

Redazione
Valerio Rossi

Progetto grafico e copertina
Giacomo Merli

Impaginazione
Massimo Strada

Benozzo Gozzoli (1420-1497)
allievo a Roma, maestro in Umbria

Montefalco (Perugia),
Chiesa-Museo di San Francesco
2 giugno 2002 - 31 agosto 2002

Sotto l'Alto Patronato del Presidente della Repubblica Italiana

Con il Patrocinio della Presidenza del Consiglio dei Ministri e dell'Unesco

La mostra è stata progettata e organizzata dal
Comitato Nazionale
per le celebrazioni del V centenario
della morte di Benozzo Gozzoli

Istituzioni ed Enti promotori
Ministero per i Beni e le Attività Culturali
Soprintendenza per i Beni Architettonici, il Paesaggio, il Patrimonio Storico, Artistico e Demoetnoantropologico dell'Umbria
Regione Umbria
Provincia di Perugia
Comune di Montefalco

La mostra è stata resa possibile grazie al contributo dell'Ufficio Centrale per i Beni Librari, le Istituzioni Culturali e l'Editoria del Ministero per i Beni e le Attività Culturali.

Con il sostegno di

Camera di Commercio, Industria, Artigianato e Agricoltura di Perugia

Comitato Nazionale
per le celebrazioni del V centenario
della morte di Benozzo Gozzoli

Il Comitato Nazionale è stato istituito il 9.12.1996 con decreto del Presidente del Consiglio dei Ministri in accoglimento della richiesta dell'Associazione "Ricerche Paolo Bea Research" - Associazione per la ricerca e la promozione della cultura di Montefalco, con l'adesione della Regione Umbria e del Comune di Montefalco.

Giunta esecutiva

Tullia Romagnoli Carettoni, *Presidente*
Bruno Toscano, *Vice Presidente*
Cristina Acidini Luchinat
Enrico Castelnuovo
Mina Gregori
Maria Rita Lorenzetti, *Presidente Regione Umbria*
Claudio Martini, *Presidente Regione Toscana*
Luciano Marchetti, *Soprintendente per i Beni Architettonici, il Paesaggio, il Patrimonio Storico, Artistico e Demoetnoantropologico dell'Umbria*
Antonio Paolucci, *Soprintendente al Polo Museale Fiorentino*
Giampiero Bea, *Segretario Tesoriere*

Comitato

Giuliano Urbani, *Ministro per i Beni e le Attività Culturali*
Silvio Berlusconi, *Ministro degli Affari Esteri*
Letizia Moratti, *Ministro della Pubblica Istruzione, dell'Università e della Ricerca Scientifica e Tecnologica*
Mons. Francesco Marchisano, *Presidente della Pontificia Commissione per i Beni Culturali della Chiesa*
Mons. Pietro Garlato, *Presidente della Consulta Nazionale per i Beni Culturali Ecclesiastici*
Francesco Storace, *Presidente della Regione Lazio*
Claudio Martini, *Presidente della Regione Toscana*
Maria Rita Lorenzetti, *Presidente della Regione Umbria*
Michele Gesualdi, *Presidente della Provincia di Firenze*
Giulio Cozzari, *Presidente della Provincia di Perugia*
Gino Nunes, *Presidente della Provincia di Pisa*
Gianfranco Venturi, *Presidente della Provincia di Pistoia*
Silvano Moffa
Presidente della Provincia di Roma
Leonardo Domenici, *Sindaco di Firenze*
Valentino Valentini, *Sindaco di Montefalco*
Renato Locchi, *Sindaco di Perugia*
Paolo Fontanelle, *Sindaco di Pisa*
Lido Scarpetti, *Sindaco di Pistoia*
Walter Veltroni, *Sindaco di Roma*
Augusto Marinelli, *Magnifico Rettore dell'Università degli Studi di Firenze*
Francesco Bistoni, *Magnifico Rettore dell'Università degli Studi di Perugia*
Luciano Modica, *Magnifico Rettore dell'Università degli Studi di Pisa*
Salvatore Settis, *Direttore della Scuola Normale Superiore di Pisa*
Giuseppe D'Ascenzo, *Magnifico Rettore dell'Università degli Studi di Roma "La Sapienza"*
Alessandro Finacci Agrò, *Magnifico Rettore dell'Università degli Studi di Tor Vergata*
Guido Fabiani, *Magnifico Rettore dell'Università degli Studi Roma Tre*
Francesco Sicilia, *Direttore Generale dell'Ufficio Centrale Beni Librari, le Istituzioni Culturali e l'Editoria*
Francesca Romana Stasolla, *Direttore Generale dell'Ufficio Centrale Beni Archeologici, Architettonici, Artistici e Storici*
Salvatore Italia, *Direttore Generale dell'Ufficio Centrale Beni Archivistici*
Elisabetta Midena, *Direttore Generale degli Scambi Culturali del Ministero della Pubblica Istruzione*
Francesco Aloisi, *Direttore Generale delle Relazioni Culturali del Ministero degli Affari Esteri*
Agostino Saccà, *Direttore Generale della RAI Radiotelevisione Italiana*
Francesco Buranelli, *Direttore Generale dei Monumenti, Musei e Gallerie Pontificie*
Michele Ciliberto, *Presidente dell'Istituto Nazionale di Studi sul Rinascimento*
Walter Kaiser, *Direttore del Center for*

Italian Renaissance Studies – The Harvard University
Edoardo Vesentini, *Presidente dell'Accademia Nazionale dei Lincei*
Cesare Geronzi, *Vice-Presidente dell'Istituto della Enciclopedia Italiana*
Giampiero Bea, *Presidente dell'Associazione "Ricerche Paolo Bea – Research" di Montefalco*
Amedeo Ottaviani, *Presidente dell'E.N.I.T.*
Tullia Romagnoli Carettoni, *Presidente della Commissione Nazionale Italiana* UNESCO
Raffaele Farina, *Prefetto della Biblioteca Apostolica Vaticana*
Cristina Acidini Luchinat, *Soprintendente dell'Opificio delle Pietre Dure di Firenze*
Antonio Paolucci, *Soprintendente al Polo Museale Fiorentino*
Luciano Marchetti, *Soprintendente per i Beni Architettonici, il Paesaggio, il Patrimonio Storico, Artistico e Demoetnoantropologico dell'Umbria*
Guglielmo Maria Malchiodi, *Soprintendente per i Beni Architettonici, il Paesaggio, il Patrimonio Storico, Artistico e Demoetnoantropologico delle province di Pisa, Livorno, Lucca e Massa Carrara*
Claudio Strinati, *Soprintendente al Polo Museale Romano*
Almamaria Mignosi Tantillo, *Direttore dell'Istituto Centrale per il Restauro*
Maria Luisa Polichetti, *Direttore dell'Istituto Centrale per il Catalogo e la Documentazione*
Arianna Scolari Jesurum, *Direttore della Biblioteca di Archeologia e Storia dell'Arte di Roma*
Ida Fontana, *Direttore della Biblioteca Nazionale Centrale di Firenze*
Franca Arduini, *Direttore della Biblioteca Mediceo Laurenziana*
Maria Prunai Falciani, *Direttore della Biblioteca Marucelliana*
Livia Borghetti, *Direttore della Biblioteca Nazionale Centrale di Roma*
Marco Paoli, *Direttore della Biblioteca Universitaria di Pisa*
Serenita Papaldo, *Direttore dell'Istituto Nazionale per la Grafica*
Rosalia Manno Torru, *Direttore dell'Archivio di Stato di Firenze*
Clara Cutini, *Direttore dell'Archivio di Stato di Perugia*
Paola Carucci, *Direttore dell'Archivio di Stato di Roma*
Franco Borsi, *Università degli Studi di Firenze*
Maurizio Calvesi, *Università degli Studi di Roma "La Sapienza"*
Maria Grazia Ciardi Duprè Dal Poggetto, *Università degli Studi di Firenze*
Mina Gregori, *Università degli Studi di Firenze*
Franco Ivan Nucciarelli, *Università degli Studi di Perugia*
Anna Padoa Rizzo, *Università degli Studi di Firenze*
Bruno Toscano, *Università degli Studi Roma Tre*

Commissione scientifica

Bruno Toscano, *Presidente*
Cristina Acidini Luchinat
Clara Baracchini
Roberto Boddi
Giorgio Bonsanti
Franco Borsi
Miklós Boskovits
Enrico Castelnuovo
Diane Cole Ahl
Cristina Danti
Vittoria Garibaldi
Mina Gregori
Francesco Negri Arnoldi
Silvestro Nessi
Anna Padoa Rizzo
Antonio Paolucci
Simonetta Prosperi Valenti Rodinò
Pietro Scarpellini

Segreteria della Commissione scientifica
Giovanna Capitelli

Segreteria prestiti della mostra
Silvana Editoriale
Elisabetta Franchi
Carla Greco

Ufficio stampa
Silvana Editoriale
Massimo D'Elia

Progetto dell'allestimento
Bruno Gori (Pro. Rest.)
con la collaborazione di
Simona Marinelli
Bernardino Sperandio
Rolando Ramaccini
Mario Tosti

Realizzazione e allestimento
Coo.Be.C., Spoleto
in collaborazione con
Guidobaldi Pubblicità, Foligno

Restauri delle opere in mostra
Giovanni Manuali
Raimondo Milio
Roberto Saccuman

Controllo delle condizioni conservative e climatologiche
Roberto Boddi, *Opificio delle Pietre Dure, Laboratori di Restauro di Firenze*

Revisione conservativa delle opere
Walter Pepperosa
Coo.Be.C., Spoleto; Bruno Bruni

Apparato didascalico in mostra
Museiamo

Traduzioni
Daniela M. Brovedani

Trasporti
Propileo Transport

Assicurazioni
Ina Assitalia

Broker
Progress Insurance Broker

Albo dei prestatori

Assisi, Museo-Tesoro e collezione Perkins
Berlino, Staatliche Museen, Gemäldegalerie
Città del Vaticano, Biblioteca Apostolica Vaticana
Città del Vaticano, Musei Vaticani
Colonia, Wallraf-Richartz-Museum
Cortona, Biblioteca del Comune e dell'Accademia Etrusca
Firenze, Gabinetto Disegni e Stampe degli Uffizi
Foligno, Museo della città
Ginevra, collezione Jan e Marie-Anne Krugier-Poniatowski
Grassina (Firenze), collezione Alberto Bruschi
Leeds, Harewood House Trust
Londra, The British Library
Londra, The British Museum
Londra, The National Gallery
Londra, The Royal Collection
Londra, Victoria and Albert Museum
Milano, Pinacoteca di Brera
Narni, Pinacoteca Comunale
Parigi, École Nationale Supérieure des Beaux-Arts
Parma, Biblioteca Palatina
Perugia, Archivio di Stato
Perugia, Galleria Nazionale dell'Umbria
Filadelfia, Philadelphia Museum of Art
Roma, Basilica di Santa Maria sopra Minerva
Roma, Galleria Nazionale d'Arte Antica di Palazzo Corsini
Roma, Istituto Nazionale per la Grafica
Roma, Museo Nazionale di Palazzo Venezia
Rotterdam, Museum Boijmans Van Beuningen
Santa Maria degli Angeli (Perugia), Convento della Porziuncola
Stoccolma, Nationalmuseum
Vienna, Kunsthistorisches Museum, Gemäldegalerie
Viterbo, Museo Civico
Washington, National Gallery of Art
Windsor, The Royal Library

Catalogo a cura di
Bruno Toscano e Giovanna Capitelli

Contributi di
Cristina Acidini Luchinat, Miklós Boskovits, Bruno Bruni, Marco Bussagli, Giovanna Capitelli, Diane Cole Ahl, Guido Cornini, Francesca Cristoferi, Beatrice Cirulli, Anna Maria De Carolis, Patrizia Di Benedetti, Antonella Filiani, Dillian Gordon, Elvio Lunghi, Lorenza Melli, Rosaria Mencarelli, Mauro Minardi, Silvestro Nessi, Anna Padoa Rizzo, Federica Papi, Francesca Pasut, Bruno Toscano, Giuseppa Z. Zanichelli

Traduzioni
Patrizia Di Benedetti
Cecilia Frosininip

Un particolare ringraziamento va a
S.E. Rev.ma Mons. Riccardo Fontana, Arcivescovo della Diocesi Spoleto-Norcia.

Si ringraziano inoltre tutte le persone che hanno collaborato alla realizzazione della mostra, in particolare
Raffaella Albanese, Mario Alessi, Loretta Angeli, Walter Baldaccini, Liliana Barroero, Margaret Beaumont, Giorgio Bechelloni, Marco Bencivenga, Maria Grazia Benini, Rossella Bennati, Carla Bertorello, Caterina Bon Valsassina, Francesco Bonnucci, Evelina Borea, Damiana Bovo, Stefania Cametti, Loretta Camilli, Annalia Cancelliere, Gianmarco Cannavicci, Giovanni Carandente, Fernando Cecchini, Roberto Contini, Simonetta Corazza, Morena Costantini, Daniel Deighton, Teresa dello Storto, Francesco De Petra, Maria Pia Donato, Andrea Emiliani, Etrusca Convention, Antonella Fazzari, Oreste Ferrari, Maria Luisa Ferretti, Sylvia Ferino-Pagden, Marcella Garagoli, Federica Giacomini, padre Nicola Giandomenico, Carlo Giantomassi, Stefano Grandesso, Gaetano Gargano, Gerardo Greco, Silvana Grosso, Gerlinde Gruber, Alison Klebanoff, Luigi Luciani, Francesca Manzari, Rita Marini, Giovanni Morello, Raffaella Morselli, Angela Maria Napolioni, Mauro Natale, Marina Nelli, Hannelore Neutzmann, Maila Orazi, Francesco Paiano, Argantina Pambuffetti, Maria Grazia Pettine, Daniela Porro, Maria Antonella Proietti, Enrica Quintili, Frances Rankine, Mario Remoli, Joseph Rishel, Rita Rocconi, Margherita Romano, Francesco Sagna, Giovanna Sapori, Luigi Spezzaferro, Carl Strehlke, Bruna Tamburini, Claudia Tempesta, Andrea Troiano, Maria Ortensia Vella, Donatella Zari, Patrizia Zambrano, Bruno Zanardi, Maria Flora Zurlo.

Un ringraziamento speciale alla Commissione Italiana per l'Unesco, a tutto il personale del Comune di Montefalco e alla Società Sistema Museo

Confidiamo che la Mostra Benozzo Gozzoli, allievo a Roma, maestro in Umbria *che in questo catalogo si illustra meriterà l'apprezzamento e la stima dei critici e dei visitatori. Altri ne illustrerà, in questo volume, appunto, gli aspetti scientifici ed artistici. Ma vorrei non sfuggisse un dato particolare: organizzare questa mostra è stata una sorta di duplice sfida.*
Una sorta di sfida civile e scientifica nei confronti delle "calamità naturali". Il sisma del 1997 con i gravissimi danni procurati alla città sembrò rendere impossibile l'utilizzo della ex Chiesa di San Francesco dove gli affreschi del Maestro attendevano già da allora l'arrivo di altre sue opere – le opere della sua gioventù – sparse in tutto il mondo.
Sembrò una scommessa ardita impuntarsi a fare la mostra a Montefalco e nella sede "giusta". Ricostruzione, restauro, impegno di amministratori, di cittadini, di storici dell'arte hanno, secondo noi, segnato una vittoria "civile". Insomma un esempio di quella partecipazione della società civile che oggi viene richiesta a tutela, sviluppo, esaltazione del patrimonio culturale che viene proposto come patrimonio comune della umanità tutta – senza confini di stati, continenti, culture – e quindi affidato alla responsabilità attiva di tutti i cittadini del mondo.
E in questo senso ci sembra di poter dire che questa scommessa vinta assume un valore simbolico e di testimonianza. Cittadini di terre colpite dalla natura hanno saputo reagire. Sono soprattutto le loro forze, la loro volontà, il loro impegno alla base della ricostruzione che ha consentito questa Mostra. Un'opera d'arte "ritrovata" nei luoghi ove è stata creata segnala la capacità di ricollegarsi alle proprie tradizioni, alla propria natura, alla propria cultura. È, insomma, un segno di forza interiore e questo mi pare il grande messaggio che parte oggi da Montefalco.
La seconda scommessa è forse più sottile: si è trattato di non seguire i soliti illustri tramiti che portano – quasi sempre, per fortuna! – a splendidi eventi di esposizioni con altissimi nomi in celeberrimi luoghi, ma di puntare su una mostra che si qualificasse per finezza, riflessione, ricerca dalle quali far nascere nuovi spunti per la storia di un artista, di un'epoca, di un luogo.
Si è trattato di dimostrare nel contempo che una mostra raffinata può non essere elitaria perché può divenire un polo di attrazione se capace di creare – aumentando il volume di quello che c'è già in San Francesco – un "luogo di fascino", cui questo catalogo dona il linguaggio.
D'altronde in un mondo dove cresce a dismisura – anche sotto, ahimè!, un sedicente lodevole aspetto divulgativo – una falsa cultura che nasconde assai spesso interessi ultronei, contro la non cultura massificata servono iniziative come queste: forse sono già un rimedio, certo sono un aiuto a chi deve discernere e soprattutto – come nel caso del sistema dei media – insegnare a discernere.
Una ragione in più per essere grati a quei cittadini egregi che anche con sacrificio personale vollero e ottennero l'istituzione del Comitato, per ringraziare la Commissione Scientifica, alla cui presidenza si sono succeduti Maurizio Calvesi e Bruno Toscano e che ha ideato e messo a punto il progetto della mostra, il Comune di Montefalco impegnato – se è permessa l'espressione – fino allo spasimo, la Regione Umbria, il Ministero dei Beni e delle Attività Culturali che non ci ha mai lasciati soli nelle non facili peripezie della nostra vita "prolungata" dagli eventi, le Soprintendenze e, infine – ma con particolare riguardo – i Musei e le Gallerie estere ed italiane che ci hanno prestato le opere. Anche perché è merito delle loro unite volontà se si rafforza in noi la convinzione che tanti luoghi di questa Italia, che di cultura è intrisa, anche se appaiono di minor richiamo scenico-turistico sanno raggiungere mete di uguale incanto.

Sen. Tullia Romagnoli Carettoni
Presidente del Comitato Nazionale
per le celebrazioni del V centenario
della morte di Benozzo Gozzoli

Benozzo Gozzoli trova finalmente degna celebrazione in una grande mostra interamente dedicata alla sua fortuna e alla sua produzione in una delle sedi più significative per comprenderne il percorso artistico, Montefalco. Qui, nella ex chiesa di San Francesco, è il caleidoscopico ciclo di affreschi che Benozzo dipinse all'aprirsi degli anni cinquanta del Quattrocento, da poco restaurato grazie ad una delle tante generose "adozioni" di monumenti da parte di privati, che si sono verificate dopo il terremoto del settembre 1997 e che hanno consentito il recupero di alcuni importanti monumenti danneggiati da quella calamità.
La Soprintendenza è parte di questo evento con attività diverse: dalla direzione dei lavori nel grande cantiere della chiesa di Montefalco, alla partecipazione al Comitato Nazionale, agli studi ospitati in questo volume, in un percorso che, letto retrospettivamente, ha per filo conduttore l'attività di tutela strettamente correlata alla ricerca scientifica. Ciò è tanto più importante se rapportato al complesso intervento che è stato effettuato sugli affreschi, durante e dopo il quale sono state tante le scoperte e le novità che la materia ha offerto per una migliore comprensione tecnica del cantiere gozzolesco e una più esatta valutazione dell'opera all'interno del percorso del pittore.
*La mostra, come il catalogo che l'accompagna, nasce dal lavoro di molti e, come sempre più spesso accade, è dalle fatiche di un'*équipe *diversificata nelle competenze che scaturiscono gli esiti migliori e più incoraggianti per proseguire sulla strada difficile ma stimolate della conservazione e della valorizzazione. In un momento di grande evoluzione del Ministero per i beni e le attività culturali, quando sono in corso importanti progetti che ne modificheranno i modelli strutturali e gestionali, la mostra che si inaugura ben si inserisce nel quadro che disegna per gli Enti locali e per i privati un futuro di maggiore impegno verso la promozione dei beni culturali, consentendo loro di porre in essere strategie mirate a far conoscere meglio un patrimonio che le Soprintendenze hanno l'obbligo di tutelare ma che tutti insieme, in una armonica cooperazione, abbiamo interesse a far crescere nella consapevolezza comune.*

Luciano Marchetti
Soprintendente per i Beni Architettonici, il Paesaggio, il Patrimonio Storico, Artistico e Demoetnoantropologico dell'Umbria

La mostra su Benozzo Gozzoli, allievo a Roma, maestro in Umbria *costituisce un evento culturale di richiamo internazionale. L'ottima riuscita di tale iniziativa, ideata e organizzata dal Comitato Nazionale per le celebrazioni del V centenario della morte di Benozzo Gozzoli e sostenuta dalla Regione Umbria e dal Comune di Montefalco, è già nei numeri della mostra.*
Oltre trenta musei prestatori italiani e stranieri hanno infatti accolto con entusiasmo l'invito a partecipare al primo evento espositivo dedicato al pittore quattrocentesco e a concedere in prestito sessanta opere delicate e fragili: dipinti su tavola, disegni, manoscritti miniati, che permettono di ricostruire per la prima volta in una sede espositiva l'iter *del pittore quattrocentesco Benozzo Gozzoli.*
A Montefalco, nella chiesa di San Francesco, oggi sede di uno dei numerosi musei che costituiscono la rete museale della Regione Umbria, Benozzo Gozzoli ha lasciato uno dei suoi più significativi cicli ad affresco, di recente restaurato e consegnato a nuovo splendore. Siamo certi che questa mostra costituirà un invito, e al contempo una occasione privilegiata per una visita di questo splendido centro storico e, confidiamo, di tutto il territorio circostante: ricco di sorprese, di gioielli del patrimonio artistico della regione. Un patrimonio che in questa area dell'Umbria affascina particolarmente il visitatore perché lo sorprende; ambiente, architettura, straordinari esempi di arte di un passato remoto, ma anche più recente, si svelano inattesi e, dunque, ancor più intensi nelle emozioni che riescono a suscitare. E come un po' tutta l'Umbria, anche questa terra offre superbe testimonianze della qualità delle produzioni tipiche locali, dal vino all'olio, dal pane alle carni, rendendo così il soggiorno davvero difficilmente dimenticabile.

Maria Rita Lorenzetti
Presidente Regione Umbria

Il nostro Museo di San Francesco è, ormai, sede consueta di incontri qualificati e strumento privilegiato per far conoscere il nostro territorio. Attraverso questo evento di grande prestigio, che si colloca all'interno di un'ampia serie di iniziative, pensiamo di rendere un prezioso servizio a Montefalco, al nostro Paese e alla cultura internazionale. In anni in cui gli eventi culturali vanno assumendo sempre più caratteristiche di spettacolarizzazione e in cui il pubblico viene regolarmente convocato nelle città d'arte grazie a nomi altisonanti e spesso estranei all'identità dei luoghi e alla valorizzazione del proprio patrimonio artistico, il Comune di Montefalco si fa promotore, con grande piacere e immensa soddisfazione, di un evento perfettamente in linea con la sua facies *storica e il suo rilancio turistico "di qualità".*
La mostra sul pittore quattrocentesco Benozzo Gozzoli, protagonista dell'arrivo in Umbria del linguaggio pittorico rinascimentale, organizzata dal Comitato Nazionale per le celebrazioni del V centenario della morte del pittore, in piena sintonia con le istituzioni locali, si offre come perfetta conclusione di un iter *disagevole ma condotto con una piena consapevolezza degli obiettivi da raggiungere.*
Un iter *che ha visto il Comune protagonista – con il prezioso aiuto della Regione Umbria e della Soprintendenza ai Beni Architettonici, Storico-Artistici dell'Umbria – del restauro e dell'adeguamento a standard museali internazionalmente riconosciuti del proprio Museo Civico, collocato all'interno della ex-chiesa di San Francesco, oggi sede della mostra.*
Un percorso a ostacoli che ha superato i pesanti danni inflitti al paese dal sisma del 1997 e ne ha tratto l'occasione e le forze per affrontare il restauro del ciclo di affreschi dell'abside centrale della chiesa di San Francesco, restauro capace di restituire ottima leggibilità a una delle più importanti opere sopravvissute di Benozzo Gozzoli.
Un cammino che si chiude ora con una mostra di eccezionale qualità, una mostra "saggio", che ha convinto più di trenta istituzioni museali italiane e straniere a prestare opere delicatissime e di grande pregio e a partecipare così alla prima grande iniziativa monografica sull'artista.

Valentino Valentini
Sindaco di Montefalco

Sommario

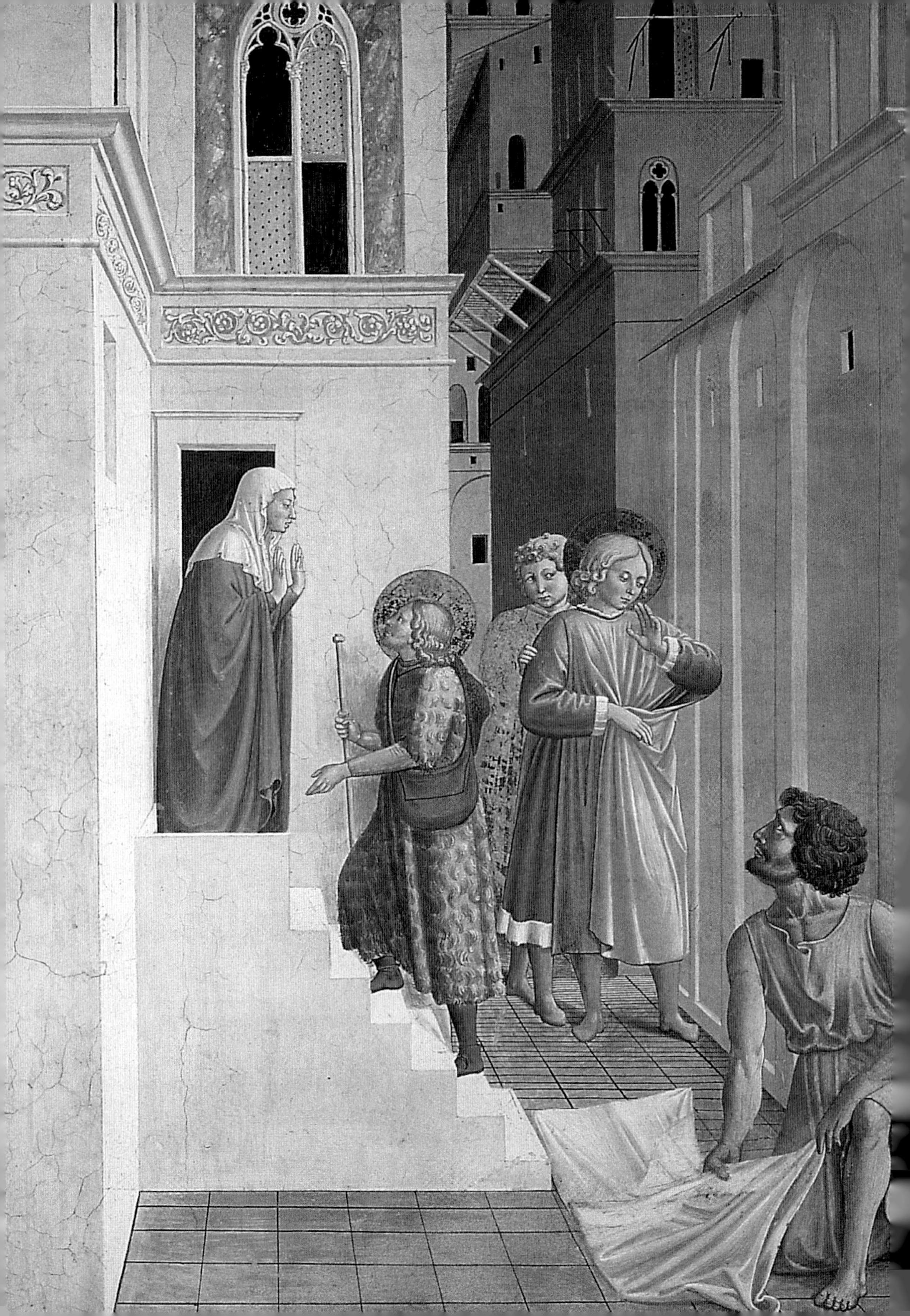

Una lunga vita operosa

Anna Padoa Rizzo

1. Benozzo Gozzoli, *Storie di san Francesco: Gesù in veste di pellegrino bussa alla casa di Francesco*, Montefalco, chiesa di San Francesco.

Benozzo di Lese di Sandro nacque a Firenze, probabilmente nei mesi invernali a cavallo degli anni 1420-1421. Una simile datazione spiegherebbe con sufficiente credibilità le dichiarazioni reperibili nelle "portate" al Catasto fiorentino (Quartiere Santo Spirito, Gonfalone Drago) di suo nonno prima, poi di suo padre e infine di lui stesso, che, come ben noto, non erano così esatte come oggi si potrebbe pensare trattandosi di documenti ufficiali, ma registravano dati approssimati per difetto o per eccesso, indistintamente: un arrotondamento delle età che ancora oggi si riscontra nell'uso corrente malgrado le odierne certezze dei dati anagrafici, e certo ben comprensibile in un tempo assai meno fornito di strumenti del genere.
Ripercorriamo brevemente le notizie che abbiamo: nel Catasto del 1427, che doveva essere consegnato entro il mese di luglio[1], intestato al nonno Sandro di Lese, Benozzo è ricordato tra le "bocche" come di sette anni di età: tale "portata", citata e in parte trascritta dallo Horne[2], come presente nel volume n. 26 del Catasto presso l'Archivio di Stato di Firenze, non è più reperibile, ritengo perché scritta su un foglio staccato e andato perduto.
Nella "portata" del gennaio 1430/31 ("incamerata" il 30 giugno del 1431)[3], sempre intestata al nonno Sandro di Lese "schardassiere", Benozzo è detto di dieci anni, mentre in quella del maggio 1433 (incamerata in dicembre), sempre intestata al nonno, Benozzo è detto di dodici anni[4]; nella "portata" del 1442, che è del 31 agosto[5], ancora intestata al nonno, a proposito di Benozzo, detto di venti anni, si dà una prima notizia interessante, affermando che "impara ad dipignere"; e poi, nella "portata" del febbraio 1446/47 ancora di Sandro di Lese[6], tra le "bocche" è ricordato "Benozzo dipintore d'anni 24". Infine, nel Catasto del febbraio 1456/57 intestato al padre Lese di Sandro, Benozzo è detto trentaquattrenne ma assente da Firenze da molti anni[7].
La famiglia di Benozzo era originaria del Piviere di Settimo, nel settore ovest del contado fiorentino, dimorando nel popolo di Sant'Ilario a Colombano, dove aveva terre che lavorava direttamente, come risulta ancora dal Catasto del contado del 1427[8], nel quale compaiono membri di un altro ramo, il principale, della famiglia che non si inurbò, e in cui ricorre spesso il nome "Gozzolo", da cui il Vasari derivò il "cognome" col quale Benozzo è conosciuto.
Il nonno di Benozzo, di professione "scardassiere", cioè pettinatore di lana (un artigianato assai diffuso al tempo), abitava con la numerosa famiglia, composta da lui e sua moglie Margherita e dal figlio Lese (il padre di Benozzo) a sua volta con moglie e figli, in una casa entro le mura cittadine, posta in via del Fiore, nel popolo di Santa Maria in Verzaia, un luogo detto "Camaldoli" perché largamente pertinente al monastero dei camaldolesi, al quale la famiglia stessa pagava il fitto: una casa individuata con precisione dallo Horne[9] che la descrive come ancora riconoscibile al suo tempo, modesta, sistemata su due piani compreso quello terreno, con un portoncino quadro su

due scalini, provvista sul lato sinistro di una finestra e di altre due al piano superiore, e completata da un cortiletto.
Dai Catasti si conosce che la famiglia continuò a possedere degli appezzamenti di terreno nel contado di origine, in parte venduti al parente Gozzolo di Lorenzo già nel 1433 "per maritare una mia figliuola e per vivere" secondo la dichiarazione di Sandro di Lese; malgrado le querimonie (peraltro abituali) davanti agli ufficiali del Catasto, la famiglia non doveva versare in cattive acque, considerando che Lese, unico figlio maschio del capofamiglia Sandro, non continuò il più modesto lavoro del padre, ma si dedicò a un lavoro di artigianato meno pesante, quello di "farsettaio" (cioè di sarto, nella sostanza), nel quale avviò anche il figlio Domenico[10].
La continuità di rapporti con il contado di origine della famiglia (peraltro pochi chilometri fuori le mura cittadine, nella direzione stessa della loro abitazione), dovuta alla necessaria cura dei propri interessi (e anche, crediamo, alla presenza di parenti cari) non fu, a mio parere, indifferente per la formazione anche professionale di Benozzo: come ho con maggiore ampiezza indicato in una relazione apposita (*Preliminari circa il paesaggio in Benozzo*) al convegno tenuto a Montefalco nell'ottobre 2000, la sua attenzione non convenzionale alla rappresentazione del paesaggio toscano, e anche la capacità di osservazione penetrante e di naturalistica e affettuosa descrizione di animali e fiori e piante di cui ci fornisce ampia documentazione nei suoi dipinti, credo debbano essere connessi alla sua frequentazione continuativa, fin dall'infanzia, della campagna fiorentina.
Anche l'attività paterna, di "farsettaio", non dovette rimanere inerte nei confronti di Benozzo bambino e giovinetto, accostandolo assai per tempo al mondo dell'artigianato artistico e offrendogli l'opportunità e l'abitudine di ammirare e osservare da vicino, imparando a distinguerle tra loro con l'occhio e col tatto, le stoffe diverse, le lane ruvide e calde, i lini, i velluti lisci o lavorati, le sete e i damaschi, e insieme portandolo a frequentare anche le officine di "orpellai" e ricamatori, con i quali, credo non per caso, si trovò a collaborare quando, nell'ottobre del 1439, circa diciottenne, dette il suo contributo alla messa in opera della preziosa "coltre" da morti per la compagnia di Sant'Agnese delle Laudi; essa aveva sede nella chiesa del Carmine, in un vano tuttora esistente (e recentemente restaurato) sul fianco sinistro della chiesa, quasi di fronte alla cappella Brancacci, che Benozzo poté studiare da vicino e con agio nelle sue frequentazioni della confraternita, sembra esclusivamente professionali. Alla decorazione della preziosa "coltre" Benozzo collaborò provvedendo a dipingervi sopra una figura di *Cristo che ascende al cielo*: il suo primo lavoro di cui abbiamo notizia, fino a oggi, cui dedicai anni fa un apposito studio, al quale rimando[11].
D'altronde, un particolare interesse di Benozzo alla rappresentazione di belle stoffe decorate o ricamate, ma anche di abiti descritti con precisione curiosa e veridica, è riconoscibile in tutta la sua attività: indice, a mio avviso, di un'abitudine all'osservazione originata da una frequentazione assidua del mondo artigianale nel quale suo padre operava.
Non sappiamo niente sull'infanzia di Benozzo e la sua prima educazione: è tuttavia ben credibile che abbia frequentato la scuola almeno fino ai tredici-quattordici anni, proseguendo, dopo la scuola elementare (di cinque anni a partire dai cinque-sei di età, come al giorno d'oggi) nella quale si imparava a leggere e scrivere, con la scuola dell'abbaco, di due-tre anni, che insegnava a

far di conto e a tenere la contabilità, avviando a qualunque professione mercantesca o artigianale abbastanza elevata. Ciò è reso credibile dalla prassi del tempo per i figli più dotati di famiglie artigiane tutto sommato sufficientemente benestanti, seppur semplici, come era quella di Benozzo, ed è certificato dal suo grado di familiarità con la scrittura, testimoniato da suoi documenti autografi, quali le lettere indirizzate a Piero di Cosimo dei Medici in occasione della decorazione della cappella nel palazzo di via Larga (1459) e al giovane Lorenzo il Magnifico (1467) durante il soggiorno a San Gimignano: si tratta infatti di testi scritti in una grafia accurata (certo a causa dell'occasione) ma anche fluida e sicura, oltre che corretta, e dotati di struttura sintattica sufficientemente chiara, che dimostrano una scolarizzazione certo più estesa di quella elementare.

In analoga direzione possono testimoniare anche, seppure in maniera più indiretta, le molte iscrizioni che corredano i suoi dipinti, sempre in bei caratteri "all'antica" e assai corrette, anche quando sono in latino: ho detto che in questi casi la testimonianza è tuttavia meno diretta rispetto agli autografi cartacei perché, sicuramente per le iscrizioni latine ma anche per quelle esplicative in "volgare", egli avrà seguito dei testi fornitigli per l'occasione dai dotti committenti ecclesiastici; e tuttavia era, ad evidenza, in grado di interpretarli e riportarli con una esattezza crediamo largamente cosciente. D'altronde, la frequentazione di committenti sempre di rango e spesso ecclesiastici, e la continua dimestichezza con l'Angelico, ma anche col Ghiberti e poi con l'ambiente della Curia romana, avranno certo incentivato questa sua base culturale.

Per quanto detto sopra, crediamo dunque che non prima del 1435 Benozzo sia stato mandato dal padre presso una bottega di pittura per compiere il proprio apprendistato: questo, secondo le regole dell'Arte, ancora piuttosto rigide a quel tempo, doveva constare di sei-sette anni, dei quali gli ultimi tre, almeno, compiuti come "discepolo", dopo quelli da "garzone": ciò si accorda perfettamente con le poche notizie che abbiamo.

Infatti, nell'ottobre 1439, abbiamo visto, Benozzo è definito "dipintore" nel documento della compagnia di Sant'Agnese (la stessa definizione è usata nel 1441 in altri documenti della stessa compagnia, relativi ad altri lavori di pittura, ugualmente perduti), alla quale fornisce un'opera compiuta di sua mano. Ciò non significa affatto che egli fosse già "maestro", cioè iscritto all'Arte dopo aver concluso il tirocinio e aver prestato giuramento, bensì che era incamminato in quella attività e già sufficientemente esperto, avendo terminato il primo ciclo dell'apprendistato come "garzone" e magari iniziato la fase ulteriore, del "discepolato", che comportava un diverso e più organico *status* giuridico, sebbene non sempre rispettato nella prassi delle botteghe e anzi spesso camuffato. Questo si accorda con il fatto che nella "portata" al Catasto dell'agosto 1442, di Benozzo ventenne si dice che "impara ad dipignere", facendo anzi ritenere che fosse impegnato in un vero e proprio "discepolato" (cosa ben in linea con l'età dichiarata) in una fase ormai assai avanzata, pressoché conclusiva: infatti nel Catasto successivo (1446/47) è senz'altro dichiarato ormai "dipintore", e anzi la dizione "impara ad dipignere", ricalcata sul Catasto precedente, è cancellata e sostituita con quella esatta "è dipintore": da questo si deduce, mi pare con certezza, che nel frattempo fosse avvenuta l'iscrizione all'Arte, sebbene nel volume a noi pervenuto delle Matricole dei pittori il suo nome non compaia[12], e nel Libro della Compagnia dei pittori sia registrato come "Benozzo Gozzoli" con accanto la data, impossibile, MCCCCXXIII aggiunta da una mano assai più tarda[13]: tuttavia mi sembra che una tale indicazione possa essere utile ugualmente, essendo possibile (o forse addirittura probabile) che il più tardo scrivano compilasse da un documento precedente, consunto e mal leggibile, interpretando alla meglio una iscrizione malandata, che poteva essere MCCCCXLIII. Questa sarebbe una data del tutto probabile, coincidendo con la fine dei lavori in San Marco con l'Angelico, e precedendo l'inizio (dal 1° marzo stile fiorentino, quindi dalla fine dell'anno secondo il computo del tempo) del coinvolgimento col Ghiberti alla Porta del Paradiso, con un contratto di ingaggio di livello superiore all'apprendistato data la paga non indifferente già al primo anno, e poi in crescita nei due successivi: "Benotius Lesis pictor populi sancti Fridiani de Florentia [...] locavit se ad laborandum et se personaliter exercendum cum omni sua industria et magisterio in laborerio hostiorum ianue Sancti Johannis [...] diebus et horis debitis et usitatis in similibus laboreriis [...] Et in dicto tempore fideliter et absque alia fraude se exercere prout eidem impositum fuit [...] et ex alia parte [...] promisit et convenit ipsum Benotium [...] durante dicto tempore retinere et eidem dare solvere et pagare pro suo salario provisione et mercede pro primo anno flor. sexaginta auri [...] pro secundo flor. Settuaginta [...] pro tertio et ultimo anno [...] flor. ottuaginta auri [...]".

Questo certifica, a mio parere, la sua raggiunta qualifica professionale, che poteva dargli capacità e titolo di intervenire in maniera qualificata e decisiva nella conduzione del lavoro che ormai bisognava portare a termine, secondo il deciso richiamo da parte dei committenti verso il Ghiberti contenuto nel documento del 24 giugno 1443[14]: nel contratto si dice infatti esplicitamente che Benozzo dovrà lavorare personalmente con tutta la sua capacità e maestria. Ritengo infatti necessario riconoscere il suo intervento[15] in alcune scene della Porta del Paradiso, in particolare in quella dell'*Incontro di Salomone e la regina di Saba* certamente allusiva alla raggiunta unità tra la Chiesa d'Occidente e quella di Oriente sancita dal concilio del 1439 tenutosi a Firenze, e quindi di necessità largamente ideata oltre che eseguita dopo tale data: dunque possibilmente anche dopo l'ultimo accordo (24 giugno 1443) tra Ghiberti e l'Arte di Calimala per la consegna del lavoro, pertanto poco prima dell'ingaggio di Benozzo dal 1° marzo 1443/44, per tre anni.

Peraltro, sempre a mio parere, una conferma a quanto detto sopra viene dalla constatazione che la paga di Benozzo per l'ultimo anno di lavoro con Ghiberti corrisponde (poco meno) allo stipendio di sette fiorini al mese riconosciutogli quando (1447) lavora a Roma con l'Angelico in Vaticano e, sempre con l'Angelico, a Orvieto, in estate: e in tale occasione Benozzo è esplicitamente indicato come "consocio" dell'Angelico, quindi ormai maestro a sua volta, cosa d'altronde sicuramente deducibile anche dai documenti dell'Archivio Vaticano, dove la stessa espressione viene usata per qualificare Benozzo e il Beato Angelico: "frate Giovanni di Pietro dipentore alla chapella di Santo Pietro, dell'Ordine di San Domenico", "Benozzo d'Aleso dipentore da Firenze ala sopradetta chapella"[16].

Intorno al 1435, quando Benozzo, circa quattordicenne, dovette cominciare il suo tirocinio artistico, molte erano le botteghe di "dipintore" attive a Firenze, di vario livello e di diversa fama, ma certo tutte in grado di fornire una solida base di tecnica artigiana, accurata e sapiente, controllata strettamente dall'Arte che ne garantiva, attraverso le sue regole, la qualità[17]. Non sappiamo quale fu quella scelta da Lese di Sandro "farsettaio" per il proprio figlio che certo già dimostrava, oltre intelligenza vivace e interesse, anche attitudine specifica al disegno, "fondamento dell'arte" secondo Cennino Cennini[18]: tuttavia, considerando il mestiere esercitato da Lese, di artigianato artistico e certo a contatto con molti colleghi attivi in campi affini, e considerando anche la facilità di rapporti che gli potevano venire dalla frequentazione continua occasionata dalla vicinanza di abitazione e anche dalla comunanza di frequentazione dei luoghi di culto, ritengo probabile che egli abbia inizialmente indirizzato suo figlio verso la bottega di qualche conoscente della zona.

Tra i "vicini di casa" dipintori ben avviati spicca, in questo tempo, Bicci di Lorenzo, anch'egli abitante "in Chamaldoli", ma in via San Salvatore, dove teneva anche bottega in una "mezza casa a pigione dove io fo bottega, pago l'anno due fiorini a uno ch'à nome Giovanni Belo da Monte Caregli [...] È posta la detta casa nel popolo di Santo Friano di Firenze, in via San Salvadore in Camaldoli", poco distante, dunque, dalla sua abitazione[19] .

L'ipotesi, non suffragata da alcun documento, può tuttavia trovare qualche appoggio nel fatto che Bicci di Lorenzo e poi suo figlio Neri, furono iscritti (e attivi) come membri della compagnia di Santa Agnese delle Laudi al Carmine, per la quale Benozzo eseguì i suoi primi lavori da pittore documentati nel 1439 e nel 1441, e inoltre una profonda amicizia legava Bicci e la sua famiglia al pittore Massaio di Jacopo, anche lui abitante nel popolo di San Frediano e membro della compagnia di Sant'Agnese, padre di Piero di Massaio (all'incirca coetaneo di Benozzo) e sempre legato alla stessa compagnia: Piero di Massaio fu in seguito implicato nel lavoro alla cateratta dell'Armadio degli argenti della Santissima Annunziata, opera importante dell'Angelico e della sua bottega nella quale anche Benozzo, a mio avviso, fu coinvolto.

Potrebbe essere stata quella di Bicci di Lorenzo (o di qualche altro maestro di quell'*entourage*) la bottega frequentata inizialmente da Benozzo, attraverso la quale poté anche essere introdotto presso la compagnia di Sant'Agnese, alla quale peraltro facevano riferimento anche artigiani, "orpellai", ricamatori, "banderai", attivi in campi prossimi a quello in cui suo padre svolgeva la propria attività e abitanti nello stesso quartiere cittadino.

Non sembri diminutivo ritenere il giovane Benozzo coinvolto con stretti rapporti, nel periodo della sua prima formazione, nel mondo variopinto e minuto, ma attivissimo e altamente qualificato, dell'artigianato artistico fiorentino, largamente omogeneizzato con quello dei "dipintori" veri e propri, come dimostra anche l'appartenenza, indifferenziata, alla compagnia di San Luca[20] e la prassi delle botteghe[21]. D'altronde, come più volte evidenziato da vari studiosi, è poco probabile che l'Angelico, certo referente fondamentale per Benozzo fin dalle sue opere più antiche pervenuteci, per la sua condizione di religioso dell'Osservanza domenicana, potesse tenere una vera e propria bottega pittorica (della quale non è rimasta alcuna traccia documentaria, a differenza di quanto accadde per Lorenzo Monaco[22]) dove potessero essere educati con continuità fin dai primi rudimenti dei "garzoni" laici[23].

È più probabile, a mio avviso, che egli reclutasse di volta in volta (per le imprese più ampie soprattutto, come i cicli di affreschi) dei collaboratori già in grado di inserirsi direttamente nel lavoro: un inserimento che poteva ben corrispondere alla fase finale dell'apprendistato, quella del "discepolato" giuridico. Un rapporto di questo tipo potrebbe, abbiamo visto, essere benissimo conci-

2. Benozzo Gozzoli, particolare della *Crocifissione* della cella n. 22, Firenze, convento di San Marco (foto prima del restauro).

liabile (per i tempi e le occasioni) con quanto sappiamo positivamente sulla biografia di Benozzo. Infatti, la presenza del Gozzoli accanto all'Angelico è percepibile, a mio avviso, con chiarezza nella decorazione a fresco del convento di San Marco, che non può essere iniziata prima della metà del 1438, almeno.

Tra il 1440 e il 1441 si pone la grande *Crocifissione* del Capitolo, alla quale ritengo che Benozzo abbia partecipato con l'esecuzione della maggior parte della fascia decorativa lungo la centina, con figure di *Profeti* e la *Sibilla* intervallati da bei racemi: un brano che si differenzia dal resto, oltre che per la cromia, per una vivacità gestuale e una "presa diretta" sulla realtà, estranee al mondo contemplativo e spiritualizzato dell'Angelico, proprio in quel senso che fa la differenza, incolmabile, tra chi vive nel mondo da laico ancorché devoto, e chi invece appartiene, mentalmente prima che per l'abito che indossa, alla dimensione spirituale della "Regola".

La presenza dell'allievo in un brano così autonomo fa presumere che non sia questo il suo primo intervento a fianco del maestro nella decorazione del nuovo complesso di San Marco: il suo "crescere", anche di responsabilità nel lavoro, è percepibile, a mio avviso, negli affreschi delle celle e nella *Crocifissione* del corridoio del dormitorio al primo piano del convento (fig. 2).

Ritengo probabile che, per Benozzo, l'ingaggio nell'*équipe* guidata dall'Angelico sia avvenuto proprio in occasione della decorazione del convento di San Marco appena ristrutturato da Michelozzo per ordine di Cosimo dei Medici; e fu per lui, a mio parere, una occasione importante per finire il proprio tirocinio con un "discepolato" di qualità eccellente; una opportunità formativa di cui ebbe l'intelligenza di saper approfittare al massimo, bruciando in essa qualunque residuo mentale che poteva ritenere dalle precedenti esperienze, conservando solo, gelosamente (e credo in questo non ostacolato dal suo nuovo maestro, dotato di acutezza ottica straordinaria), il gusto per l'osservazione dei particolari naturalistici e per l'attenzione amorosa alla riproduzione di begli oggetti di artigianato artistico, che peraltro in larga parte coincidevano con i sontuosi apparati del culto, ben familiari a fra Giovanni.

Ma le conseguenze di questo "discepolato" e di questa collaborazione alla decorazione di San Marco (che a mio parere ci fu e in misura non indifferente) furono assai importanti per il Gozzoli anche per un altro verso, poiché lo misero in qualche modo in contatto diretto con la famiglia Medici, permettendogli di farsi apprezzare per la sua pur iniziale professionalità e le sue doti personali.

È ben possibile che Benozzo abbia partecipato anche, in questo periodo, alla stesura pittorica di tavole che l'Angelico aveva in lavorazione, studiandone così con completezza anche la tecnica oltre che lo stile disegnativo e compositivo, e certo avrà anche soddisfatto qualche commissione a lui specificamente richiesta, come d'altronde abbiamo visto essere provato da documenti: parte della prima sezione della mostra odierna è opportunamente dedicata allo studio di questo problema, non ancora definito in maniera univoca nel pensiero e nella interpretazione dei vari studiosi.

Qualche lavoro autonomo Benozzo lo avrà certo eseguito anche durante il periodo del pur vincolante contratto col Ghiberti (1444-1447), nel quale tuttavia si specifica un orario di lavoro definito ("diebus et horis debitis et usitatis"), ben diverso da quanto a quel tempo normalmente si pretendeva dai

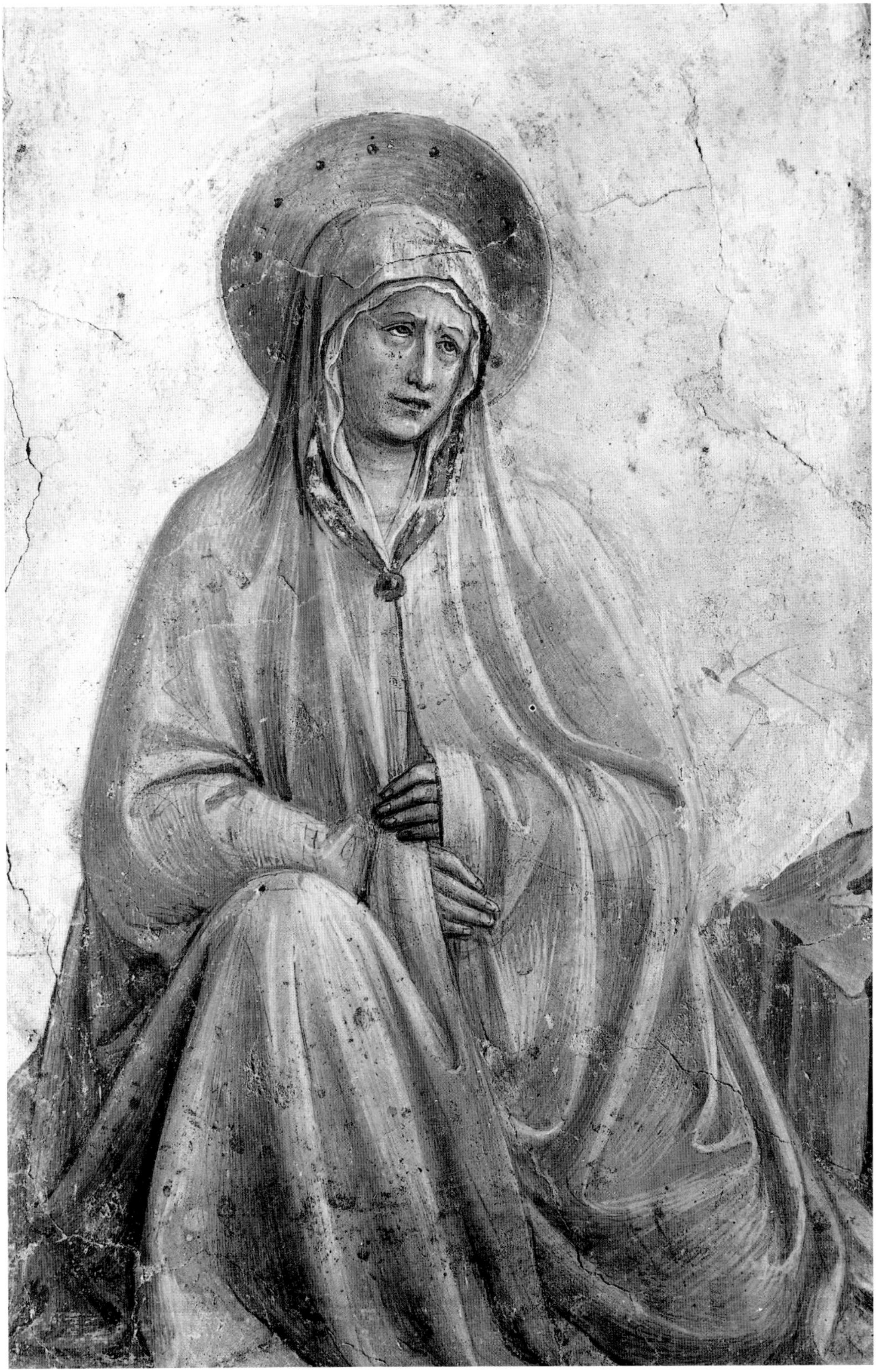

“garzoni”, che dovevano essere sempre a disposizione del maestro: e d'altronde Benozzo, definito “pictor” e richiesto di lavorare mettendo in pratica tutto il suo “magisterio” (quindi la sua acquistata capacità di maestro di pittura, secondo l'interpretazione che ritengo corretta), sicuramente non poteva (né certo voleva) dismettere la sua specialità artistica, nella quale immediatamente si inserì, di nuovo “a tempo pieno”, una volta concluso il contratto col Ghiberti (1° marzo 1447).
Nel maggio 1447 Benozzo è certo a Roma, probabilmente da qualche tempo, a lavorare col Beato Angelico e con altri collaboratori minori su commissione di papa Eugenio IV, alla cappella di San Pietro (perduta), e nel luglio si trasferisce, per i mesi estivi mal tollerabili nel clima romano per il capo *équipe* fra Giovanni Angelico, a Orvieto per la decorazione a fresco della Cappella Nuova, poi detta di San Brizio, nel Duomo: in essa la sua partecipazione, documentata, e a mio parere “firmata” per così dire con il proprio autoritratto come indicai anni fa[24], risulta chiaramente riconoscibile.
Nel 1448, ancora con l'Angelico, Benozzo lavora a Roma, in Vaticano, alla cappella dei Santi Stefano e Lorenzo, detta “Niccolina” perché commissionata dal papa Niccolò V, tuttora esistente e recentemente restaurata. Per questi problemi si rimanda alle prime due sezioni del presente catalogo.
In questi lavori Benozzo riceve un compenso, certo assai inferiore a quello dell'Angelico (poco meno della metà), ma ormai da collaboratore importante, come certifica anche l'osservazione degli affreschi superstiti della cappella Niccolina (oltre a quelli di Orvieto), nei quali il ruolo di Benozzo si è confermato vasto anche in seguito al recente restauro. Dal Vasari, poi, si conosce che per l'altare della cappella Niccolina l'Angelico (certo con la collaborazione di Benozzo) aveva dipinto una – perduta – *Deposizione dalla Croce*, crediamo in tavola, la cui iconografia è presumibile che ripetesse, almeno nello schema, quella adottata anni prima (1432) nella pala per il secondo altare della cappella funebre degli Strozzi nella sacrestia di Santa Trinita a Firenze: una iconografia innovativa da cui derivò, secondo una mia ipotesi di anni fa, Rogier Van der Weyden nei perduti arazzi con *Storie della Passione* acquistati a Roma nel 1455 da re Alfonso di Napoli, diffondendo così il motivo iconografico, ripreso anche personalmente da Benozzo in altre occasioni più tarde[25].
Secondo la mia interpretazione del percorso artistico del Gozzoli, questo primo soggiorno romano rivestì per lui una grande importanza sul piano professionale, mettendolo a contatto con la più alta committenza ecclesiastica e con il cosmopolita ambiente della Curia, privilegiato luogo di incontri con artisti di diversa provenienza e con personaggi di cultura la più varia per radici e discipline, ma largamente orientata in senso umanistico.
In un simile ambiente il giovane e ambizioso artefice dovette essere sollecitato al massimo impegno, anche nel completare e arricchire il suo bagaglio culturale attraverso lo studio dell'Antico, per rafforzare la propria preparazione umanistica: uno studio che solo a Roma poteva compiere direttamente sui molti reperti archeologici di scultura e di pittura, come sui monumenti, più o meno integri ma leggibili, di epoca romana, visualizzandoli e cavandone anche appunti grafici che potessero tornargli utili in tempi successivi.
E tuttavia per lui, uomo di profonda fede come attesta il Vasari (“visse [...] sempre [...] da vero Cristiano”) e collaboratore dell'Angelico, dovettero rivestire non minore importanza i monumenti dell'epoca paleocristiana, resi venerabili, oltre che dalla loro antichità, anche dall'essere testimonianza di-

retta, commovente "reliquia", di quel tempo venerando della prima comunità cristiana, nel quale prese forma accanto alla dottrina anche la prima iconografia sacra: in questa direzione sono da interpretare, secondo il mio parere, opere come la preziosa *Vergine col Bambino* di Santa Maria sopra Minerva (circa 1449) (cat. 15), o il severo *Volto di Cristo* del Tesoro della basilica di Assisi (circa 1449-50) (cat. 19).
Secondo il mio pensiero, un richiamo alle decorazioni parietali paleocristiane di Roma è da vedersi ancora nell'assetto (in larga parte perduto, ma che si può immaginare integrando ciò che è pervenuto) della parete di fondo della "scarsella" della cappella nel palazzo Medici a Firenze, eseguita dal Gozzoli nel 1459, al rientro proprio da un ulteriore soggiorno romano, dove ritengo che una *Croce gemmata* si stagliasse, splendente sul fondo azzurro cosparso di luccicanti punti dorati (rinvenuti in parte durante il recente restauro), al centro della parete e al di sotto dell'oculo/finestra, circondata dal *Tetramorfo* solo in parte superstite nella perdita quasi totale di quel muro[26]. Credo che questa interpretazione dell'antica arte cristiana che, secondo il mio parere, Benozzo maturò a Roma restituendola anche in suoi dipinti (certo più numerosi di quei pochi a noi pervenuti), sia stata significativa per la pittura locale, con la quale egli fu certo in continuo dialogo, per formare il terreno di cultura da cui prese origine, tra gli altri, Antoniazzo Romano[27].
In questo primo soggiorno nella città papale (cui sarà da riferire anche l'affresco frammentario con la *Vergine col Bambino e Santi* della chiesa dei Santi Domenico e Sisto, appesantito da ridipinture ma leggibile, ed esemplare proprio per il giovane Antoniazzo al quale è stato anche riferito, a mio parere in modo ingiustificato) si può ben credere che Benozzo abbia osservato con attenzione, accanto all'Antico e alle sue memorie, i raggiungimenti dell'arte "moderna", dagli affreschi certo sontuosi e per noi perduti di Gentile da Fabriano e del Pisanello in San Giovanni in Laterano, ai capolavori, a fresco e in tavola, di Masolino (e in parte di Masaccio per quanto riguarda il Trittico Colonna di Santa Maria Maggiore), alle Porte bronzee di San Pietro del Filarete, ispirate a un gusto pittorico, analitico e narrativo che dovette interessare il Nostro.
Terminata la collaborazione alla cappella Niccolina e probabilmente anche allo studiolo di Niccolò V, troviamo Benozzo nuovamente a Orvieto (luglio-dicembre 1449), città con la quale aveva mantenuto contatti attraverso l'Opera del Duomo: infatti in documenti del 1448 si parla di disegni di Benozzo per le vetrate della Cappella Nuova, finora non identificati (e forse perduti), da mandare a Roma al monaco perugino Francesco di Barone pittore di vetri perché fossero messi in opera[28].
In questo secondo soggiorno orvietano, secondo documenti, Benozzo offrì agli operai del Duomo la sua attività per portare a termine la decorazione a fresco della cappella cominciata due anni prima con l'Angelico: secondo una prassi normale a quel tempo, egli dette saggio delle proprie capacità tecniche in una delle fabbriche dell'Opera "ut possit cognosci an sit sufficiens ad seguendum in picturis quod est inchoatum per magistrum fratrem Johannem"; tuttavia la trattativa non ebbe seguito, e trascorsero più di cinquanta anni prima che si riuscisse a portare a compimento la decorazione della cappella, ritengo a causa delle ristrettezze economiche in cui si trovava l'Opera, che riuscì a ottenere comunque da Benozzo un dipinto (disperso) con la modesta spesa del solo rimborso dei colori, rilevando una *Annunciazione* su ta-

3. Benozzo Gozzoli, *Crocifissione e santi*, particolare, Parigi, collezione privata.

vola da lui già eseguita, ma non ritirata dalla committente Gianna di Gregorio a causa dei torbidi politici che seguirono alla rivolta contro i Monaldeschi.

A questo punto avvenne il trasferimento a Montefalco, dove il Gozzoli ormai quasi trentenne aveva ottenuto, probabilmente tramite il pontefice Niccolò V protettore dei francescani osservanti di San Fortunato, l'importante commissione della decorazione a fresco di quella chiesa e convento (1450), in parte superstite e firmata e datata (cui è dedicata una parte della seconda sezione della mostra), nonché della esecuzione della tavola per l'altare maggiore di chiesa, oggi conservata alla Pinacoteca Vaticana.
Per fra Antonio da Montefalco, generale dell'Osservanza della Provincia, Benozzo eseguì, probabilmente, un piccolo dittico del quale si conserva una sola delle ante, con la *Crocifissione e santi* (Parigi, collezione privata) (fig. 3), proveniente dal convento di San Fortunato, che per ragioni di stile può, a mio avviso, considerarsi la prima opera di Benozzo per Montefalco, tra quelle superstiti.
A questa commissione seguì quella da parte del convento di San Francesco entro le mura della città, dove Benozzo fu chiamato a decorare, con un vasto ciclo di affreschi, la cappella maggiore (1451-52) e di seguito anche la cappella di San Girolamo nella navata destra (1452): lavori firmati e datati attraverso epigrafi.
La decorazione della cappella maggiore di San Francesco fu certo l'opera tra tutte più importante, per ampiezza e destinazione, e di maggior prestigio: a essa, da poco restaurata, è dedicata una parte importante della seconda sezione della mostra e tutta la quarta sezione.
Con la pittura di Benozzo, la volta costolonata dell'alta cappella gotica, anziché costituire un freno alla sua volontà umanistica di "normalizzazione" dello spazio, viene inglobata nella spartizione chiara in campi visivi, divenendo elemento funzionalmente utile con la sottolineatura, attraverso la decorazione a fasci di fronde trattenuti da nastri, della sua struttura a "ombrello".
Sfruttando in chiave illusionistica questa struttura, gotica ma rivestita di una decorazione umanistica, Benozzo riassorbe in essa l'ordine superiore delle *Storie,* attenuando così, nella visione frontale, privilegiata, l'impressione di verticalità delle pareti, che trovano un loro nuovo equilibrio proporzionale attraverso le ampie riquadrature regolari dei due ordini sottostanti, in cui anche le iscrizioni in bei caratteri "all'antica" rivestono un ruolo normalizzante[29].
Per la realizzazione di questa e delle numerose altre opere, maggiori e minori, eseguite a Montefalco nei tre anni lì trascorsi (1450-1452), per lo più ad affresco, suo "medium" prediletto e d'eccellenza, ma anche su tavola, Benozzo si servì certo di collaboratori, dei quali però non sappiamo niente di certo: a mio avviso, è possibile che egli portasse con sé qualcuno dei minori artefici con cui aveva lavorato costantemente nell'*équipe* coordinata dall'Angelico a Roma e Orvieto, e in particolare si può pensare a quel Giovanni di Mugello, nipote dello stesso fra Giovanni, che in seguito ritroviamo a fianco di Benozzo in occasione di cicli di affreschi (forse a Firenze e poi a San Gimignano e Pisa); si potrebbe anche pensare che si fosse portato con sé l'assai più giovane fratello Bernardo, poiché nel Catasto del 1457[30], nel paragrafo delle "bocche" si dice "Benozzo d'età d'anni 34 / Bernardo d'età d'anni 20 / questi due s'andaro chon Dio già fa otto anni": cioè nel 1448 e, sembra di evincere, in-

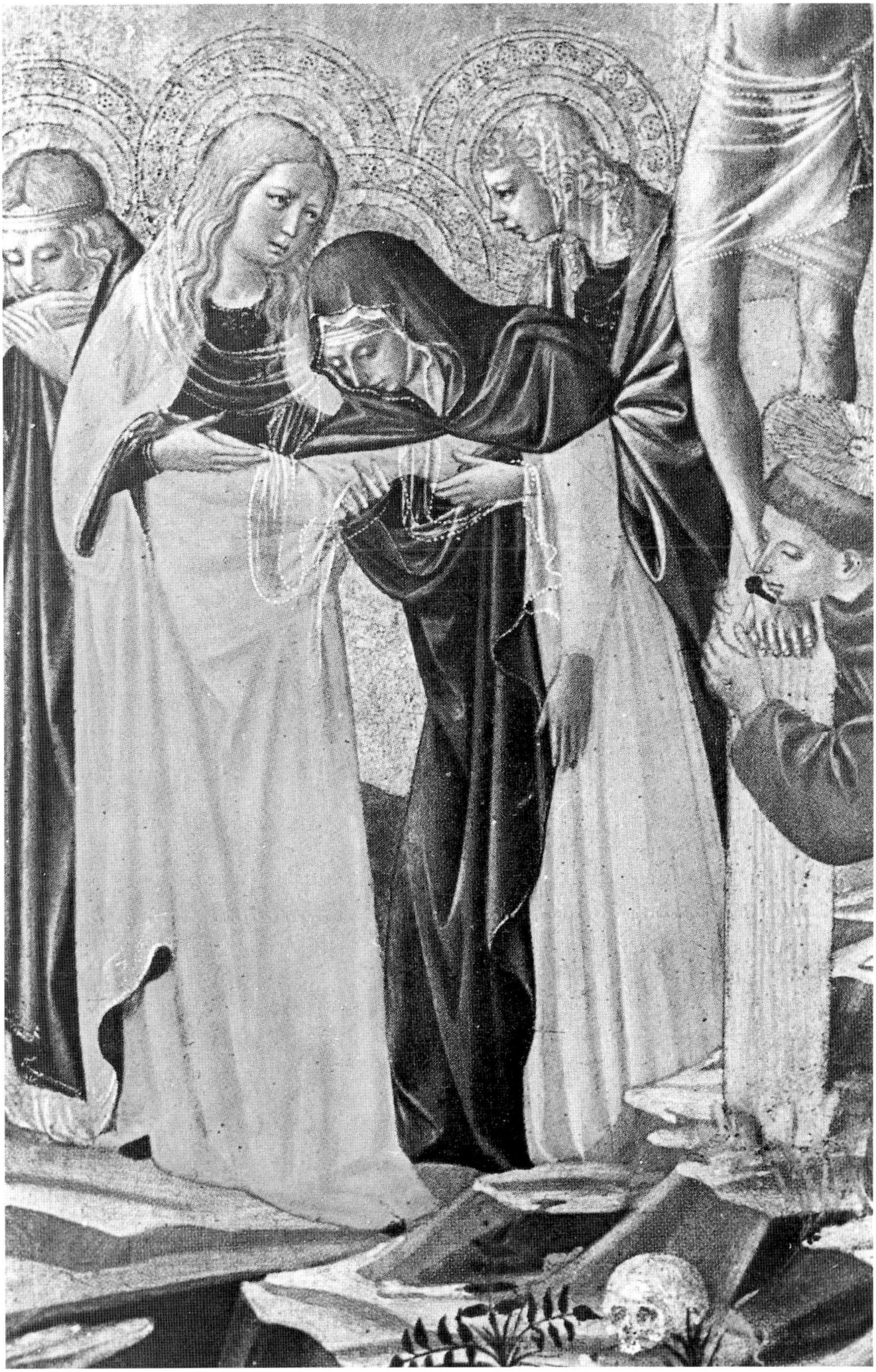

sieme. Ciò, corrispondendo bene per la cronologia di Benozzo, sembra nella sostanza adattarsi anche nei confronti di Bernardo, se non proprio *ad annum.* Bernardo tuttavia è presente a Firenze il 2 febbraio 1455/56, quando viene ammesso nella compagnia di San Nicola di Bari, una confraternita "di disciplina" che aveva sede presso la chiesa del Carmine di Firenze: "Bernardo di Lese dipintore del popolo di Santa Maria in Verzaia entrò nella nostra chompagnia a dì 2 di febbraio 1455 al tempo de' nostri Rettori Marcho di Nello pellicaio e ser Filippo d'Andrea notaio e Francescho di Stefano, menato per Giovanni di Giuliano cimatore nostro fratello"[31]. Lo Horne, che cita il documento in parte trascrivendolo, pensava a un errore del vecchio copista, che avrebbe scritto "Bernardo" al posto di "Benozzo", e considerava dunque il documento in relazione con Benozzo stesso. Tuttavia non mi pare necessaria una simile forzatura interpretativa, poiché Bernardo di Lese esisteva e a quel tempo era maggiorenne e quindi in grado di entrare in una compagnia di "disciplinati", e poteva essere definito "dipintore", mestiere che certo esercitava a Firenze, come risulta dai documenti pisani. Altri aiutanti Benozzo li avrà ingaggiati sul posto, secondo una diffusa prassi del tempo.

In Umbria Benozzo lavorò certamente anche a Foligno, dove è rimasto soltanto un malconcio ma raffinato *Angelo annunciante* ad affresco, distaccato dalla chiesa di San Domenico, probabilmente frammento superstite di una più vasta decorazione; inoltre una importante tavola, con l'*Annunciazione*, si trova oggi nel Palazzo Comunale di Narni, forse proveniente dalla chiesa di San Domenico, alla quale il recente restauro a cura della Soprintendenza di Perugia ha restituito buona leggibilità (cat. 18), recuperando anche, sebbene difficilmente leggibili a occhio nudo, le lettere di una iscrizione in maiuscolo "all'antica" sul bordo inferiore del tendaggio broccato in oro, con il nome del pittore, OPU[S] BENOTI[I] DE FLORENT[IA]: sua umanistica firma, in questa occasione impiegata per la prima volta, presumibilmente, in Umbria, in un lavoro che dovette essere tra i suoi più impegnativi e accurati[32].

La tavola per la "Sapienza Nuova" di Perugia, datata 1456, conclude l'attività in Umbria di Benozzo, sebbene sia possibile che essa sia stata inviata a Perugia da altra sede, come avvenne più tardi (1466) per la tavola di Terni: sono incline a ritenere che sia stata inviata da Roma, ponendosi così anch'essa come importante, e a mio modo di vedere necessario, punto di riferimento per il giovane Antoniazzo Romano. Sicuramente si tratta del dipinto su tavola più colto di questo periodo del Gozzoli, certo a causa della destinazione di eccezionale livello che gli competeva e che a mio parere ne condizionò, oltre le scelte iconografiche, anche il carattere stilistico e l'impostazione, facendone un'opera paradigmatica del primo Rinascimento nel centro Italia, nell'ambito dell'arte sacra.

La lunga attività di Benozzo in Umbria, che lo vide protagonista di imprese assai importanti per la destinazione prestigiosa e per la complessità iconografica, rappresentò un punto di riferimento importante per la pittura locale, fornendo a committenti e fruitori esempi di varietà e ampiezza considerevole dell'indirizzo modernamente rinascimentale della cultura artistica dei centri maggiori. Il probabile reclutamento sul posto di aiutanti, "garzoni" più o meno esperti, per la messa in opera, sempre puntualmente sollecita, dei lavori a fresco determinò per certo una diffusione capillare delle sue invenzioni e dei suoi stilemi[33], contribuendo largamente, a mio parere, a dare un volto moderno e personale alla pittura umbra di metà secolo: un piccolo

ma qualificato settore della terza sezione nella mostra odierna illustra questo importante problema.
E tuttavia anche per Benozzo – proprio perché risiedette a lungo in questi luoghi e quindi non si limitò a una superficiale conoscenza di occasione, ma secondo la sua natura indagatrice ne fu incuriosito – il soggiorno umbro fu a mio avviso importante, sollecitandone l'osservazione della realtà dei luoghi e calandolo in quella atmosfera di devozione intensa e gelosamente appartata, di austera semplicità ma anche di serena confidenza, che è del francescanesimo osservante e in particolare di quella parte dell'Umbria in cui più a lungo Benozzo soggiornò e operò, e che informa positivamente la sua attività in questo territorio[34].
Nel 1453 è documentata la presenza di Benozzo a Viterbo, dove lavora ancora ad affresco nella chiesa delle clarisse dipingendo un intero ciclo, firmato e datato, con la *Vita di santa Rosa*, che si snodava lungo il perimetro interno della chiesa conventuale, in dieci riquadri: affreschi perduti, ma dei quali possiamo farci una idea abbastanza precisa attraverso la diretta testimonianza di due disegni autografi, e di alta qualità, già appartenenti a un unico foglio (Londra, British Museum; Dresda, Gabinetto Disegni e Stampe), integrata con la serie delle copie messe in opera dal pittore viterbese Francesco Sabatini prima del loro abbattimento (1632): a questo argomento è dedicata una parte della terza sezione della mostra.
Nel perduto ciclo di affreschi, le scene erano inquadrate da un finto porticato marmoreo sostenuto da pilastri classicheggianti decorati a rilievo, di gusto albertiano ma addolcito dal fregio floreale, e forse ispirato a situazioni compositive studiate sull'Antico: dietro e dentro questa monumentale intelaiatura, le scene narrative dei fatti, umilmente quotidiani ma anche eroici pur senza enfasi, della santa morta ancora fanciulla, si svolgevano in monumentali cortili di regge rinascimentali o in tranquilli chiostri monastici, o in strade e piazze cittadine di armoniosa struttura urbanistica, ma anche (cfr. *La traslazione del corpo di santa Rosa*) in veritieri e appartati spiazzi soleggiati antistanti muraglie e portoni chiusi di un monastero femminile, eppure accogliente e sereno nella sua ordinata intonacatura, dietro cui spuntano gli alberi di un ampio e riparato orto-giardino; comunicando un senso di devozionalità pacatamente umanistica, cerimoniale e naturale al contempo: un ciclo che, sebbene appartato, fu importante, a mio parere, per la pittura del Rinascimento a Roma e nel Lazio[35] .
Non si sa niente circa l'attività e la residenza di Benozzo negli anni che seguirono il suo impegno a Viterbo: può darsi che si sia stabilito in Umbria, a Perugia in particolare, dove è presente la sua bella tavola con la *Vergine dell'Umiltà e santi* per la "Sapienza Nuova", che tuttavia non è necessario ritenere eseguita sul posto; sicuramente in connessione con un suo progetto di decorazione a fresco della cappella dei Priori nel Palazzo Pubblico di Perugia (per il quale si sarebbe certo resa necessaria una sua presenza stanziale) è il disegno per la scena di *Totila all'assedio di Perugia*, del Gabinetto Disegni e Stampe degli Uffizi[36], che mostra una sua diretta conoscenza della città: tuttavia Benozzo non eseguì tale decorazione, affidata invece a Benedetto Bonfigli (1454, ma trascinata a lungo nella messa in opera), sicché la presenza del disegno di Benozzo, assai accurato e di moderna e sofisticata impaginatura, a mio parere può semplicemente essere connesso a una sua proposta, per la quale poi non si trovò accordo tra le parti, presentata prima o durante il la-

voro a Viterbo. Continuo a ritenere più probabile che Benozzo, da Viterbo, città del dominio papale, si sia recato nuovamente a Roma, da dove era partito alla volta dell'Umbria qualche anno prima, e dove si trovava nuovamente il Beato Angelico, che vi morì il 18 febbraio 1455 presso il convento dei domenicani in Santa Maria sopra Minerva.
Certamente i documenti ricordano il Gozzoli attivo per la Curia pontificia a preparare con altri artisti di provenienza diversa gli addobbi per la solenne cerimonia dell'incoronazione del nuovo pontefice Pio II Piccolomini, nell'ottobre 1458: questo ingaggio non fu certo, a mio parere, casuale, ma dimostra una dimestichezza con la Curia dovuta a una continuativa attività professionale, a mio avviso ripresa negli ultimi anni del pontificato di Niccolò V, già suo committente, e poi continuata sotto Callisto III, fino alla preparazione degli apparati per i festeggiamenti di Pio II: d'altronde alcune opere superstiti che si possono riferire a questo periodo, a Roma e nel Lazio (la *Madonna in gloria* di Sermoneta, l'affresco con *Sant'Antonio da Padova e i committenti* in Santa Maria in Aracoeli) e la testimonianza delle fonti per altri lavori andati perduti, avvalorano l'ipotesi di un suo prolungato soggiorno romano, certo intervallato da qualche temporaneo rientro in patria, a Firenze: comunque una lunga assenza da Firenze è testimoniata anche dal Catasto del 1456/57, come abbiamo visto. A questo problematico argomento è dedicata una parte della terza sezione della mostra odierna.
Tra i dipinti superstiti di questo ultimo soggiorno romano di Benozzo il più importante è, a mio avviso, l'affresco sopra ricordato della chiesa dell'Aracoeli, unico frammento rimasto di una intera cappella a mio parere decorata per la famiglia Albertoni[37].

A Roma Benozzo, dopo la morte del Beato Angelico, ne divenne il naturale erede presso la Curia e gli ordini monastici, e certo questo suo ruolo dovette essere avvertito anche presso i committenti fiorentini: forse non senza la mediazione del vescovo di Firenze Antonino Pierozzi, domenicano amico dell'Angelico e priore del convento di San Marco nel tempo in cui Benozzo stesso vi lavorava al fianco di fra Giovanni, si maturò la scelta, da parte della famiglia Medici, di affidargli la decorazione della cappella privata nel loro nuovo palazzo fiorentino di via Larga; Benozzo d'altronde, secondo la mia interpretazione, era noto alla famiglia e già da loro apprezzato come collaboratore dell'Angelico e ottimo frescante proprio nell'impresa del convento di San Marco, avendovi tra l'altro condotto personalmente la decorazione della cella di Cosimo il Vecchio.
Così Benozzo rientrò a Firenze, col progetto di rimanervi, forse nei primi mesi del 1459: certo nel luglio era già impegnato sui ponti della cappellina[38].
La scelta del pittore, certo ben ponderata, risultò positiva per la famiglia committente, che ottenne il lavoro con la richiesta sollecitudine e puntualità (nel giro di alcuni mesi, ritengo entro il Natale dello stesso anno) e tuttavia accuratissimo nell'esecuzione, modernamente orchestrato come una Sacra Rappresentazione che si snoda davanti a un fondale scenico, e realizzato con una sontuosità splendida e celebrativa, nel cui ambito si porrà anche la decorazione, recentemente recuperata, della Biblioteca Greca del convento di San Marco[39], senza tuttavia rinunciare alle necessarie esigenze mistiche dettate dal luogo e dal tempo in cui fu messa in opera[40].
Benozzo a Firenze, nel quinquennio tra il 1459 e il 1463-64 (tempo in cui

nuovamente se ne allontanò per esigenze di lavoro) rivestì a mio parere un ruolo importante: riconosciuto maestro eccellente nella pittura murale[41], ricevette anche importanti incarichi per opere su tavola, godendo della stima e della protezione dei Medici.
Per la compagnia della Purificazione e di San Zanobi che aveva sede presso il convento di San Marco eseguì la tavola dell'altare, smembrata, della quale la mostra odierna espone per la prima volta i frammenti della predella provenienti da musei diversi e tra loro assai lontani (cat. 33-37); un'altra opera di prestigio gli fu allogata dalla famiglia Alessandri per la loro grande cappella in San Pier Maggiore (New York, Metropolitan Museum), e a una terza pala d'altare per ora non identificata doveva sottostare la luminosa predella conservata al Museo di San Marco, ma proveniente da Santa Croce – che tuttavia non dovette esserne il luogo di origine – con la *Vergine col Bambino che offre l'anello a santa Caterina d'Alessandria, Cristo in pietà e santi.*

Con questo tempo fiorentino si chiude il percorso storico dell'attività di Benozzo nella mostra odierna, la prima dedicata al Gozzoli.
Tuttavia Benozzo continuò ancora a lungo a lavorare di pittura, con un ritmo davvero eccezionale, realizzando opere importanti per la storia della pittura nella Toscana rinascimentale.
Vediamo dunque di ripercorrerne, seppur con la necessaria brevità, le tappe.
La riconosciuta eccellenza di Benozzo nella pittura murale fu, a mio avviso, la causa che lo portò, dopo soli cinque anni dal suo stabile rientro in patria, ad abbandonare di nuovo Firenze, dove nel frattempo si era formato una propria famiglia sposando Lena, da cui ebbe molti figli[42], e dove abitava in una casa diversa da quella del padre, posta in via del Cocomero (l'odierna via Ricasoli) che doveva essere ben ampia e confortevole, dato che nel Catasto del 1480 risulta data in affitto per ben sedici fiorini l'anno: probabilmente una parte di essa era adibita anche a bottega di pittura, poiché da nessun documento risulta che Benozzo tenesse una sua bottega separata dall'abitazione, che tuttavia dovette per certo esistere, e ben attrezzata, per l'attività della pittura su tavola.
All'aprirsi del 1464 Benozzo si recò infatti a San Gimignano con almeno due collaboratori (Giusto di Andrea e Giovanni di Mugello, probabilmente il nipote dell'Angelico che gli fu a fianco anche in seguito): l'ingaggio avvenne da parte di fra Domenico Strambi, dotto monaco agostiniano che a proprie spese gli fece eseguire, dettandone certamente il programma iconografico, l'ampio ciclo ad affresco nella cappella maggiore della chiesa conventuale di Sant'Agostino, con le *Storie di sant'Agostino e santa Monica*, composte in diciassette scene[43]: un altro ampio lavoro che Benozzo firmò e datò (1464-65), aggiungendovi il suggello del proprio autoritratto nell'ultima eseguita delle *Storie di sant'Agostino*, quella con la *Partenza da Roma.*
Qui Benozzo si trovò a dover ricoprire con la sua pittura, narrando le complesse vicissitudini biografiche e spirituali del santo, un ampio e luminoso vano (fig. 4), cui seppe accordarsi con la pacata scansione spaziale e cromatica dei suoi dipinti, rivestendo le membrature architettoniche del preesistente sacello di finte decorazioni scultoree a motivi classicheggianti, in parte riemerse nel recente restauro sull'arcone trionfale che introduce alla cappella, spartendo gli "ordini" con cornici marcapiano arricchite di fregi illusionistici di vera scultura in materiali diversi, e impostando il tutto su un basamento a

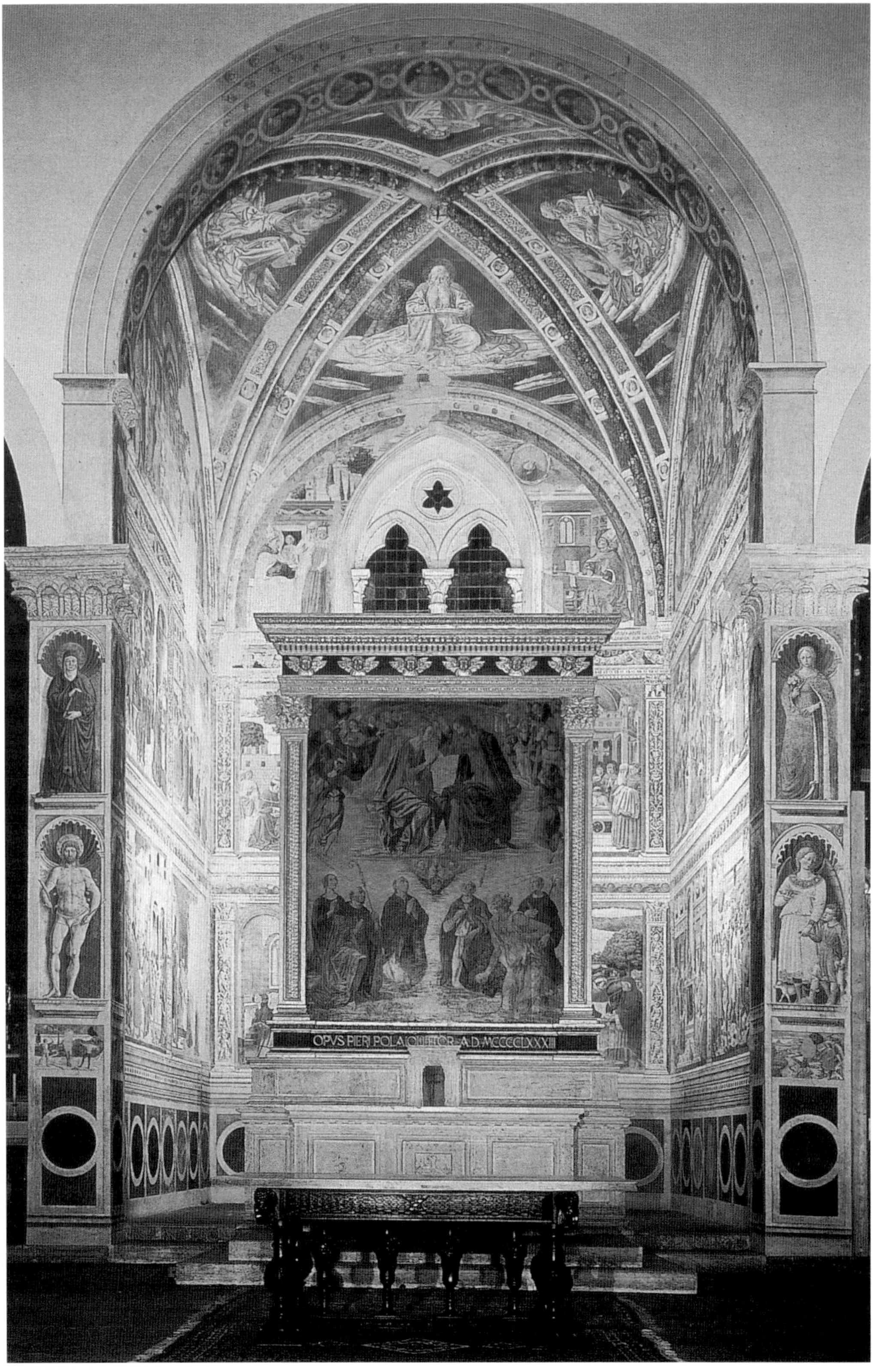
OPVS PIERI POLA
A.D. MCCCCLXXXIII

finti riquadri marmorei di sicuro gusto umanistico. Sui pilastri, le figure di *Santi* e *Profeti* in nicchia hanno, nelle zone autografe specialmente, la presenza prepotente ma quieta di statue dipinte, nelle quali i lustri e i cangiantismi che accompagnano il colore, dove la conservazione risulta migliore, danno l'impressione, ritengo non arbitraria, che Benozzo coscientemente gareggiasse con la coeva scultura invetriata robbiana.

4. Veduta d'insieme della cappella maggiore di Sant'Agostino a San Gimignano.

In questo ciclo, importante anche per la sua cronologia precoce, Benozzo ricerca e trova una perfetta unità tra architettura della cappella e decorazione, alla quale fortemente contribuisce la scansione a porticato marmoreo con pilastri scolpiti a finto rilievo (un motivo già usato a Viterbo, abbiamo visto), che attualizza in senso rinascimentale un'idea "all'antica" di Giotto ad Assisi, ponendosi in parallelo con i contemporanei pensieri di Giuliano da Maiano nella pannellatura lignea a tarsia e scultura della sacrestia delle Messe in Santa Maria del Fiore a Firenze.

Non meno importanti, in questi affreschi, sono le soluzioni "urbanistiche" che Benozzo esprime in alcune delle *Storie*, mostrandosi interlocutore non indifferente nel dibattito, attualissimo nel settimo decennio del secolo, relativo al problema della "città ideale", vagheggiata da poeti e letterati, teorizzata da architetti (il Filarete soprattutto) e qualche volta anche messa in opera in Toscana (Pienza, circa 1464) e in altre regioni d'Italia (Lombardia, Emilia, Marche)[44].

Per queste ragioni, e per le qualità formali della stesura pittorica, ricca di un cromatismo vivace e luminoso e di preziosismi (purtroppo largamente deperiti), come di ricchezza di modellato e di definizione dei particolari nei volti dei personaggi largamente ritratti dal naturale e, nelle zone meno "ufficiali", dotata di una naturalezza piena di vivacità che traspare anche da qualche disegno autografo per composizioni in seguito variate, quella di Benozzo si dimostra un'arte colta, a mio parere capace di dialogare con il ciclo pratese di Filippo Lippi nella cappella maggiore del Duomo, come con quello aretino di Piero della Francesca: della qualità di questo lavoro di Benozzo ebbe ben chiara coscienza il Vasari, che lo ricorda come "la migliore opera che in quel luogo facesse [...] la quale opera ho tutta disegnata di sua mano nel nostro Libro, insieme con molte carte delle storie [...] di Campo Santo di Pisa". Tuttavia, l'attività per la città della Valdelsa e i suoi dintorni fu assai più complessa e diramata, estendendosi per altri due anni, fino alla fine del 1467, e includendo molti altri lavori d'importanza sia a fresco che in tavola, per committenti pubblici (il Comune di San Gimignano, il Vicariato di Certaldo), per istituti religiosi e per privati: commissioni che, a mio avviso, ottenne per il prestigio che si era acquistato con la sua attività costantemente sostenuta dalla famiglia Medici, con la quale mantenne sempre rapporti cordiali e preferenziali, come dimostra, tra l'altro, la lettera del 4 luglio 1467 in cui Benozzo ringrazia Lorenzo de' Medici per il suo intervento a favore di un suo garzone, chiamandolo "Charissimo mio in Christo" e definendosi "vostro e della vostra chasa"[45].

Il soggiorno sangimignanese del Gozzoli fu importante, per lui stesso confermandone la fama, e per l'ambiente locale costituendone insieme il momento del rinnovamento e un valido punto di riferimento culturale anche per il futuro, nella direzione di un equilibrato classicismo umanistico compenetrato di curiosità naturalistiche "alla fiamminga", che tra l'altro non fu indifferente per Domenico Ghirlandaio quando venne a lavorare in città alla cappella di Santa Fina nella collegiata (circa 1475)[46].

A mio parere, fu ancora la sua fama di ottimo frescante particolarmente dotato nello stile narrativo e decorativo, e di affidabile e veloce lavoratore capace di organizzare una ben affiatata *équipe* di collaboratori, che determinò per il Gozzoli la prestigiosa commissione da parte dell'Opera della primaziale di Pisa di portare a termine, sulla parete nord, la decorazione del Campo Santo con le *Storie dell'Antico Testamento*: la più importante impresa a fresco della Toscana, in quel momento, cui Benozzo lavorò tra il gennaio 1468 e il maggio 1484, e che gli procurò una larghissima fama nel tempo.
È probabile che Benozzo abbia ottenuto questo ambito incarico anche grazie alla mediazione della famiglia Medici, cui apparteneva l'arcivescovo in carica a Pisa, Filippo di Vieri: è possibile anzi, a mio parere, che l'affidamento del lavoro a Benozzo possa rientrare nell'ottica di quella "politica culturale", tutta medicea e in particolare laurenziana, di esportare artisti fiorentini in vista dell'affermazione del ruolo anche culturalmente preminente di Firenze, nella fattispecie nei confronti di un centro importante come Pisa, sempre irrequieta nei confronti del giogo fiorentino[47].
Mi pare credibile che Benozzo abbia trasferito la sua famiglia al completo, compreso l'anziano genitore che morì nel 1469 a Pisa dove fu sepolto il 5 ottobre, solo in un secondo momento, stando a ciò che risulta dal Catasto fiorentino dell'agosto 1469 (dove di Benozzo si dice "sta per istare a Pisa"), ma anche da documenti pisani[48], andando ad abitare dapprima in affitto in una casa per lui appositamente ristrutturata[49]. Più tardi (1473) comprò una casa per 200 fiorini da Tommaso e Paolo di Cipriano da Tripalle[50], ricordata nel Catasto del luglio 1480 come posta in via Santa Maria, nel popolo di San Simone: in realtà fu l'Opera del Duomo ad acquistarla per lui, ovviamente a sconto del suo avere per il lavoro svolto.
Dell'affrescatura della parete nord del Campo Santo, un'opera che il Vasari definisce "terribilissima", aggiungendo che "sì grande impresa arebbe giustamente fatto paura a una legione di pittori, egli solo la fece tutta e la condusse a perfezione", poco resta oggi recuperabile alla fruibilità, in attesa di un difficilissimo restauro. Più leggibili sono le straordinarie sinopie, recuperate dopo lo stacco e conservate nel Museo delle Sinopie di Pisa: testimonianza di una tecnica di lavoro cui il Gozzoli si mantenne fedele fino alla morte (l'ultima sua opera nota, in muro, è il vasto disegno murale con la *Maestà e Santi* del Palazzo Pubblico di Pistoia, che anni fa riconobbi alla sua mano[51]), sono divenute per noi ancora più importanti nella perdita pressoché completa dei relativi dipinti murali, dei quali restano, fortunatamente, le foto degli Archivi Alinari, oltre alle incisioni di Carlo Lasinio e alcune copie parziali[52].
Da queste testimonianze, l'opera pressoché perduta ci appare comunque ben degna dell'ammirazione incondizionata che i contemporanei le tributarono e della fama cui il nome di Benozzo rimase legato presso i posteri.
In questi affreschi il pittore dispiegò una vera maestria di "compositore" che armonizza in unità una materia complessa e assai varia, conciliando albertianamente l'aspetto narrativo necessariamente predominante e attualizzato attraverso l'inserimento di molti ritratti di contemporanei in costumi del tempo, con l'esigenza di ricondurre il tutto ad ampi scenari unitari, paesistici o ambientati in complesse architetture prospettiche, concepite "secondo una simmetria studiata appositamente, sembra, per la progettazione di strade e piazze di una città ideale"[53]: riprendendo così, su più ampia scala e seguendo un percorso di crescente determinazione, una problematica che gli era cara

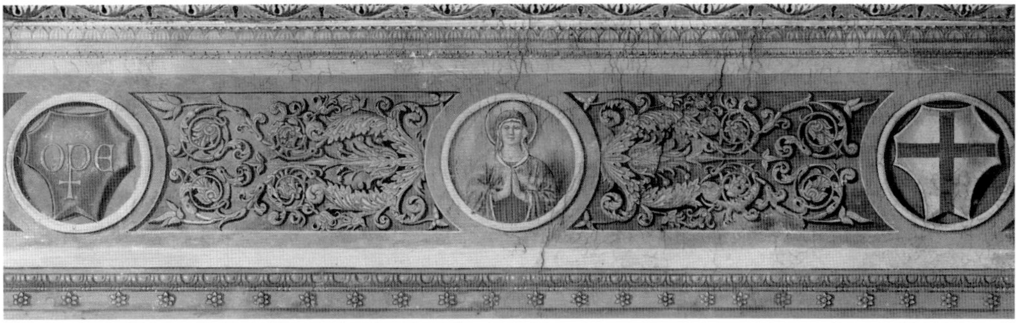

5. Benozzo Gozzoli e bottega, fregio decorativo, Pisa, palazzo dell'Opera della primaziale.

fin dall'epoca, ormai lontana, del ciclo francescano di Montefalco (1452) e di quello di Viterbo (1453) o ancora di quello, più recente, per San Gimignano (1464-65).

Durante il lavoro per l'Opera della primaziale nel Campo Santo, secondo una abitudine del tempo che persiste spesso ancora oggi, Benozzo fu impiegato dalla stessa istituzione in altri lavori, di minore risonanza ma importanti ugualmente, ai quali si dedicò certo con la larga partecipazione dei collaboratori, documentati anche per l'impresa del Campo Santo, tra i quali i fratelli Bernardo e Giovanni, il nipote del Beato Angelico suo costante aiuto, un Bartolomeo (talvolta detto Baccio nei documenti) di Giovanni, non meglio identificato; solo marginale avrà potuto essere il ruolo dei figli Francesco (nato circa nel 1468), e specialmente Alesso (nato circa nel 1473, ma forse un po' prima), che tuttavia vengono citati spesso nei documenti pisani[54].

Tra queste opere minori molte sono ricordate dai documenti, ma sono andate perdute. Tuttavia nel corso della sezione tenuta a Pisa del convegno internazionale del gennaio 1998, insieme a Diane Cole Ahl mi avvenne di fare una "scoperta" del tutto insperata, condividendola anche con altri intervenuti: si tratta del riconoscimento di un fregio ad affresco che corre sotto il bel soffitto ligneo della sala maggiore del palazzo dell'Opera della primaziale pisana, decorato con una serie di *Santi* e la *Vergine,* entro tondi, che si alternano agli *Stemmi dell'Opera* e a complessi racemi (fig. 5), compresi entro una incorniciatura di gusto spiccatamente rinascimentale che finge la scultura, in alto in pietra e in basso in cotto, secondo un modulo già messo in opera nella cappella maggiore di Sant'Agostino a San Gimignano e, in parte, nel *Tabernacolo dei Giustiziati* a Certaldo. Su questo lavoro del Gozzoli e della sua bottega, certo molto travisato dai restauri ma chiaramente leggibile, ho parlato brevemente negli atti del convegno sopra citato (ancora in corso di stampa) e più estesamente lo farà, nello stesso volume, Diane Cole Ahl, che tra l'altro ne conosce i relativi documenti.

Dopo la fine della decorazione della parete nord del Campo Santo, Benozzo visse a Pisa ancora per dieci anni, pur rimanendo "cittadino fiorentino", accatastato sempre nel Quartiere Santo Spirito, Gonfalone Drago, dove continuò a mantenere la casa paterna insieme al fratello Domenico, col quale presentò la sua denuncia al Catasto del 1480: tuttavia Benozzo anche in Pisa acquistò una casa, abbiamo visto, "in via Santa Maria in Pisa nel popolo di Santo Simone nella quale io abito cholla mia famiglia"; una famiglia numerosa quella testimoniata dal Catasto del luglio 1480, composta dal pittore sessantenne, monna Lena sua "donna", quarantenne, e una schiera di figli: la maggiore, Bartolomea, ha quindici anni e "à lla dota in sul Monte ff. 350";

seguono Giovan Battista, diciottenne "va alla schuola", crediamo di Retorica visto che poi frequentò lo Studio Pisano e divenne giudice; Girolamo, di tredici anni, ancora alla scuola dell'abbaco; Francesco, di undici anni, che divenne pittore; Alesso di sette anni, anche lui in seguito pittore (identificato da chi scrive con l'autore di un cospicuo gruppo di opere precedentemente indicato come "Maestro Esiguo" o "Alunno di Benozzo"[55]); Barnaba di tre anni e la piccola Maria, di un anno, per la quale viene coscienziosamente annotato "non à dota"[56].

Sono anni di grande fama per il Gozzoli e di conseguenza anche di grande attività: con la sua numerosa bottega è impegnato in molteplici lavori spesso di piccolo calibro, come d'altronde ogni bottega pittorica del tempo[57], ma anche di grande respiro e importanza, sia in affresco che su tavola, in parte perduti. Tra gli incarichi più importanti è da ricordare quello per le monache vallombrosane di San Benedetto a Ripa d'Arno, per le quali eseguì la tavola per l'altare maggiore di chiesa (Pisa, Museo di San Matteo) e una nicchia con la *Pietà* ad affresco (Pisa, Cassa di Risparmio) oltre a una ampia decorazione a fresco in convento, perduta; ma un importante complesso murale, in parte superstite, lo impegnò anche in San Domenico, testimoniando il suo continuo coinvolgimento con la committenza di quell'Ordine e certo la sua vicinanza affettiva e devozionale a esso; è perduto invece un ciclo di affreschi per l'abate di San Michele in Borgo, Simone di Francesco Marzi da Bibbiena, ricordato nei documenti nel 1491[58].

Durante il periodo pisano Benozzo si allontanò dalla città, con certezza, in più occasioni: la prima fu a causa della pestilenza del 1478-79, quando si rifugiò a Legoli, un piccolo borgo nel comune di Peccioli in Valdera, che conserva ancora un suo monumentale tabernacolo-oratorio affrescato all'ingresso del paese, certo un *ex voto* della popolazione per la pestilenza.

Forse in questa occasione si spinse a Volterra, dove in Duomo (cappella del Sacro Nome) si conserva un suo affresco con l'*Arrivo dei Magi* in una nicchia, a sfondo di un *Presepe* in terracotta colorata (in origine una *Adorazione dei Magi* eseguita nella medesima tecnica e ancora conservata nella stessa cappella, ma in altra nicchia): è credibile, ma per ora non documentato in alcun modo, che non solo per questo minore incarico Benozzo sia venuto in contatto con la città, sottoposta al duro dominio fiorentino recentemente sperimentato col gravissimo episodio della guerra del 1472, terminata col saccheggio da parte delle irrefrenabili truppe di Federico di Montefeltro duca di Urbino, e per questo, in seguito, oggetto delle necessarie attenzioni distensive di Lorenzo il Magnifico, sempre protettore di Benozzo.

Durante il soggiorno pisano Benozzo, con la sua bottega, non trascurò di soddisfare anche richieste di lavoro nella Valdelsa, che aveva frequentato anni prima facendosi grandemente apprezzare: per un committente locale d'eccezione, il priore don Grazia di Francesco, eseguì infatti due importanti tabernacoli-oratori, l'uno presso Castelfiorentino (in cui appare larghissima la messa in opera da parte della bottega) datato 24 dicembre 1484, nel quale è visibile un sensibile ritratto (autografo) del committente inginocchiato presso il letto funebre della Vergine nelle *Esequie di Maria* (fig. 6), e l'altro poco fuori Castelfiorentino, presso il monastero francescano femminile di Santa Maria della Marca, che una perduta iscrizione datava al 12 febbraio 1490/91 e diceva eseguito da Benozzo e dai suoi figli Francesco e "Alfonso" (un errore di lettura per "Alesso"[59]), e altre opere minori[60].

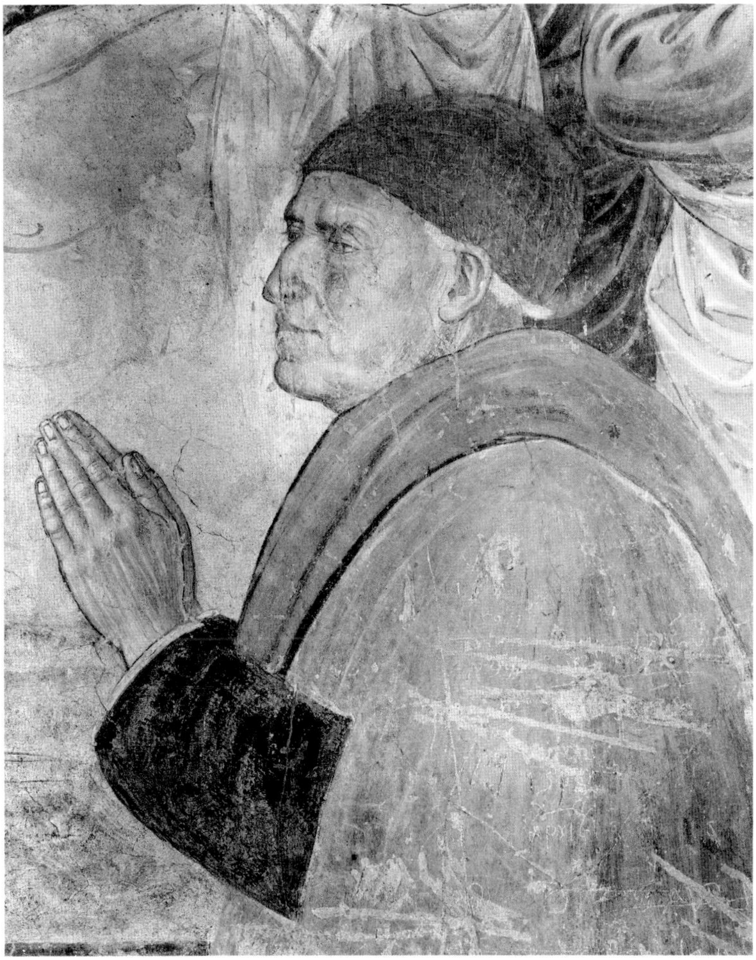

6. Benozzo Gozzoli, *Funerali della Vergine*, particolare, Castelfiorentino, Biblioteca Comunale.

Benozzo concluse il suo soggiorno a Pisa alla fine dell'estate del 1495, in seguito ai torbidi e alle difficoltà politiche sopravvenute per la rivolta di Pisa contro il dominio fiorentino dopo la cacciata dei Medici nella persona di Piero di Lorenzo (1494), che comportò il bando per i fiorentini residenti in città e la confisca dei loro beni (gennaio 1495). Il Gozzoli vendette la sua casa di via Santa Maria (24 agosto 1495), che subito dopo venne confiscata e, munito di salvacondotto, partì con la famiglia, rientrando in Firenze[61].
Come indicai molti anni fa in uno scritto dedicato all'argomento specifico cui rimando per brevità[62], questo rientro in patria in pieno clima savonaroliano fu a mio avviso molto importante per l'anziano pittore, portandolo a meditare con più diretta e continuativa conoscenza su fatti e opinioni che a Pisa potevano giungere in forma più discontinua: e tuttavia è possibile che Benozzo avesse incontrato il Savonarola di persona già a Pisa, dove il domenicano venne a predicare in Santa Caterina nella primavera del 1492[63].
Secondo la mia interpretazione, le opere eseguite da Benozzo in questa fase estrema della sua vita, trascorsa prima a Firenze (dove è documentato ancora nel gennaio 1497, quando fa parte della commissione per la valutazione degli affreschi del Baldovinetti nella cappella maggiore di Santa Trinita) e infine a Pistoia, dove morì il 4 ottobre 1497, rivelano tutte una profonda ade-

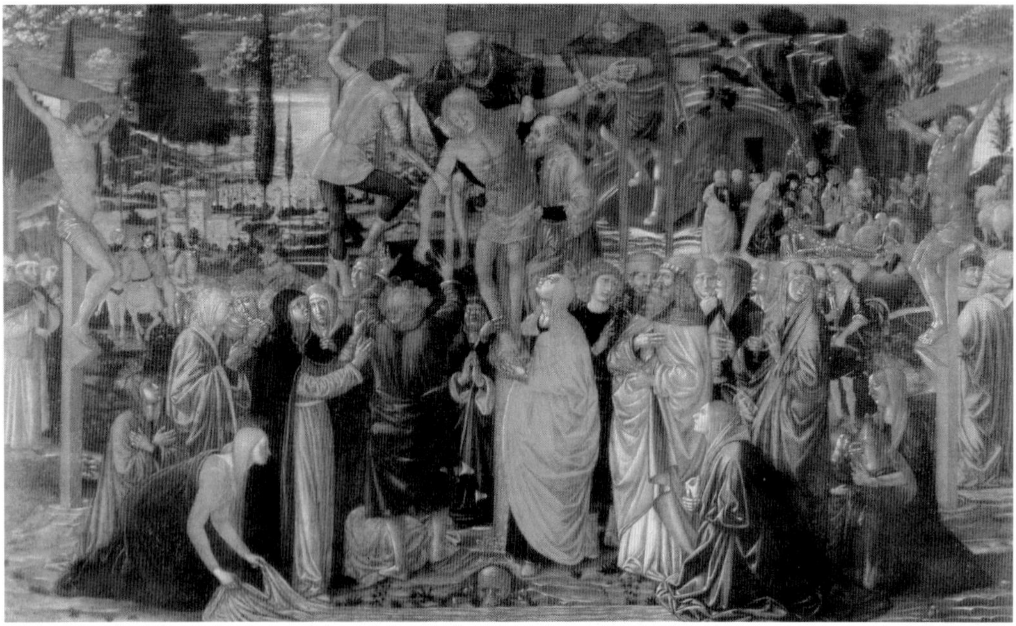

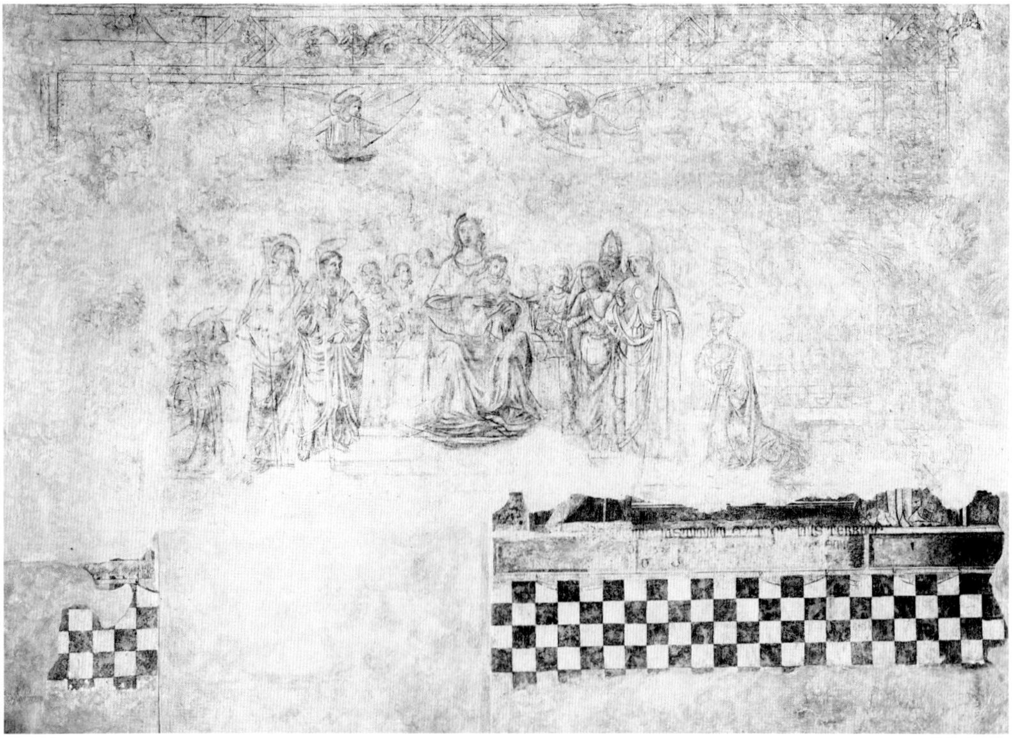

sione alla spiritualità severa e commossa insieme che caratterizzava le appassionate prediche del Savonarola, collocandosi senza residui nella corrente dell'"Umanesimo Cristiano", chiaramente individuata nella letteratura e nel pensiero del tempo, ma non ancora in tutto chiarita sul versante delle arti figurative.

Ciò non può d'altronde meravigliare, dato il legame sempre stretto del Gozzoli con i domenicani riformati: lo stesso soggiorno pistoiese di Benozzo negli ultimi mesi della sua esistenza fu ad evidenza determinato dai rapporti di solidale amicizia con i committenti locali, legami che ritengo contratti attraverso la sua frequentazione dell'ambiente di San Marco a Firenze, dove rivestiva un ruolo importante frate Francesco Salviati, appartenente a una famiglia committente del Gozzoli a Pisa e legata a lui già al tempo di San Gimignano: testimonia in questa direzione l'importante tavola con la *Vergine e Santi*, oggi nella Galleria Nazionale di Ottawa, ma eseguita da Benozzo per l'altare della compagnia dei Fiorentini residenti in Pisa "al tempo di" Lotto di Giovanni di Forese Salviati, lo stesso personaggio che, crediamo non per caso, nel 1466 era podestà di San Gimignano, e che ritroviamo a Pisa con la carica di capitano dal novembre 1476 al maggio 1477[64]. La famiglia Salviati è presente anche a Pistoia proprio nel momento del soggiorno di Benozzo in città: infatti Giuliano di Francesco Salviati ne fu capitano proprio nel 1497, e al suo fianco significativamente troviamo presente, con la carica di giudice, uno dei figli di Benozzo, Giovan Battista.

Ho dedicato al periodo pistoiese di Benozzo un apposito volume[65], cui rimando per brevità insieme al più recente capitolo sul Quattrocento a Pistoia nel catalogo della mostra del 1996 su fra Paolino[66], oltre al testo, in corso di stampa, di una conferenza tenuta il 17 novembre 2001 presso il Museo Horne a Firenze in occasione di una giornata di studio su Herbert Horne, dal titolo *Herbert Horne e la pittura del Quattrocento fiorentino*.

In questa occasione basti ricordare come il pittore, con la collaborazione dei figli Francesco e Alesso, sia stato ancora capace di mettere in opera dei lavori importanti e innovativi giunti fino a noi, come le due tele con la *Deposizione dalla Croce* (Firenze, Museo Horne; fig. 7) e la *Resurrezione di Lazzaro* (Washington, National Gallery), ritirate dal vescovo Pandolfini la vigilia della morte di Benozzo; e poi una grande sinopia con la *Maestà e santi* (fig. 8) tra i quali ben individuati i protettori di Pistoia, nella sala detta Ghibellina del Palazzo Pubblico, rimasta tale, a mio avviso, per la sopraggiunta morte del maestro e in seguito non mai portata a compimento e forse per questo presto "scialbata"; e ancora disegni per miniature (anch'esse non compiute) per un corale del convento dei francescani osservanti di Giaccherino e una piccola tavola, con *San Girolamo penitente* (Firenze, Museo Bardini, collezione Corsi), forse per quel "frate Gerolamo da Pistoia di Michele Barbieri", che nel 1497 era priore del convento dei domenicani in Pistoia: convento al quale Benozzo si appoggiava devozionalmente nel suo soggiorno in città, e nel cui chiostro fu sepolto il 4 ottobre 1497 con un semplice ma solenne funerale che i frati vollero tributargli gratuitamente.

Non vedo in quale altro modo possa definirsi un pittore come questo, se non come "importante".

Peraltro egli stesso ebbe netta la consapevolezza di sé insieme all'orgoglio del proprio lavoro, eseguito "a regola d'Arte" secondo le esigenze professionali

7. Benozzo Gozzoli, *Deposizione dalla Croce*, Firenze, Museo Horne.

8. Benozzo Gozzoli, *Maestà*, sinopia, Pistoia, Palazzo Comunale, sala Ghibellina.

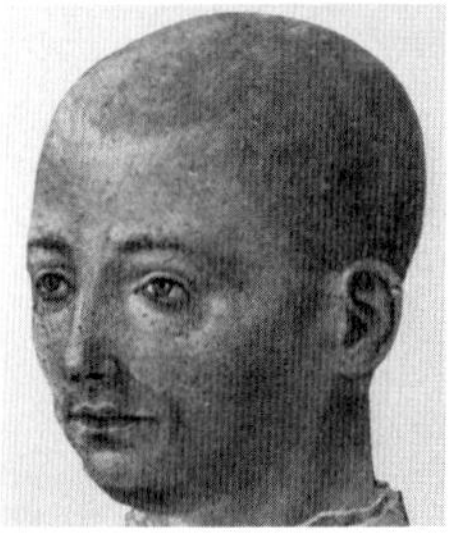

9. Benozzo Gozzoli, *Autoritratto*, Orvieto, Duomo, cappella di San Brizio.

del tempo e anche quelle dei suoi sempre illustri committenti, che seppero apprezzarlo per le sue doti, come dimostra la continuità di incarichi prestigiosi nei suoi confronti, anche in tarda età, e il rispetto di cui continuò a godere presso i successori immediati.

Una consapevolezza di sé che lo spinse a firmare spesso le sue opere, cominciando proprio in Umbria, per quello che conosciamo oggi, e spesso introducendo il proprio autoritratto nei dipinti ad affresco, il *medium* in cui sentiva di esprimersi al meglio, ad evidenza, e al quale teneva di più, anche nella consapevolezza dell'eccellenza, fra tutte le tecniche, della pittura murale, "ch'è 'l più dolce e vago lavorar che sia", come afferma Cennino Cennini.

In questa direzione, la prima occasione è da vedersi, a mio parere[67], ancora in Umbria, nella cappella di San Brizio del Duomo di Orvieto, nell'ultima testina in basso a destra della fascia decorativa della "vela" col *Cristo Giudice*: un autoritratto (fig. 9) che ci restituisce un volto ancora pieno di semplicità giovanile ancorché acuto e attento nell'espressione, commovente e accostante più di quelli, ormai dignitosamente e professionalmente atteggiati seppur sempre dotati di uno sguardo penetrante, facilmente riconoscibili nella cappella di palazzo Medici e nella cappella maggiore di Sant'Agostino a San Gimignano.

[1] Sui problemi e le date relative al Catasto fiorentino si veda l'esauriente lavoro, edito postumo, Procacci 1996.

[2] Firenze, Fondazione H.P. Horne, Archivio, Spogli, G. VI. I.

[3] ASF (Archivio di Stato di Firenze), Catasto, vol. 345, c. 605.

[4] ASF, Catasto, vol. 443, c. 543.

[5] ASF, Catasto, vol. 613, c. 526.

[6] ASF, Catasto, vol. 654, c. 621 (nuova numerazione, c. 611).

[7] ASF, Catasto, vol. 794, cc. 279-280.

[8] ASF, Catasto, vol. 88, parte II, c. 476, c. 524, "portate" di Gozzolo di Lorenzo di Gozzolo e di Lorenzo di Gozzolo.

[9] Cfr. nota 2.

[10] Catasto del 1442, citato in nota 5: "Lese di Sandro lavoratore di farsetti d'anni 42 [...] Domenico di Lese ista al farsettaio chon Nicholò di Jachopo, d'anni 19".

[11] Padoa Rizzo 1991. Similmente nel Catasto del 1446, cit. in nota 6, "Lese di Sandro lavoratore di farsetti d'età d'anni 46[...] Domenicho sta al farsettaio d'anni 20".

[12] ASF, Arte dei Medici e Speziali, vol. 21.

[13] ASF, Accademia del Disegno, vol. 1, c. 4v. Cfr. anche Cole Ahl 1996, p. 282, nota 15.

[14] Cfr. Krautheimer 1970, I, doc. 40.

[15] Cfr. Ciardi Dupré, in *Lorenzo Ghiberti* 1978, pp. 342-344, con bibliografia pp. 397-398.

[16] Documenti pubblicati da Müntz 1878-82, II, pp. 126-128; cfr. anche Cole Ahl 1996, p. 275.

[17] Cfr. Guidotti, in *Lorenzo Ghiberti* 1978, pp. 263-266.

[18] Cennini 1999 [1440 circa], cap. IV, pp. 19-20.

[19] Cfr. Frosinini 1986, nota 20. L'importanza di queste relazioni di vicinato si evince da molti casi documentati: ad esempio, per restare nell'ambito che qui studiamo, dal Catasto del 1433 apprendiamo come Stefano d'Antonio, "compagno" di Bicci di Lorenzo col quale condivideva anche la bottega, abitava nei pressi, vicino al Canto alla Cuculia, popolo di San Frediano (ASF, Catasto, vol. 347, c. 524; sul pittore cfr. Padoa Rizzo-Frosinini 1984.

[20] Cfr. Frosinini 1986, p. 15.

[21] Cfr. Gregori-Paolucci-Acidini 1992.

[22] Cfr. Frosinini, in *Lorenzo Monaco* 1998, pp. 15-20.

[23] Cfr. Bonsanti, in *La chiesa e il convento* 1990; Padoa Rizzo 1992, pp. 6-7, 27; Padoa Rizzo 1997a, pp. 13-14, 25-26; Cole Ahl 1996, pp. 13-18, 216.

[24] Padoa Rizzo 1992, p. 32; Padoa Rizzo 1997b, pp. 52-54.

[25] Padoa Rizzo 1981.

[26] Cfr. Padoa Rizzo 2001, p. 5.

[27] Cfr. la buona lettura di Paolucci 1992, pp. 10-12, 26; cfr. anche Rossi-Valeri 1997.

[28] Cfr. Cole Ahl 1996, p. 272 con bibliografia; Padoa Rizzo 1997b, p. 54.

[29] Cfr. Padoa Rizzo 2001, pp. 3-4.

[30] ASF, Catasto, vol. 794, Santo Spirito, Drago, cc. 279-280, portata n. 433 di Lese di Sandro.

[31] ASF, Compagnie Religiose Soppresse da Pietro Leopoldo, Compagnia di San Niccolò di Bari nel Carmine, N. XXXII, 1549,

fasc. 51, *Registro de' fratelli ed ufficiali della compagnia, dal 1334 al 1736, copia del libro vecchio*, c. 26 v, n. 740; il pezzo archivistico, citato da Horne (Spogli, G. VI. I.) non è più controllabile perché alluvionato nel 1966.

[32] Cfr. recentemente, per l'analisi e la discussione del dipinto, Padoa Rizzo 1997b, pp. 46-49.

[33] Cfr. Padoa Rizzo 1997b, p. 31.

[34] Cfr. Padoa Rizzo 1972, pp. 43-44.

[35] Cfr. Padoa Rizzo 1972, pp. 48-50; Padoa Rizzo 1992, p. 10; Padoa Rizzo 2001, p. 4. Tra le derivazioni umbro-laziali della pittura di Benozzo sono da ricordare gli affreschi, recentemente restaurati, dell'Isola Bisentina, nel Lago di Bolsena.

[36] Sul disegno, purtroppo non presente in mostra, cfr. recentemente Melli 2000.

[37] Padoa Rizzo 1972, pp. 50, 120; Padoa Rizzo 1992, p. 61.

[38] Cfr. Padoa Rizzo, in Acidini Luchinat 1993, pp. 357-362.

[39] Cfr. Scudieri-Rasario 2000, p. 54 e *passim*.

[40] Cfr. specialmente Padoa Rizzo, in Acidini Luchinat 1993, pp. 357-362; Padoa Rizzo 2001, pp. 4-5; Cole Ahl 1996, pp. 85-112.

[41] Cfr. Padoa Rizzo [1998] c. s.

[42] Nel Catasto del 1469 (ASF, Catasto, vol. 910, c. 5) ne sono elencati quattro, tra i sei e i due anni. Altri ne nacquero in seguito: nel Catasto del 1480 (ASF, Catasto, vol. 999, parte II, c. 318) sono ricordati, oltre a quelli già elencati in quello precedente, Alesso, Bernaba e Maria.

[43] Cfr. recentemente Cardini-Padoa Rizzo-Regoliosi 2001.

[44] Cfr. Padoa Rizzo 1972, p. 77.

[45] L'ultima trascrizione, corretta, in Nessi 2001, p. 45.

[46] Cfr. Venturini, in Padoa Rizzo 1997c, pp. 59-60, 73-75, 79-82.

[47] Padoa Rizzo 1992, p. 17; Pons, in Padoa Rizzo 1997a, p. 124.

[48] Cfr. Orlandi 1997, p. 24, doc. 9.

[49] Cfr. Orlandi 1997, doc. 4, p. 15.

[50] Cfr. Orlandi 1997, doc. 23, p. 42; doc. 24, p. 43.

[51] Cfr. Padoa Rizzo 1989, pp. 16-20.

[52] Cfr., con foto, Cole Ahl 1996, pp. 157-187.

[53] Padoa Rizzo 1972, p. 77.

[54] Cfr. Orlandi 1997.

[55] Cfr. Padoa Rizzo 1989, pp. 22-26.

[56] ASF, Catasto, vol. 999, parte II, c. 318. Cfr. una buona trascrizione recente in Orlandi 1997, pp. 80-81.

[57] Cfr. Gregori-Paolucci-Acidini 1992.

[58] Cfr. Orlandi 1997, p. 136.

[59] Cfr. Padoa Rizzo 1989, con bibliografia.

[60] Cfr. Padoa Rizzo 1997a, pp. 88, 113-115.

[61] Cfr. Orlandi 1997, p. 149.

[62] Padoa Rizzo 1980.

[63] Cfr. Padoa Rizzo 1989, p. 14 con riferimenti bibliografici.

[64] Cfr. Padoa Rizzo 1992, pp. 16-17.

[65] Padoa Rizzo 1989.

[66] Padoa Rizzo 1966.

[67] Padoa Rizzo 1992, p. 32; Padoa Rizzo, in Acidini Luchinat 1993, p. 358; Padoa Rizzo 1997b, p. 53; cfr. ora anche Nessi 2001, frontespizio.

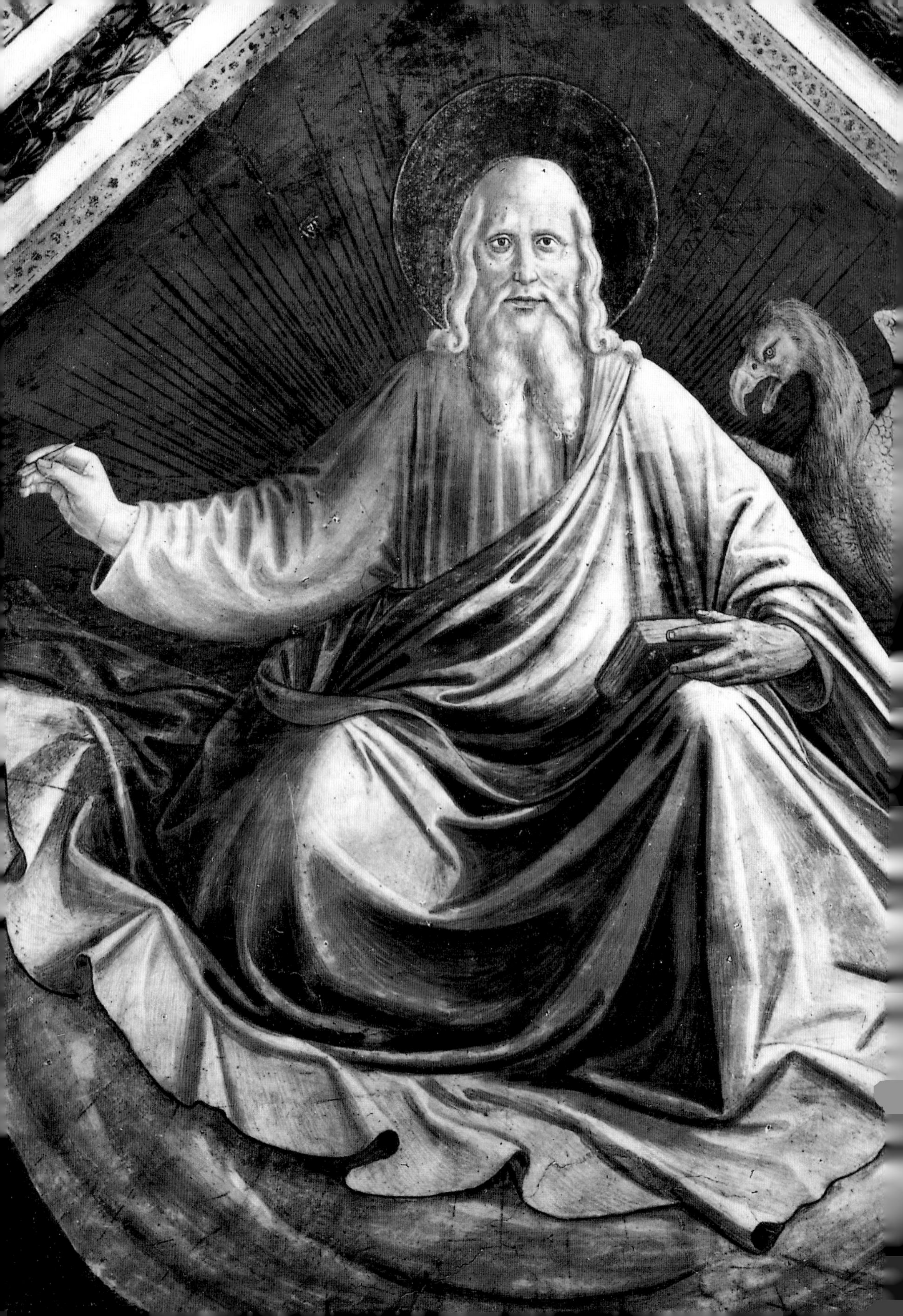

Il Beato Angelico e Benozzo Gozzoli: problemi ancora aperti

Miklós Boskovits

1. Benozzo Gozzoli, *San Giovanni evangelista*, particolare, Montefalco, chiesa di San Francesco, cappella di San Gerolamo.

Non abbiamo, come si sa, alcuna attendibile notizia riguardo la formazione di Benozzo Gozzoli, che fin dall'ottobre del 1439 era comunque in condizione di assumere autonomamente commissioni per l'esecuzione di dipinti[1]: il suo tirocinio artistico dovette pertanto svolgersi non dopo la seconda metà degli anni trenta del Quattrocento. L'unica notizia sui suoi inizi resta quella trasmessaci dal Vasari, secondo cui "costui fu discepolo dell'angelico Fra Giovanni, e a ragione amato da lui, e da chi lo conobbe tenuto pratico, di grandissima invenzione [...] ancoraché [...] e' non fusse molto eccellente"[2]. Integrano tuttavia queste scarne informazioni alcune notizie documentarie, stando alle quali il Gozzoli, collaboratore a partire dal 1444 della bottega di Lorenzo e Vittorio Ghiberti, nel 1447 riceve pagamenti per lavori svolti accanto all'Angelico nella tribuna di San Pietro in Vaticano e nella "cappella nova", cioè quella di San Brizio, nel Duomo di Orvieto. La collaborazione tra il grande pittore domenicano e il giovane Benozzo, allora sui venticinque-ventisette anni, è stata interpretata come una conferma del rapporto maestro-allievo tra i due, e ciò ha spinto vari studiosi a cercare testimonianze delle primizie del discepolo nell'ambito della produzione angelichiana. Nacque così un catalogo piuttosto consistente riferito agli inizi del Gozzoli, antecedente la prima opera certa del pittore, l'affresco firmato e datato 1450 in San Fortunato a Montefalco. Del catalogo suddetto fanno parte, oltre brani variamente individuati della decorazione della volta della cappella di San Brizio, parti degli affreschi della cappella Niccolina del Palazzo Vaticano, e anche numerosi affreschi del convento di San Marco a Firenze. Si tratta però di un corpus scarsamente omogeneo, l'appartenenza del quale al Gozzoli è, in molti casi, assai dubbia[3] principalmente per due motivi: o perché l'attribuzione non si basa sul confronto rigoroso con lavori sicuramente autografi del pittore, o perché si tratta di dipinti (o di particolari) isolati all'interno di un lavoro del Beato Angelico, in sostanza basandosi sul criterio che le parti qualitativamente meno alte della produzione tarda del frate debbano essere assegnate a quell'aiuto principale che sarebbe il giovane Benozzo. Ma evidentemente una simile impostazione è molto discutibile anche a prescindere dal fatto che il parametro soggettivo del giudizio qualitativo richiede sempre un'applicazione estremamente prudente, e soprattutto da parte di studiosi che non si cimentano abitualmente con la pratica di *connoisseurship*.

Un ulteriore ostacolo su questa strada è costituito dalla difficoltà di immaginare le modalità dell'apprendistato di un giovane laico, come era Benozzo, all'interno di conventi domenicani di stretta osservanza come San Domenico di Fiesole o San Marco[4]. Saranno stati disponibili i frati a infrangere la regola dell'ordine e far entrare in clausura un garzone solo per vedere aumentata e accelerata la produzione della bottega del confratello pittore? E gli affreschi delle celle, destinati esclusivamente ai frati ivi ospitati[5], saranno stati sponsorizzati, come la pala dell'altar maggiore e, forse, l'affresco della sala capitolare,

2. Benozzo Gozzoli, *Sant'Antonio*, particolare, Roma, Santa Maria in Aracoeli.

3. Benozzo Gozzoli, *Testa di giovane*, Orvieto, Duomo, volta della cappella di San Brizio.

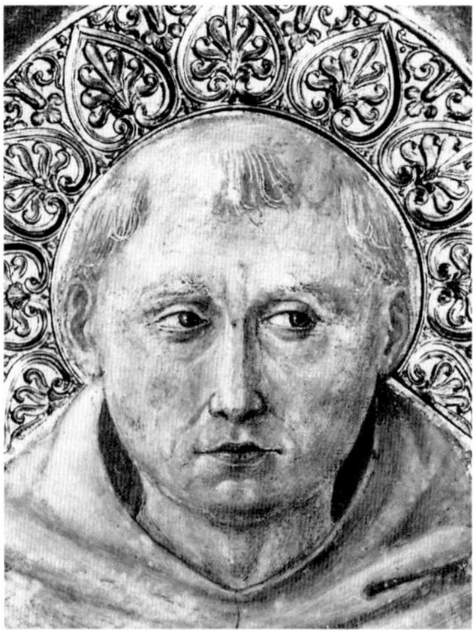

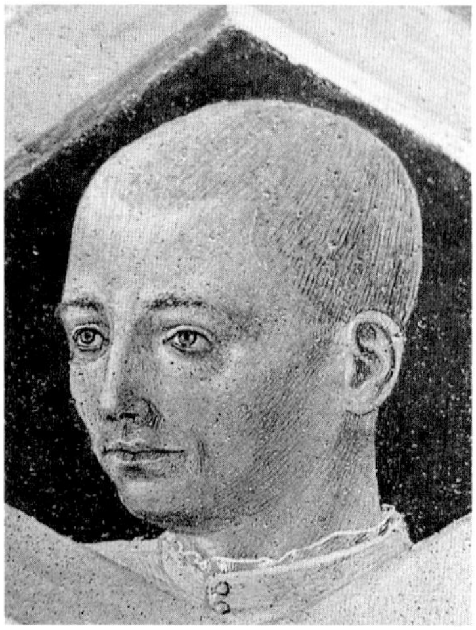

da Cosimo de' Medici, pur senza la speranza di un "ritorno" in termini di prestigio? Oppure – cosa altrettanto poco probabile – fu lo stesso ordine di vocazione mendicante ad accollarsi le spese del pagamento di uno o più collaboratori? Sono domande queste sulle quali non ci si è soffermati a sufficienza finora, e che da sole potrebbero rendere poco probabile l'ipotesi della partecipazione del Gozzoli all'esecuzione degli affreschi di San Marco. Personalmente sono convinto che si possa escludere un suo apprendistato tra le mura del convento, mentre ritengo che egli subisse l'influsso del pittore domenicano anche senza essere stato suo allievo diretto; come stimatore e amico, un po' come Zanobi Strozzi, Domenico di Michelino o il Pesellino i quali, pur lavorando nella propria bottega e impegnandosi semmai in collaborazioni occasionali con l'Angelico, seguirono fedelmente le sue orme[6].

Ma comunque si svolgessero i contatti tra il Beato Angelico e il Gozzoli, resta il fatto che una corretta ricostruzione della prima fase dell'attività di quest'ultimo deve necessariamente partire dall'esame del documentato lavoro comune nella cappella di San Brizio del Duomo di Orvieto. Le opinioni divergono sui ruoli rispettivamente assunti dai due pittori nell'esecuzione. Anna Padoa Rizzo ritiene spettino a Benozzo tutti gli esagoni nella fascia decorativa a destra nella vela col Cristo giudice e "molti di quella intorno alla vela dei Profeti". Inoltre il giovane avrebbe dipinto quasi tutte le figure veterotestamentarie di quest'ultimo settore della volta, tranne le teste di Mosè e del re David[7]. Da parte sua, Diane Cole Ahl vede interventi di Gozzoli anche in un angelo a sinistra di Cristo, e gli attribuisce la maggior parte delle figure del Vecchio Testamento della rispettiva vela[8], mentre Giusi Testa individua la mano dell'aiuto in alcuni angeli a sinistra del Giudice e in tre profeti dal volto rasato[9]. John Spike è convinto che il Beato Angelico dedicasse "le proprie energie alla progettazione dei dipinti, affidando poi l'esecuzione al suo giovane e capace aiutante"[10]. Più prudente si mostra invece Giorgio Bonsanti, secondo cui il punto essenziale nell'esame degli affreschi riguarda la presenza o meno del "fare ampio e grandioso delle ultime decorazioni parietali" dell'Angelico. Sussistendo questo, egli osserva, qualsiasi tentativo di circoscrivere i brani eseguiti dal collaboratore "non ha interesse se non marginale"[11].

Infatti, non si può insistere abbastanza sulla perfetta omogeneità stilistica delle pitture delle due vele affrescate dalla bottega del maestro domenicano, nelle

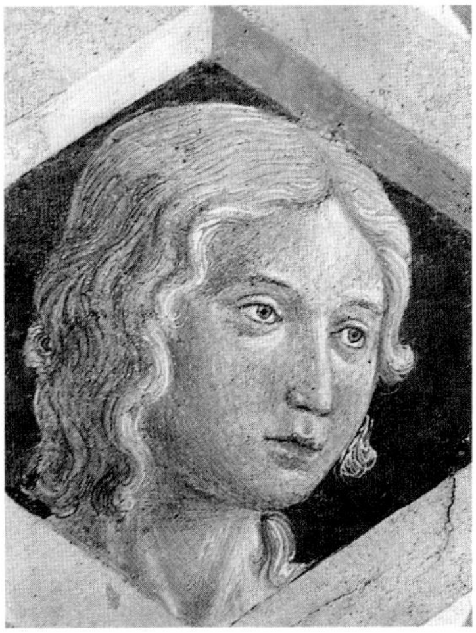

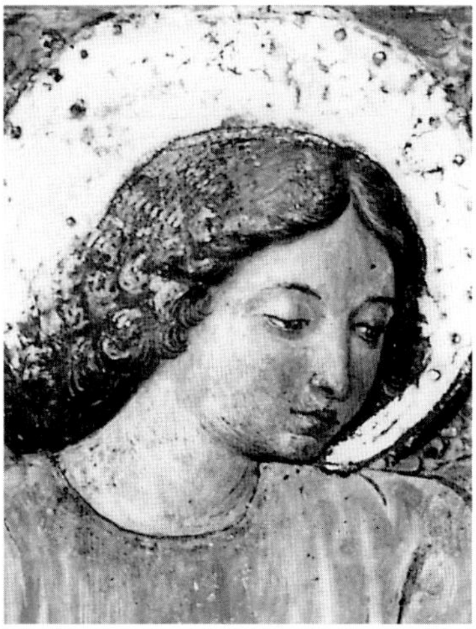

4. Benozzo Gozzoli, *Testa di giovane*, Orvieto, Duomo, volta della cappella di San Brizio.

5. Benozzo Gozzoli, *Testa di angelo*, particolare, Roma, Santa Maria in Aracoeli.

quali l'unico elemento dissonante appare oggi l'esteso restauro seicentesco che interessa la parte destra della figura del Cristo e alcune figure di angeli allo stesso lato[12]. Sarà la mia sensibilità non sufficiente a impedirmi di avvertire qui veri e propri scarti di qualità, ma mi sembra che la sottigliezza del disegno, il colore denso e fuso, l'osservazione attenta a rendere la morbidezza setosa di barbe e capelli e la delicatezza vellutata delle epidermidi, come pure la stessa vivezza della mimica che contraddistinguono la popolazione di entrambe le vele, appartengano ai momenti più felici dell'Angelico[13].
Del resto la stessa cifra assai ingente che il maestro domenicano doveva percepire conferma che i committenti tenevano all'esecuzione sostanzialmente autografa dell'opera. A Benozzo si offriva non solo una cifra ben più modesta, ma anche un pagamento mensile. Ricevette "quodlibet mense quo serviet, septem ducatos auri"[14], evidentemente perché la sua presenza non era necessaria in tutte le fasi del lavoro. Se intervenne nelle figure delle vele, la sua parte dovette limitarsi alla realizzazione di qualche dettaglio di importanza secondaria, quale la coloritura di alcune vesti. Mi sembra pienamente giustificato invece individuare la sua mano nelle vivacissime teste che popolano le formelle dipinte a entrambi i lati della vela con il Battista e al lato destro di quella con Cristo. Si tratta di brani dall'esecuzione spesso assai fine, tanto da aver meritato un occasionale riconoscimento allo stesso Angelico[15]; ciò che dimostra, se non altro, la necessità di distinguere le mani del maestro e dell'aiutante non semplicemente sulla base dello scarto di qualità. Sono piuttosto la metodicità e sistematicità della costruzione dei volti con osservazioni tratte dalla realtà – diversi esemplari della serie si rivelano essere dei veri e propri ritratti – a distinguerli dai personaggi angelichiani nelle vele, dipinti con colore più pastoso; si tratta di saggi che preannunciano gli "infiniti ritratti di naturale", sinceramente ammirati dal Vasari nelle opere più tarde di Benozzo[16]. Ma non meno riconoscibili alla sua mano mi sembrano anche i volti delle ricordate fasce decorative che, se resi con fattezze più generiche, risultano comunque ben confrontabili con brani sicuramente prodotti dal pennello del giovane Gozzoli (cfr. figg. 2-3 e 4-5).
Pur non avendone la prova documentaria, si dà generalmente per scontata la presenza di questo collaboratore al fianco dell'Angelico anche nella cappella privata di papa Niccolò V, nel Palazzo Vaticano[17]. Le opinioni sull'estensione

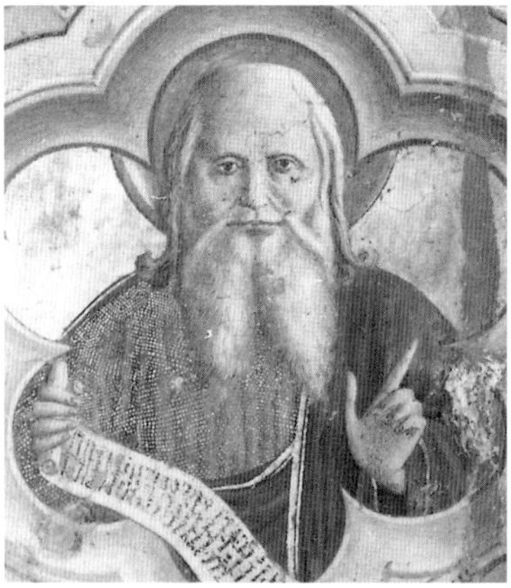

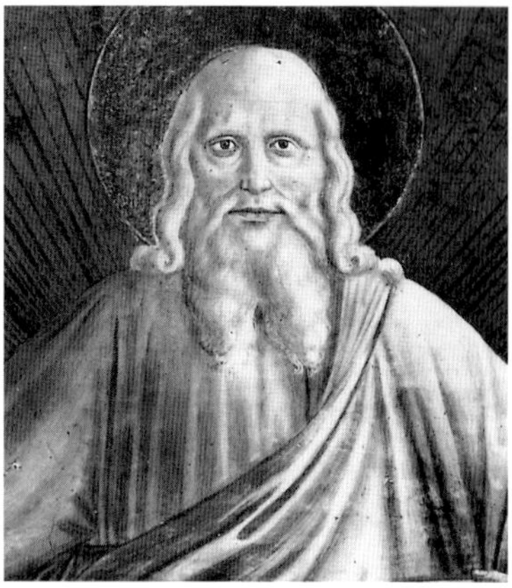

6. Benozzo Gozzoli, *Busto di profeta*. Città del Vaticano, particolare degli affreschi della cappella Niccolina.

7. Benozzo Gozzoli, *San Giovanni evangelista*, particolare, Montefalco, chiesa di San Francesco, cappella di San Gerolamo.

del suo intervento variano in modo notevole e chi scrive concorda con coloro che vedono il contributo di Benozzo limitato all'esecuzione dei medaglioni con busti nella strombatura delle finestre, e in altri particolari di carattere decorativo[18]. Il recente restauro ha evidenziato la straordinaria tejnuta qualitativa e la perfetta omogeneità stilistica della condotta pittorica dell'intero ciclo, contraddistinto dall'uso di colori molto diluiti che permettono effetti raffinati di trasparenze; evidentemente anche qui la commissione di particolare prestigio richiedeva l'esecuzione personale del maestro domenicano. Solo i busti dei medaglioni delle finestre mostrano una maggiore essenzialità nella definizione dei tratti con un chiaroscuro marcato e dall'effetto quasi di sbalzo, che mi sembra attesti la responsabilità del Gozzoli per questa parte della decorazione, come confermano i confronti con brani delle varie imprese pittoriche di Montefalco (figg. 6-7)[19].

Nulla di certo possiamo sapere invece riguardo ai dipinti, purtroppo perduti, della tribuna della vecchia basilica di San Pietro in Vaticano, nei quali la partecipazione del giovane pittore fiorentino è, come si è visto, documentata. Anche lì, comunque, il suo ruolo non dovrebbe essere stato diverso da quello avuto nella cappella Niccolina e a Orvieto, e in ogni modo la sua mano non è individuabile, come si cercherà di argomentare nella relativa scheda (cat. 11), nel bel frammento oggi appartenente al Museo di palazzo Venezia che, provenga o meno da quel ciclo distrutto, spetta all'Angelico.

Ma l'impresa in cui gli studiosi sospettano interventi particolarmente ampi del Gozzoli ancora sui vent'anni è quella già sopra menzionata del convento di San Marco. Sia nelle parti di data più antica, cioè nelle celle del braccio orientale del dormitorio e nella sala capitolare, che negli affreschi dipinti in un secondo momento nel braccio settentrionale, molti ritengono l'esecuzione parzialmente se non interamente affidata all'aiuto allora poco più che principiante[20]. E se le distinzioni di mano proposte fossero nel giusto, si dovrebbe riconoscere che Benozzo era effettivamente degno della fiducia accordatagli. Si tratta infatti di veri e propri capolavori, affreschi che talvolta giustamente sono stati definiti di "qualità splendida", in confronto con i quali tutta la successiva carriera di questo artista di grande spicco del secondo Quattrocento fiorentino può apparire "un lento, progressivo scadimento"[21]. Si è già accennato sopra al dissenso – isolato e per lo più ignorato dal resto della critica – che lo scrivente ha espresso ed esprime riguardo a questa collaborazione che si presume di individuare un po' dappertutto nell'impresa angelichiana. A mio avviso, più che di oscillazioni qualitative dovute ad aiuti, sarebbe giustificato parlare di zone più o meno corsivamente realizzate dallo stesso pittore domenicano, che a volte poteva essere costretto alla fretta da circostanze esterne. Di ciò sembra esempio lampante l'*Adorazione dei Magi* della cella 39, in cui la critica da molto tempo ha individuato la mano di Benozzo (fig. 8)[22]. Più che la vaga somiglianza tra opere generalmente riconosciute al Gozzoli con personaggi di questa popolosa scena, non saranno stati per caso – mi domando – il soggetto e il destinatario analoghi del celebre affresco della cappella in palazzo Medici a suggerire l'attribuzione? Comunque sia, il riferimento al frescante di quella cappella, ribadito anche nella letteratura più recente, meriterebbe un ripensamento anche sulla base delle risultanze del recente restauro[23]. Oggi, infatti, la scena appare incompiuta, presumibilmente per mancanza di tempo, all'avvicinarsi del momento in cui, dopo avere consacrato la chiesa, il pontefice Eugenio IV doveva pernottare in questa cella. Successivamente – non si sa bene da chi né quando – qualcuno cercò di nascondere l'incompiutezza dell'opera, ridipingendo il cielo e il manto della Madonna, e cercando di integrare con vari particolari minori lo scenario. Attualmente, rimosse le aggiunte, si vedono chiaramente dietro il re in ginocchio i veloci tratti del disegno preliminare delle rocce, delineate in modo diverso che nella parte più alta della composizione, dove l'affresco è stato portato a termine. Non risolto pittoricamente e oggi difficilmente comprensibile è anche il blocco monolitico che doveva raffigurare la casa di Betlemme, e rimane inspiegata la posizione delle figure della metà destra del corteo, che sembrano librarsi in aria. Sebbene in modo meno vistoso, la fretta di terminare il lavoro si avverte anche nella condotta delle figure: ne è testimonianza la leggerezza del modellato, sostenuto e integrato dal contorno ininterrotto che delinea forme quasi del tutto prive di rilievo plastico. Sono convinto, insomma, che le integrazioni tardive prima, e lo stato non finito oggi, contribuiscano non poco alla convinzione degli studiosi di trovarsi davanti a un'opera del collaboratore, non del maestro.

Un'altra causa per ritenere gli affreschi delle celle del braccio settentrionale non omogenei con il resto della decorazione del dormitorio, e quindi per assegnarli ad aiuti, può essere stata la data diversa dell'esecuzione. Queste pitture, infatti, divergono non soltanto per scelte tematiche dalla decorazione delle altre celle, come ha ben chiarito il Hood[21], ma anche per la loro visione: più nitida e come purificata, dove spesso vengono utilizzate tinte rare, effetti di

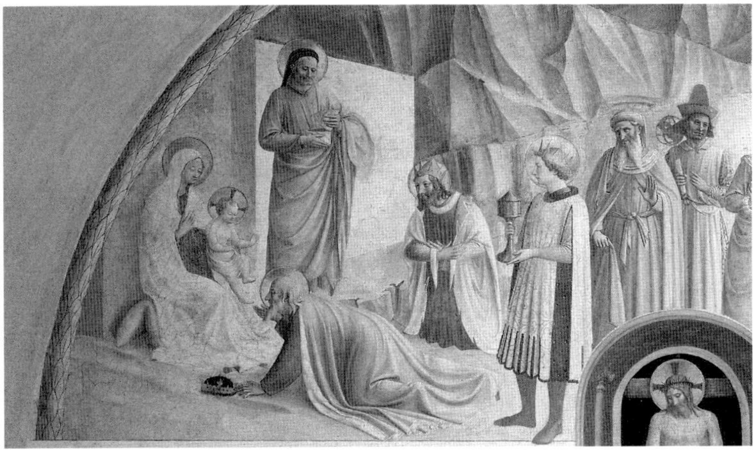

8. Beato Angelico, *Adorazione dei Magi*, particolare, Firenze, Museo di San Marco.

trasparenza, e dove i corpi sono più minutamente caratterizzati e ombreggiati. Il linguaggio è però angelichiano e la qualità dell'esecuzione mostra sempre il solito, sublime livello delle opere del frate pittore. Oggi sono convinto che la diversità rispetto ai dipinti delle celle del braccio orientale e meridionale si spieghi con la loro data successiva e quindi, come ha già avvertito il Bellosi, con riflessi delle esperienze romane dell'artista[25].

Non è qui la sede per un'approfondita discussione di questi capolavori della piena maturità del maestro. Ma lo è per riaffermare, anche se con voce isolata, la autografia angelichiana e respingere le troppo sottili distinzioni proposte tra parti assegnate al frate e altre che, seppure riconosciute di grande qualità, dovrebbero toccare al Gozzoli. Sarà solo per accrescere i meriti del domenicano che l'unica testimonianza contemporanea relativa alla decorazione pittorica del convento, quella del priore Giuliano Lapaccini, tace riguardo ai collaboratori[26]? Può darsi, ma resta il fatto che le attribuzioni al Gozzoli non sono mai state (né credo possano essere) sostenute da confronti convincenti. La constatazione vale anche per il *Noli me tangere* dipinto nella cella 1, di cui Hood puntualmente registra le diversità rispetto agli altri affreschi del braccio Est del dormitorio, ma conclude, pur con riserva di dubbio, che l'esecuzione deve spettare a Benozzo[27]. Una partecipazione di questi alla decorazione pittorica del convento si potrebbe cercare semmai nella sala capitolare, dove la composizione era particolarmente impegnativa e destinata a un pubblico meno ristretto rispetto a quello degli affreschi delle celle. Qui, negli ultimi cinquant'anni, è diventato quasi di norma indicare la mano del giovane aiuto nei busti della fascia decorativa che incornicia in alto la Crocifissione: in qualche caso, come nella sibilla e nel personaggio maschile ai due lati in basso, le tipologie fisionomiche ricordano effettivamente i suoi modi[28]. Ma, ancora una volta, i confronti con il Gozzoli di Montefalco – oppure con quello di Orvieto – portano alla convinzione che la grave, pensosa possanza dei volti, resi con indicibile vivezza, ma anche la meticolosa osservazione dell'incidenza della luce sulla pelle, non possano nascere che dal pennello del solo Angelico.

E forse non occorrerà più dilungarsi su altre proposte di trasferire al presunto allievo brani di opere del grande pittore domenicano quali l'Armadio degli argenti[29], o il Tondo Cook della National Gallery di Washington[30], né tornare a discutere dipinti che, seppure in passato insistentemente riferiti al Gozzoli giovane, rientrano nel catalogo di Zanobi Strozzi[31]. Alla mano di Benozzo in anni vicini alla collaborazione romana col Beato Angelico, credo vadano confermati invece l'affresco con *Sant'Antonio, angeli e donatori* in Santa Maria in Aracoeli a Roma[32] e, come proposto recentemente da Elvio Lunghi, gli affreschi della cappella del Crocifisso nell'Isola Bisentina[33].

Questo minuscolo oratorio fu fatto costruire probabilmente da un importante personaggio della corte di Eugenio IV, Ranuccio Farnese, che ne affidò la cura ai minori osservanti, già da tempo presenti nell'Isola. Sebbene la decorazione, in una sede certo di non facile accesso, sia sfuggita all'attenzione degli specialisti del Gozzoli, essa costituisce, ne sono convinto, una significativa prova giovanile del pittore fiorentino. A prima vista potrebbe trarre in inganno il linguaggio disadorno e a volte rude delle composizioni, in particolare la *Crocifissione* della parete dell'altare, contraddistinta dalla possente corposità delle forme, da un modellato di durezza metallica e dalla rigidezza delle maschere facciali che stentano a esprimere sentimenti. Anche l'essenzialità dei panneggi che sfiora la schematicità e i contorni insistentemente ribaditi con

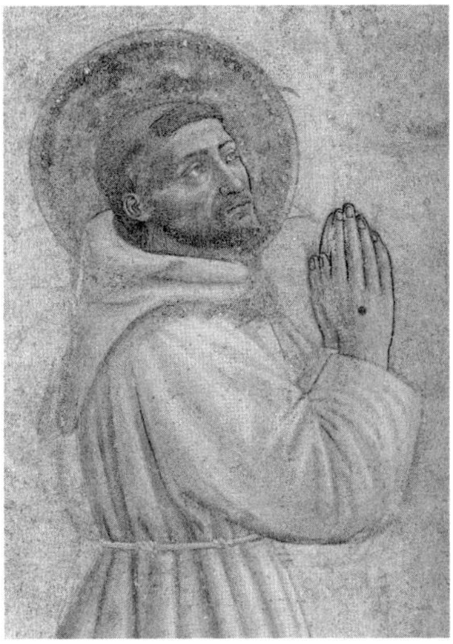

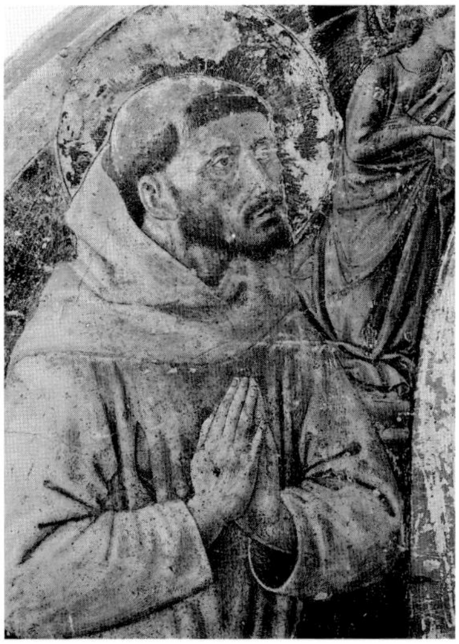

9. Benozzo Gozzoli, *San Francesco*, particolare della *Crocifissione,* Isola Bisentina (Viterbo), cappella del Crocifisso.

10. Benozzo Gozzoli, *San Francesco*, particolare della lunetta con la *Madonna col Bambino e santi*, Montefalco, chiesa di San Fortunato.

effetti a volte sgradevoli possono essere motivi di perplessità. D'altronde il san Francesco in ginocchio accanto alla Croce appare fratello gemello di quello dipinto dal Gozzoli nella lunetta sovrapporta di San Fortunato a Montefalco (figg. 9-10), e il volto di san Luca, raffigurato sulla volta a botte, ripropone in controparte la tipologia fisionomica del san Ludovico del finto polittico di San Francesco a Montefalco. Anche il sant'Agostino, sulla parete sinistra della cappella della Crocifissione, trova stretti parenti negli affreschi del presbiterio della stessa chiesa umbra, e la resa anatomica del Cristo sulla Croce è ben confrontabile con quella dell'analoga figura della cappella di San Gerolamo nella chiesa di San Francesco sempre a Montefalco. Degni dei momenti migliori del Gozzoli sono poi i busti di giovani, dipinti nelle fasce decorative attorno alle lunette dell'altare e della controfacciata; brani di straordinaria freschezza che richiamano la popolazione degli esagoni della volta della cappella di San Brizio a Orvieto nonché particolari dei cicli di Montefalco (figg. 11-12). Sia gli aspetti formali che lo stesso spirito scattante e pungente di questi volti, spesso decisamente ritrattistici, suggeriscono trattarsi – e alla stessa conclusione inducono anche le poche notizie storiche relative al probabile committente[54] – di un'opera precoce, da datare probabilmente vicino all'impresa orvietana.
Un lavoro ancora precedente – che mal si confronta con gli affreschi di Isola Bisentina a causa delle sue dimensioni e destinazione molto diverse – è la decorazione di un manoscritto della British Library (Ms. Harley 1340; cfr. cat. 1) con i *Vaticinia pontificum* di Gioacchino da Fiore; miniature che ultimamente la critica in genere riconosce come primizie di Benozzo. L'attribuzione, in passato molto discussa, non è ovvia nemmeno in questo caso, poiché nello stile delle miniature si mescolano, oltre a elementi di derivazione angelichiana, altri propri del linguaggio miniaturistico di Zanobi Strozzi e del Pesellino. Probabilmente il lavoro fu eseguito a Firenze ancora prima dell'esperienza della collaborazione romana con il frate. E se, come credo, il manoscritto va datato verso la metà degli anni quaranta, sono queste miniature a offrirci la giusta chiave per la ricostruzione dei primi anni di attività di Benozzo Gozzoli.
Gli studiosi sono ormai d'accordo che la splendida tavoletta della National Gallery di Londra con la *Madonna col Bambino e dieci angeli sotto un baldacchino* (cat. 7), e una piccola *Crocifissione* avvistata da Roberto Longhi quaran-

11. Benozzo Gozzoli, *Testa di giovane*, particolare, Montefalco, chiesa di San Francesco.

12. Benozzo Gozzoli, *Testa di giovane*, Isola Bisentina (Viterbo), cappella del Crocifisso.

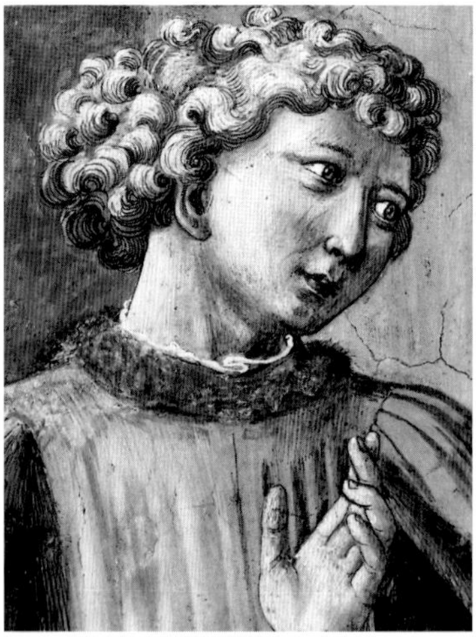

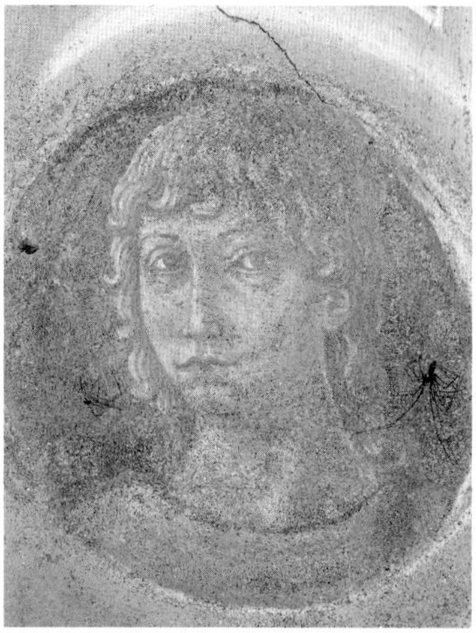

t'anni fa a Parigi e oggi di ubicazione sconosciuta (fig. 13), fanno parte di questa produzione[35]. Nell'introdurla nella letteratura storico-artistica, il Longhi dette della *Crocifissione* un'analisi sottile e illuminante come sempre, accompagnandola però con un'idea a mio avviso fuorviante, secondo cui lo stile del giovane pittore sarebbe stato stimolato, ma anche "tenuto a freno dalla lezione morigerante dell'Angelico". Viene formulata dunque da un lato la tesi del Beato Angelico ormai stanco e incapace di rinnovarsi nell'ultimo decennio di vita, e dall'altro quella di un Gozzoli assai dotato, ma non in grado di mantenere le "alte promesse iniziali". Oggi sembra che non fossero solo i modelli creati dal maestro domenicano (che ora riteniamo fortemente innovativi) ad avere affascinato e influenzato l'autore dei due deliziosi dipinti, ma anche le proposte del mondo più brillante e variopinto di una bottega che probabilmente realizzava sia cassoni dipinti che miniature. Qui Benozzo potrebbe aver scambiato esperienze con Zanobi Strozzi (rimane dunque significativa l'attribuzione insistentemente ripetuta del *Ratto di Elena* della National Gallery londinese al giovane Gozzoli), con Pesellino e forse anche con Apollonio di Giovanni, la cui prima attività similmente resta ancora da indagare meglio. Deriva, credo, proprio da questa fonte la seriosità classicheggiante dei personaggi della *Crocifissione* parigina, il severo appiombo dei loro panneggi e la formazione adamantina delle rocce del suolo. La medesima origine si può sospettare dietro certe reminiscenze gotiche pur presenti nelle primizie gozzolesche, ad esempio nel grazioso *hanchement* di qualche figura dei *Vaticinia* Harley o nell'allungamento spropositato della statura degli angeli nella tavoletta della National Gallery. Le tre opere costituiscono comunque un gruppo strettamente affine per stile ed evidentemente anche per data di esecuzione, da porre a mio modo di vedere verso la metà degli anni quaranta[36].
Si possono fare ulteriori proposte per aggiungere altre opere alle tre ormai riconosciute prove del giovane Benozzo. Occorre tenere ben presente però che, spostandoci verso l'inizio del quinto decennio del Quattrocento, viene a mancare, o quasi, la possibilità di confronti puntuali, e si entra quindi in un campo molto incerto. Dei dipinti da me recentemente proposti per Benozzo giovane[37], una *Madonna dell'umiltà* con quattro angeli fa parte delle collezioni dell'Accademia Carrara di Bergamo (fig. 1 a pag. 134): una composizione di aristocratica raffinatezza in cui la tavola di pur modeste proporzioni offre uno

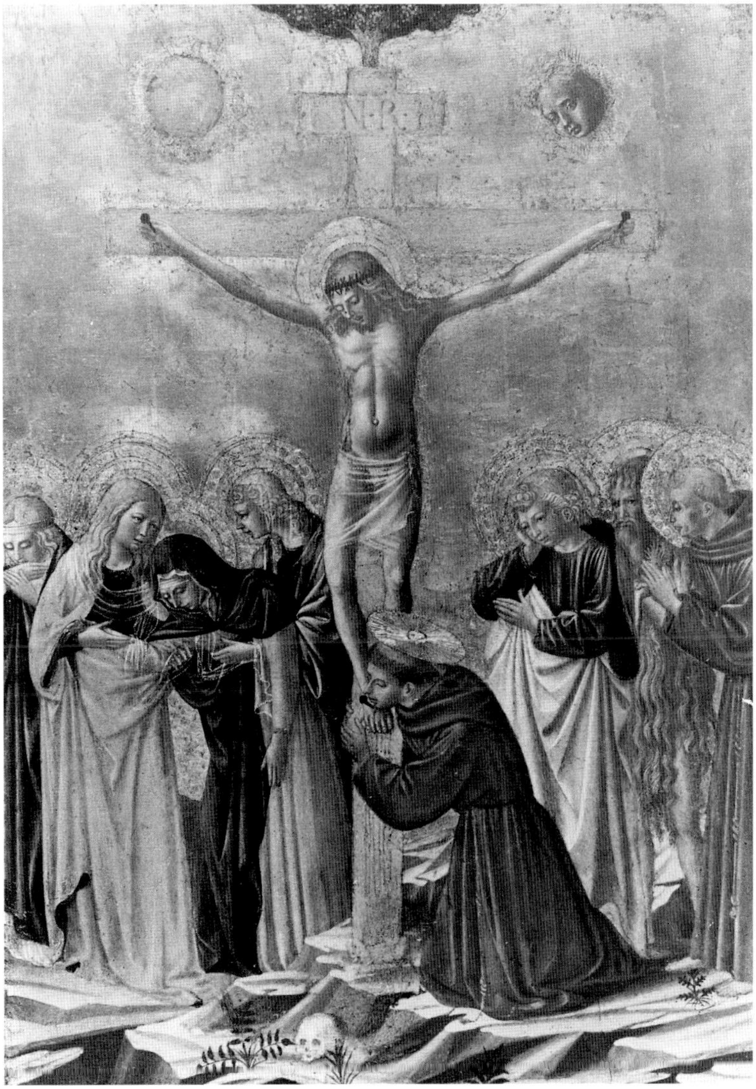

13. Benozzo Gozzoli, *Crocifissione*, già Parigi, collezione privata.

spazio perfino troppo ampio per le minuscole figure. Queste – e in particolare gli angeli musicisti del primo piano – evidentemente si ispirano a modelli angelichiani[38], mostrando però, in particolare nelle lumeggiature filamentose che definiscono l'andamento delle rigide pieghe dei manti, come pure nei volti paffutelli e rosei, analogie molto strette con la *Madonna* gozzolesca della National Gallery di Londra, mentre i pungenti profili degli angioletti in alto, con la loro caratteristica pettinatura a boccoli, richiamano motivi analoghi presenti in opere di Zanobi Strozzi[39]. Collocato in genere nel limbo incolore della "scuola" o bottega del Beato Angelico, il dipinto di Bergamo raramente ha trovato una caratterizzazione così ben azzeccata come quella suggerita dalla Ottino Della Chiesa, che vi vedeva il lavoro di un "miniatore di genio, dipinto intorno al 1440"[40]. È apparentemente sfuggito ai catalogatori dell'Accademia Carrara che la *Madonna dell'umiltà* è stata studiata anche da Antoine Seilern, che non ha esitato a riconoscervi l'opera dello stesso (per lui anonimo) autore responsabile di una piccola *Madonna col Bambino e due santi*, al-

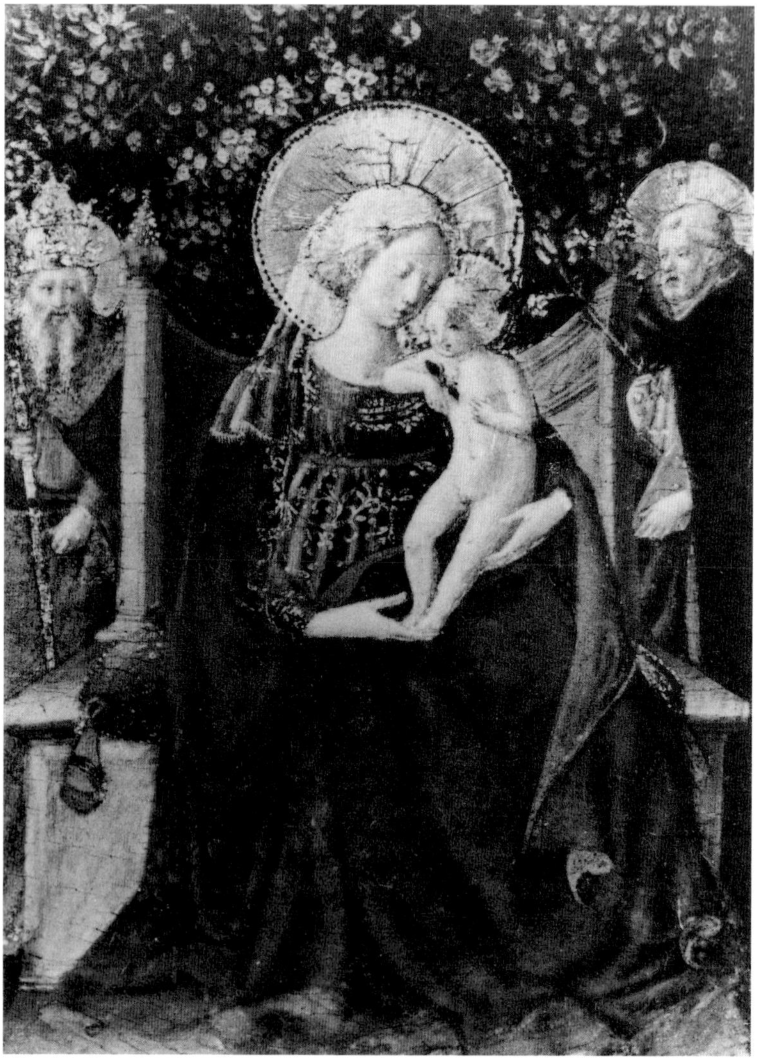

14. Benozzo Gozzoli, *Madonna col Bambino e santi*, Londra, Courtauld Institute Art Gallery, collezione Seilern.

lora nella sua collezione (fig. 14)[41]. Questa tempera, inclusa poi dal Berenson nel gruppo raccogliticcio di dipinti di impronta angelichiana che lo studioso preferì etichettare col nome di Domenico di Michelino[42], nella composizione dominata dall'ampio trono dalla spalliera concava, sembra conservare qualche ricordo anche dell'opera di un pittore-miniatore della più vecchia generazione, il Maestro del Giudizio di Paride[43]. Tuttavia i dati di stile, la luce che modella le forme dolcemente levigate e la posata eleganza della gestualità che seguono, seppure con qualche libertà, i modelli proposti dal Beato Angelico in una fase risalente ancora al quarto decennio, suggeriscono che l'autore sia da riconoscersi in Benozzo in una sua fase iniziale.

Nell'appunto dedicato al tema nel 1995 aggiungevo a queste due anche una tavola raffigurante il *Vir dolorum adorato da un chierico*: un piccolo dipinto semisconosciuto che, sebbene diminuito dalle conseguenze di spietate puliture, sembra ancora sufficientemente leggibile (fig. 15). Occorrerebbe verificarne le misure indicate nel catalogo per accertare se non si tratti per caso della tavola compagna della *Madonna* Seilern, alla quale si avvicina molto per i da-

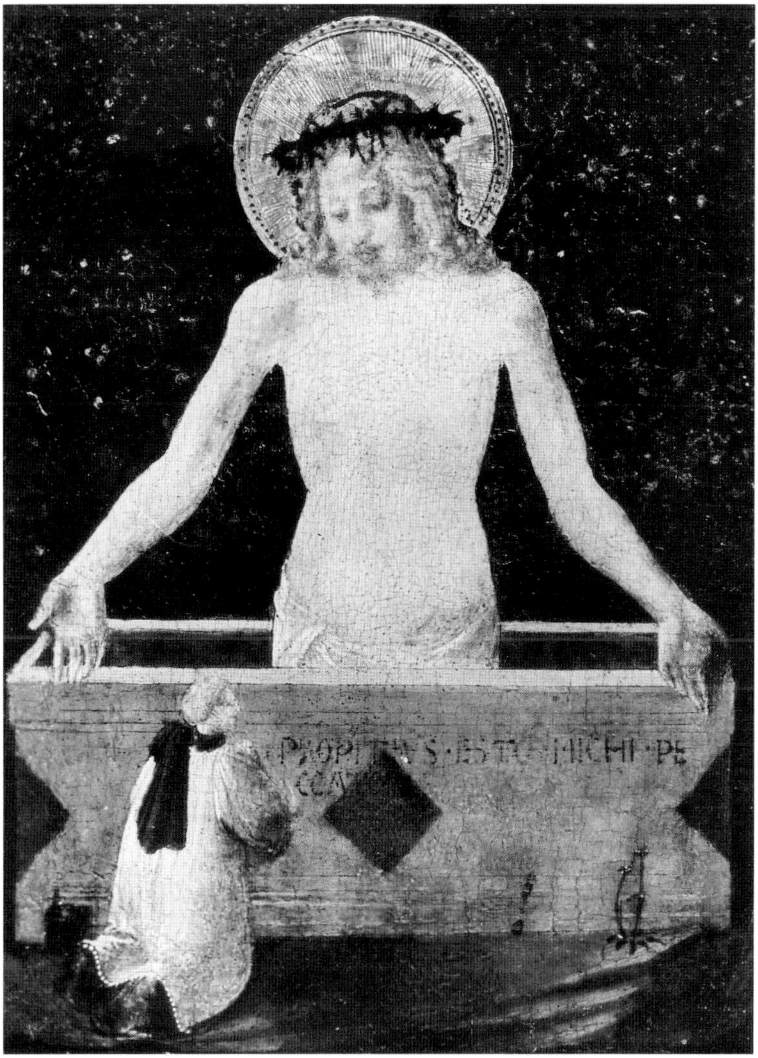

15. Benozzo Gozzoli, *Vir dolorum e devoto*, già Detroit, collezione Lilian Henkel Haas.

ti di stile[44]. Nel lontano 1926, quando apparteneva alla raccolta di Julius H. Haas a Detroit, fu resa nota come opera del Beato Angelico, e quindi negli Indici del Berenson inserita nel catalogo del Gozzoli come lavoro giovanile[45], ma, per quanto mi risulta, è rimasta poi trascurata dagli studiosi sia del primo che del secondo artista. Chi scrive la conosce solo da riproduzione e pertanto il riferimento a Benozzo, nonostante l'autorevole parere del Berenson, deve rimanere prudentemente dubitativo. Ma se si trattasse effettivamente di una delle prime prove del pittore, il *Vir dolorum* di Detroit potrebbe confermare la sua formazione nell'ambito della bottega dell'Angelico ma in contatto anche con altri artisti, con Zanobi Strozzi e compagni o con il gruppo di Jacopo d'Antonio e soci, in corso degli Adimari[46]. Qui la presenza del giovane Pesellino e di maestri di varie specialità poteva allargare i suoi orizzonti e aiutarlo nel mettere a fuoco i propri ideali stilistici. Perché, senza dubbio, nel momento della collaborazione con l'Angelico a Orvieto Benozzo, lungi dall'essere un imitatore-copista del maestro domenicano, è pittore ormai in grado di esprimersi autonomamente.

[1] Le più rilevanti notizie documentarie sulla vita e sull'attività del pittore sono raccolte in appendice alla recente monografia di Diane Cole Ahl (1996, pp. 275-280). Si veda anche il saggio di Anna Padoa Rizzo in apertura a questo volume.

[2] Vasari 1878-85 [1568], III, pp. 45-46.

[3] Solo in tempi recenti si è cominciato a espungere alcune cose dal catalogo, peraltro in continua crescita, della presunta fase giovanile del Gozzoli. Da parte mia (Boskovits 1983, pp. 15-17) ho proposto di restituire all'Angelico alcuni affreschi di San Marco, in precedenza riferiti alla sua scuola e al Gozzoli, ritenendo improbabile una disponibilità dei Medici a finanziare un'impresa artistica, quella della decorazione delle celle, destinata a rimanere inaccessibile a tutti all'infuori dei membri della comunità domenicana. In un successivo intervento (1995, pp. 34-36) confermavo la paternità angelichiana degli affreschi di San Marco e proponevo attribuzioni alternative per alcune opere da altri riferite a Benozzo giovane. Nel frattempo anche Anna Padoa Rizzo, alla quale molto devono le ricerche relative al pittore, ha tolto dal catalogo di questi una tavola (*San Giuliano e le tre fanciulle povere*, già Roma, collezione privata), precedentemente da lei stessa ammessa tra le opere autografe (Padoa Rizzo 1972, pp. 39, 118), ma non più ricordata nella versione riveduta della sua monografia (Padoa Rizzo 1992). Luciano Bellosi (1996, pp. 23-25) accoglie almeno in parte la mia proposta di restituzione all'Angelico di alcuni affreschi del convento di San Marco.

[4] La probabilità che una bottega di pittore potesse regolarmente operare tra le mura di un convento di stretta osservanza viene messa in dubbio già da Giorgio Bonsanti (1990, p. 159), con consenso anche della Cole Ahl (1996, p. 6).

[5] Vedi sopra la nota 3. La recente proposta di W. Hood (1993, pp. 240-241), secondo cui il braccio settentrionale del dormitorio, che include la biblioteca e le celle (nn. 38-39) di Cosimo de' Medici, non facessero parte della clausura, è plausibile, ma lascia inalterati i termini del problema per quanto riguarda il finanziamento degli affreschi per il resto del dormitorio.

[6] Molti indizi, e non ultimi gli scambi di attribuzioni tra le opere di questi pittori, suggeriscono che la loro produzione iniziale si dovrà ristudiare insieme; cfr. in proposito le osservazioni di Alessandro Angelini (Bellosi 1990, pp. 125-127), di Everett Fahy (Di Lorenzo-Zanni 2001, pp. 71-74) e dello scrivente qui sotto, pp. 135-137.

[7] Cfr. Padoa Rizzo 1992, p. 32; Padoa Rizzo 1997b, pp. 51-55.

[8] Cfr. Cole Ahl 1996, pp. 37-40.

[9] Testa 1996, pp. 77-84.

[10] Spike 1996, pp. 75-76, 170.

[11] Bonsanti 1998, pp. 146-148.

[12] Cfr. Bertorello 1988, pp. 217-229.

[13] Cfr. Cole Ahl 1996, p. 276, la quale, tuttavia (*ibid.* pp. 38-40) dalla notizia secondo cui nel settembre del 1447 fu acquistata della sinopia per i lavori nella Cappella Nuova, deduce che l'Angelico in quel periodo era impegnato nell'esecuzione di sinopie, cioè di disegni preliminari, e non prese parte (*ibid.* p. 288, n. 144) all'esecuzione della vela con i personaggi veterotestamentari. Essendo però il termine sinopia usato principalmente per indicare la sostanza colorante e non il disegno con questa tracciato (cfr. Battaglia 1961ss., XIX [1998], p. 80), una simile interpretazione del testo mi sembra arbitraria. In ogni modo, il problema dell'autografia angelichiana della vela in questione può essere determinata a mio avviso solo sulla base del giudizio critico.

[14] Sulla consuetudine di regolare per contratto il tempo della prevista presenza dell'artista nel cantiere cfr. anche Glasser 1977, pp. 77-82.

[15] Andrea De Marchi (Bellosi 1990, p. 87) indica come eseguite dall'Angelico "una testa col copricapo grecanico" al centro della fascia decorativa di destra, e "due teste a ridosso del colmo della volta", intendendo sempre la vela con il Battista e figure veterotestamentarie. L'ipotesi, già respinta dalla Padoa Rizzo (1992, p. 32), non mi sembra sostenibile, né è stata ripresa negli studi più recenti. A mio avviso spettano al Gozzoli la formella di destra del Cristo giudice e quella a entrambi i lati della vela dei profeti.

[16] Cfr. Vasari 1878-85 [1568], III, p. 49.

[17] Così la Padoa Rizzo (1992, p. 34), ad esempio, sostiene che "certamente al Gozzoli si devono le parti decorative, sia nello strombo delle finestre che nello zoccolo parietale". La studiosa aggiunge che nella volta "prossimi alla maniera del Gozzoli risultano il San Marco e il San Matteo", e anche nelle storie delle pareti la mano del pittore "sembra prevalente in alcune scene". Giudizio sostanzialmente analogo viene espresso da Cristina Acidini Luchinat (1994, p. 11), mentre per la Cole Ahl (1996, p. 32) la mano del Gozzoli "is identifiable virtually throughout the chapel". Concorda con tale affermazione il Bonsanti (1998, p. 150) e Arnold Nesselrath (1999, p. 90) sostiene addirittura che "Benozzo Gozzoli's share in the frescoes of Fra Angelico... may have involved not only individual figures, but also the composition as a whole".

[18] Si manifesta anche in questo caso l'acume del grande critico che fu Bernard Berenson (1932, p. 264), il quale precisa che le parti eseguite dal Gozzoli erano soltanto i "fre-

scoes in embrasure of... windows". In tempi più recenti si stacca dal coro dei pareri quasi unanimi Umberto Baldini (1970, p. 110) scrivendo: "sembra... giusto credere anche, se è indubbio che in questa opera l'Angelico si valse di aiuti, in particolare di Benozzo Gozzoli, la 'responsabilità' dell'ideazione, dell'impostazione e dell'esecuzione spetta a lui soltanto".

[19] Mi riferisco in particolare alla figura di san Giovanni nella volta della cappella di San Girolamo nella chiesa di San Francesco a Montefalco, nonché a particolari della predella dell'*Assunzione della Vergine* che, proveniente da San Fortunato a Montefalco, oggi si conserva presso la Pinacoteca Vaticana.

[20] Una partecipazione via via sempre più ampia del Gozzoli nell'esecuzione è ipotizzata dal Bonsanti (1990, pp. 163-172) e anche secondo la Padoa Rizzo (1992, p. 27) "il recente restauro ha... messo in chiara evidenza la partecipazione del Gozzoli alla stesura degli affreschi in un 'crescendo' di ampiezza e responsabilità, a partire dalla fascia decorativa nell'arco del lunettone del capitolo". Concorda con le loro conclusioni Acidini Luchinat (1994, p. 4), mentre ben più prudente si mostra il Hood (1993, p. 42 e *passim*) che limita in sostanza al braccio settentrionale del dormitorio la collaborazione di "a group of hands very close to, and in some cases identical with, the early maturity of Benozzo Gozzoli". Lo studioso ipotizza però un intervento del Gozzoli anche nella *Madonna delle ombre*. Morachiello (1995, pp. 106, 294-297) vede la presenza del Gozzoli solo nella cella 7 del braccio Est e in alcune celle del braccio Nord, oltre che in tutte quelle del Noviziato. In linea di massima raccomanda cautela al riguardo la Cole Ahl (1996, p. 18), quando osserva che "to isolate Benozzo's contributions to San Marco would in part miss the point: because the young artist imitated Angelico's style so well, his hand may be distinguished only after prolongated and deliberate study". Tuttavia la studiosa non esita a individuare la collaborazione del giovane artista nella sala capitolare, nelle celle 7 e 8, e gli riconosce addirittura un ruolo principale nell'esecuzione dei dipinti dei bracci meridionale e settentrionale del dormitorio. A conclusione della campagna di restauro il Bellosi (1996, pp. 19-28) rettifica il giudizio precedentemente espresso (1984, pp. 87-88) sulla partecipazione di Benozzo alla decorazione del dormitorio, che ora vede solo in alcune celle del braccio orientale e, sempre al fianco dell'Angelico, in quelle del Noviziato. Il Bonsanti, nel suo più recente intervento (1998, p. 145) considera invece sostanzialmente autografe solo le celle 1-10 del lato Est.

[21] Cfr. Bonsanti 1990, p. 167. Del resto anche Bellosi (1996, pp. 27-28) è del parere che negli affreschi delle celle del Noviziato "la qualità... è assai alta... sicché... seppure l'esecuzione dovrà riferirsi prevalentemente al Gozzoli, bisognerà pensare alla sempre vigile supervisione dell'Angelico e a qualche suo saltuario intervento".

[22] Cfr. Venturi, VII-1, 1911, p. 407.

[23] Cfr. Dini 1996, pp. 48-49, 77.

[24] Cfr. Hood 1993, pp. 239-253.

[25] Bellosi 1984, p. 87 ("l'atmosfera pulita e cristallina degli affreschi romani ha dei paralleli purissimi in scene come il 'Cristo inchiodato sulla croce' della cella n. 36 o la 'Crocifissione' della cella n. 42... La semplicità e la 'povertà' di queste figure... trovano riscontri perfetti negli affreschi niccolini").

[26] "Nam tabula altaris maioris et figurae capituli et ipsius primi claustri et omnium cellarum fratrem ordinis Praedicatorum et Conventus Fesulani qui habetur pro summo magistro in arte pictoria in Italia, qui frater Johannes Petri de Mugello dicebatur..." Il testo è tratto dalla *Cronaca* scritta da fra Giuliano prima del 1457 e inserita poi in quella, cinquecentesca, di Roberto degli Ubaldini; cfr. Morçay 1913, p. 14.

[27] Cfr. Hood 1993, p. 241 che così scrive, dopo aver sottolineate le differenze dell'affresco rispetto agli altri del braccio Est del dormitorio: "it is difficult to ascribe its execution to Fra Angelico but very easy to give it to Benozzo Gozzoli", ma non accompagna la sua proposta attributiva con adeguate motivazioni stilistiche. In realtà il riferimento dell'esecuzione al Gozzoli non sembra in alcun modo giustificabile, d'altronde si può concordare con lo studioso americano quando avvicina la data dell'affresco della cella n. 1 a quella di altri dipinti nelle celle del braccio Nord del dormitorio. Solitamente il vano oggi segnato con il n. 1 viene considerato, insieme con gli altri diciannove ubicati nel braccio orientale, come la parte più antica della costruzione del primo piano del convento, ricordando le parole di fra Giuliano (cfr. Morçay 1913, p. 11): "anno autem domini MCCCCXXXVII^{mo} aedificatum fuit medium dormitorium, in quo XX^{ti} cellulae sunt dispositae". Ma basta dare un'occhiata alla pianta del complesso (cfr. Benfante-Perretti 1989, pp. 340-341, tav. III) per rendersi conto che in origine la serie di celle non andava oltre quelle numerate rispettivamente 2 e 30 le quali, a differenza delle altre, sono divise da una spessa muratura dalle vicine celle 1 e 31. Originariamente dunque la ventesima cella dovette trovarsi nello spazio tra le celle nn. 11 e 22 ma fu demolita nel momento della costruzione del Noviziato. Si spiega così che l'affrescatura della cella n. 1 sia stata intrapresa

solo qualche tempo dopo la decorazione delle altre del braccio orientale, quando l'Angelico iniziava a dipingere nel braccio Nord del dormitorio, costruito nel frattempo. Risalgono a questo momento i dipinti delle celle 31-35 e di quelle (nn. 38-39) destinate a Cosimo de' Medici. Hood pone la loro realizzazione agli anni 1449-52, vale a dire al tempo dell'ultimo soggiorno fiorentino dell'artista, il quale però dal 1450 dovette nuovamente risiedere a Fiesole, essendo stato eletto priore di quel convento. A mio modo di vedere solo i dipinti dell'ultimo gruppo di celle (nn. 36-37 e 40-45) riflettono ormai lo stile della cappella Niccolina in Vaticano, mentre la decorazione della cella n. 1 e delle altre coeve dovrebbe risalire al 1442, prima della consacrazione del gennaio 1443.

[28] La tipologia fisionomica della figura d'uomo (forse profeta; ma, secondo Hood 1993, p. 189, si tratterebbe dello Pseudo Dionigi l'Areopagita) può ricordare, ad esempio, quella del Battista nel finto polittico di San Francesco a Montefalco.

[29] Da quando Mario Salmi (1950, p. 154) riteneva di poter individuare la mano del giovane Gozzoli nelle figure della Vergine e dei pastori della *Natività* dell'Armadio degli argenti (oggi nel Museo di San Marco), la proposta è stata accettata da vari studiosi. In realtà però, anche ipotizzando, come fanno molti, ampia collaborazione di aiuti nell'esecuzione, è difficile spiegare come mai si rendesse necessario un intervento così limitato da parte di un pittore ormai affermato quale il Gozzoli. Per chi scrive, l'esecuzione della scena della Natività sembra perfettamente omogenea con le altre e non giustifica in alcun modo l'ipotesi di collaborazione.

[30] Di quest'importante opera ho già cercato in altre sedi di riconfermare l'attribuzione allo stesso Angelico, suggerendo che Filippo Lippi la completasse dopo la morte del frate domenicano (cfr. Boskovits 1995, pp. 32-68).

[31] A Zanobi Strozzi appartiene, a mio avviso, il *Ratto di Elena* della National Gallery di London, n. 591 (cfr. Boskovits 1995, pp. 34-37 e Di Lorenzo 2001, p. 18, dove l'attribuzione a Zanobi viene ripresa con riserva di dubbio); a Filippo Lippi appartiene il *Vir dolorum* del Museo di Castelvecchio a Verona, proposto per il Gozzoli da Padoa Rizzo (1992, p. 25). L'*Annunciazione* già nel San Diego Fine Arts Gallery, inclusa nel catalogo del pittore dalla stessa studiosa (*ibid.*, p. 42) mi sembra un dipinto rovinato e reso difficilmente leggibile da cattivi restauri. La *Santa Chiara* affrescata nel convento di Santa Chiara a Montefalco, che la Padoa Rizzo (1992, p. 57) propone per il Gozzoli, sembra rivelare piuttosto la mano di un pittore locale vicino a Jacopo Vincioli; cfr. Minardi 1998, p. 240, n. 35.

[32] Mi sembra che a ragione la Cole Ahl (1996, pp. 251-252) ponga l'esecuzione del residuo superstite di un più ampio ciclo di affreschi in Santa Maria in Aracoeli attorno al 1447-49.

[33] Lunghi 2000, pp. 49-60. In realtà già Corrado Ricci (1928, pp. 95-96) aveva riconosciute le pitture in questione a "un fine pittore quattrocentesco, cresciuto alla scuola o all'imitazione dell'Angelico e di Benozzo Gozzoli", ma a causa di una confusione del ciclo della cappella del Crocifisso (o di Monte Calvario) con i dipinti più tardi di un'altra cappella dell'Isola, quella di Monte Tabor, essi venivano riferiti in seguito per lo più all'ambito stilistico di Lorenzo da Viterbo. Così da Brandi (in *Mostra di frammenti* 1946, p. 4), che prudentemente avanzava un'attribuzione allo stesso Lorenzo, e quindi da Zeri (1953, p. 44 n. 4), che parla in proposito di affreschi avvicinabili a dipinti sul tipo della decorazione della *Nicchia di sant'Antonio di Padova* nella chiesa di San Francesco a Montefalco, oggi riferiti a Jacopo Vincioli (cfr. Toscano-Montella 1999, pp. 44-45). Anche Rossi Pinelli (Rossi Pinelli 1980, pp. 327-329) e Sbrilli (1987a, p. 669) si limitano a mettere in dubbio la paternità di Lorenzo da Viterbo per gli affreschi nell'"Isola Bisentina". A essi dedica invece un esame più accurato Pasti (1983, pp. 167-168), secondo cui "certamente il pittore della Bisentina vide Benozzo al lavoro a S. Rosa [a Viterbo] e fu fra i suoi aiuti". La studiosa avverte inoltre che il ciclo della cappella di Monte Tabor è di circa dieci anni successivo a quello che qui c'interessa, ma ritiene che "l'esecuzione delle due cappelle da parte dello stesso autore sembra essere... l'ipotesi più probabile". Da parte sua Lunghi (2000, p. 59), giustamente a mio avviso, avverte che il pittore della cappella di Monte Tabor "nulla ha più a che fare con la presenza di Benozzo nel Lazio".

[34] Cfr. Zorzi (1995, pp. 141-144) e, riguardo alle cappelle che la tradizione collega con l'attività mecenatistica di Ranuccio, Fagliari Zeni Buchicchio 1983, pp. 108-132. A mio avviso la data del luglio del 1450 (quella della redazione del testamento di Ranuccio Farnese, che è anche l'ultimo ricordo di lui ancora vivo) è da ritenere termine *ante quem* per la commissione degli affreschi della cappella del Crocifisso, mentre la data (1449) della tomba marmorea dello stesso Ranuccio, che si trova in un'altra chiesa dell'isola, quale termine *a quo*. Del resto fin dal 1431 l'Isola Bisentina fu accordata da Eugenio IV ai minori osservanti i quali, avendo in seguito conosciuto il Gozzoli per i lavori eseguiti

in Santa Maria in Aracoeli, potevano avere suggerito al committente di affidargli la decorazione della cappella del Crocifisso.

[35] Longhi 1960, n. 123, pp. 3-7. La tavoletta, ritagliata su tutti i lati, misura cm 53 x 37 e, a parte il rifacimento del fondo oro nella zona centrale (ivi comprese le aureole) appare in buone condizioni. Il Longhi, che secondo un appunto sulla fotografia già in suo possesso, la vide nel giugno del 1958 in collezione Neger, ne proponeva l'esecuzione al tempo dei lavori per i francescani di Montefalco, e l'ipotesi è stata generalmente accolta negli studi, anche perché il dipinto è stato poi riconosciuto (cfr. Nessi 1980, p. 85) come una delle due tavole del Gozzoli, utilizzate come sportelli di un armadio di sagrestia in San Fortunato a Montefalco e quindi alienate negli anni del dopoguerra. L'identificazione che, come mi comunica gentilmente Silvestro Nessi, si basa sui ricordi di un erudito oggi scomparso di Montefalco, non è sicura e, a mio avviso, lo stato di conservazione piuttosto buono della tavoletta sembra contrastare con l'uso quotidiano in funzione di sportello. Ma anche se l'opera proviene effettivamente da Montefalco, non è detto che fosse stata dipinta in quella sede; viste le sue dimensioni, essa potrebbe essere stata portata facilmente a Montefalco dallo stesso Gozzoli o da uno dei frati del convento di San Fortunato. A ragione, infatti, la Padoa Rizzo (1992, p. 43) nota che le tipologie fisionomiche e i "ritmi caratteristici" del dipinto fanno parte del repertorio "degli esordi di Benozzo". Una diversa, più tarda datazione, avanzata da Elvio Lunghi (1997, p. 30), è stata messa in dubbio da Minardi (1998, p. 238).

[36] Mi sembra condivisibile la conclusione di R. Bartalini (in Bellosi 1990, p. 117) che "solo a patto di considerarla entro il primo tratto più antico, ancora fiorentino... la *Madonna Cook* [oggi nella National Gallery] può essere iscritta tentativamente entro la prima storia di Benozzo Gozzoli".

[37] Cfr. Boskovits 1995, p. 58 n. 19. La tavola dell'Accademia Carrara (inv. 620), il cui prestito è stato sfortunatamente negato a questa Mostra, misura cm 33 x 28 ed è stata sempre riferita al Beato Angelico, alla sua bottega o alla sua scuola; cfr. la relativa scheda di M. Bollati, in Di Lorenzo-Zanni 2001, pp. 68-70 dove, come del resto nel precedente contributo di Minardi (1998, p. 237) la paternità del Gozzoli viene accolta.

[38] La loro derivazione dalla *Madonna dell'umiltà* della collezione Thyssen Bornemisza, oggi a Barcellona, è stata correttamente notata dalla Bollati (in Di Lorenzo-Zanni 2001, p. 68).

[39] Ad esempio nell'*Annunciazione* della Johnson Collection (J 22) del Philadelphia Museum of Art; cfr. Strehlke, in *Painting and illumination* 1994, pp. 358-361.

[40] Ottino Della Chiesa 1967, p. 14.

[41] [Seilern] 1959, pp. 4-6, dove il collezionista, autore anche delle schede del catalogo, nel classificare il proprio dipinto come "workshop of Fra Angelico", osserva: "there can be no doubt that the Bergamo painting and the present one are by the same hand". La tavoletta, già valva sinistra di un dittico, misura cm 15.4 x 9.9.

[42] Berenson 1963, p. 60. Nel suo successivo volume di *Corrigenda & Addenda to the Catalogue...* ([Seilern] 1971, pp. 43-44), il collezionista commenta acutamente: "it certainly corresponds in a few details with some of the paintings [*attribuiti dal Berenson a Domenico di Michelino*] but they seem to me such a heterogeneous collection of works that I hesitate in deciding whether those showing affinities with the present panel are by the same hand...".

[43] Mi riferisco alla tavola in collezione privata fiorentina, illustrata da Neri Lusanna (1989, pp. 420-422, fig. 18) che ne pone la data verso la fine degli anni trenta, dunque in anni vicini alla formazione di Benozzo.

[44] Il dipinto, presentato come opera del Beato Angelico (in *Third Loan Exhibition* 1926, n. 1) misura cm 18.4 x 13.3, se le dimensioni indicate nel catalogo sono esatte.

[45] Berenson 1932, p. 263. Da un appunto sulla fotografia conservata presso l'archivio fotografico della Biblioteca Berenson ai Tatti, si apprende che nel 1925 la tavoletta si trovava presso Agnew's a Londra, con un'attribuzione al Baldovinetti.

[46] Cfr. Procacci 1960, pp. 3-70.

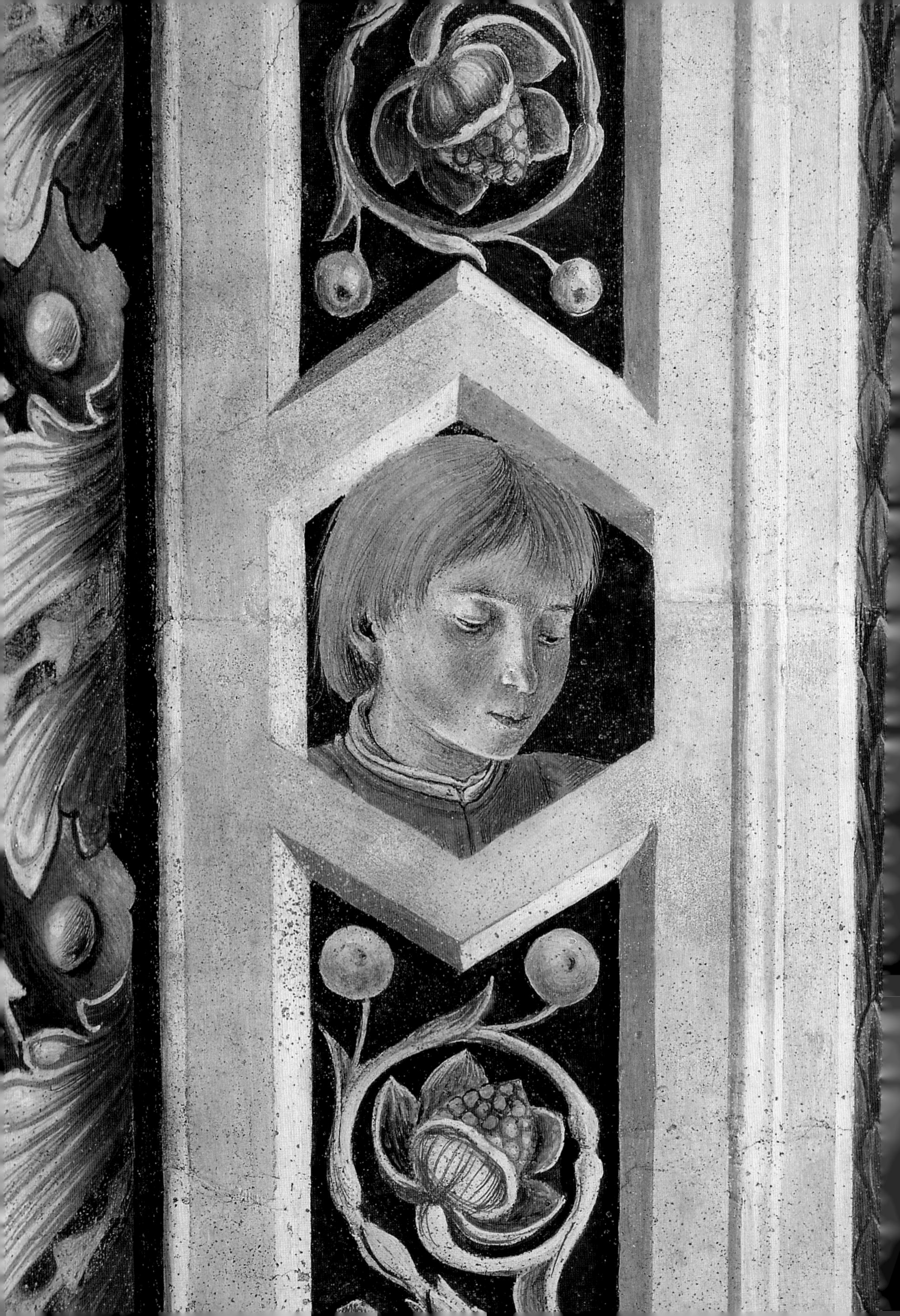

Maestri e compagni tra Orvieto e Montefalco*

Bruno Toscano

1. Collaboratore dell'Angelico, *Esagono con testa*, Orvieto, Duomo, Cappella Nuova.

Per quanto sia chiaro che gli affreschi di Montefalco, e in particolare il ciclo francescano nella chiesa dell'ordine, rappresentino per noi la prima manifestazione dello status di Benozzo da maestro indipendente, è non meno evidente che il pittore doveva sentirsi già allora, al momento in cui riceveva la commissione –1450 o fine 1449 –, in grado di rispondere all'importante richiesta con la sicurezza che gli derivava dalla capacità operativa che solo una bottega ben organizzata poteva garantire.
A Firenze Benozzo aveva ricevuto commissioni in proprio già molti anni prima, forse anche prima del 1439, quando i documenti cominciano a darne testimonianza, informandoci anche sul carattere di queste prestazioni. Si tratta, come è noto, di opere perdute e cioè di un *Cristo in Ascensione* dipinto su una preziosa coperta funebre e di uno stendardo con compasso, cose entrambe eseguite, rispettivamente, nel 1439 e nel 1441 per la confraternita delle Laudi e di Sant'Agnese in Santa Maria del Carmine, dunque nel periodo in cui Benozzo lavora accanto all'Angelico a San Marco[1]. Perdute, a quanto sembra, sono anche due opere orvietane compiute nei mesi, forse anni, in cui aveva continuato a frequentare Orvieto dopo che nella Cappella Nuova si era irreversibilmente chiuso il cantiere diretto da fra Giovanni: il disegno per una vetrata, che nel dicembre 1448 era in possesso della Fabbrica[2], e l'anno successivo un'*Annunciazione* commissionatagli da una signora orvietana ma poi destinata anch'essa alla Fabbrica del Duomo[3]. Si deve forse anche a questa attività se nel luglio 1449 è, a quanto sembra per la prima volta, citato come maestro[4].
È noto che sia a Firenze, a San Marco, sia a Roma, nella cappella Niccolina, il suo ruolo fu di primo collaboratore dell'Angelico, come risulta anche dal salario, mentre subito dopo l'esperienza romana una carta orvietana del maggio 1447, chiamandolo "consotio" di fra Giovanni, sembra prendere atto di una posizione anche più avanzata da lui raggiunta all'interno della bottega[5]. Ciò spiega perché egli, pur essendo rimasto "sulla piazza", non potesse sentirsi appagato da un eventuale incarico di portare a termine la pura e semplice decorazione dei costoloni della Cappella Nuova, già avviata sotto l'Angelico, che fu affidata a Pietro di Nicola da Orvieto, artefice certo mediocre ma cui l'Opera riconobbe un salario mensile di poco inferiore a quello di Benozzo[6]. Ma è un punto su cui ritorneremo, perché l'intento di questo scritto richiede la maggiore attenzione possibile anche ai più piccoli movimenti che ci sia dato registrare sui ponti nel Duomo orvietano, sulle presenze, sui salari, sulla sequenza operativa: premessa indispensabile per passare poi a guardare dentro agli affreschi di Montefalco, anch'essi per buona sorte vivificati da un eccellente restauro, ma del tutto privi dei vantaggi di testimonianze d'archivio e, tanto meno, della fitta serie documentaria che commenta quasi puntualmente il cantiere di Orvieto.
Per questa ragione, sfortunatamente, non conosciamo la composizione del-

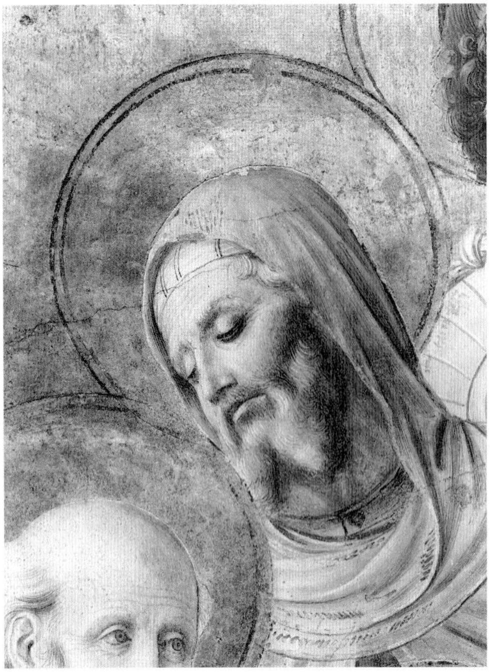

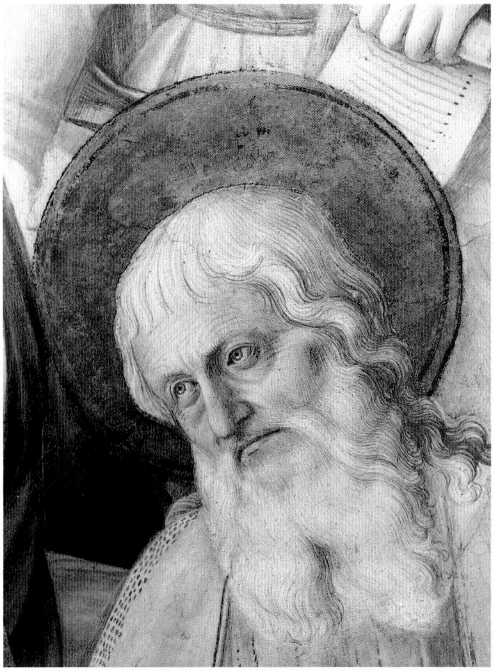

2. Beato Angelico, *Vela dei Profeti*, particolare, Orvieto, Duomo, Cappella Nuova.

3. Beato Angelico, *Vela dei Profeti*, particolare, Orvieto, Duomo, Cappella Nuova.

la bottega di Benozzo a Montefalco, mentre sulle due imprese precedenti cui il pittore partecipò, sotto la guida dell'Angelico, in Vaticano e a Orvieto, i documenti rivelano qual era l'"organico" di cui fra Giovanni disponeva. A Roma i "dipintori" sono fra Giovanni, Benozzo, Giovanni di Antonio della Checca – nipote dell'Angelico e altrimenti detto Giovanni di Mugello –, Carlo di ser Lazzaro da Narni, Giacomo di Antonio da Poli, Pietro di Giacomo da Forlì[7]. A Orvieto "serviunt ad picturas" gli stessi, eccetto il forlivese e con l'aggiunta di Pietro di Nicola da Orvieto, da ogni punto di vista un *outsider*[8]. È del tutto naturale domandarsi in quale modo Benozzo, nell'impegnarsi per Montefalco e soprattutto in vista della complessa impresa in San Francesco, abbia cercato di avvicinarsi al modello organizzativo dei cantieri diretti dall'Angelico, ma anche da un altro perfetto *caputmagister*, a lui ben noto, come Ghiberti.

Chi per avvicinarsi il più possibile al funzionamento reale del cantiere umbro benozzesco si aspettasse troppo dal raffronto con impegni successivi di pari peso rimarrebbe sicuramente deluso. Pure, qualche indizio se ne può trarre. Il perduto ciclo di Santa Rosa a Viterbo, cui Benozzo accudisce appena uscito da Montefalco, è ricordato da un documento contemporaneo per via del pagamento di ben trecento ducati che era stato corrisposto per l'intero lavoro non soltanto a Benozzo ma anche a "Maestro Mario de Amelia". La ripartizione della somma non è precisata ma è ben distinta la parte eseguita dal fiorentino, che dipinse le pareti, da quella spettante al pittore amerino, noto solo per poche altre carte, che dipinse "li archi"[9]. In ogni caso, si tratta di una somma enorme anche se si tiene conto delle spese che vi erano comprese; sufficiente, si pensi, a far lavorare i due maestri per circa un anno con un salario/mese per Benozzo pari a quello percepito dall'Angelico alla Niccolina (= ducati 16,6) e un salario/mese per Mario d'Amelia pari a quello di Benozzo nella stessa occasione (= 7 fiorini).

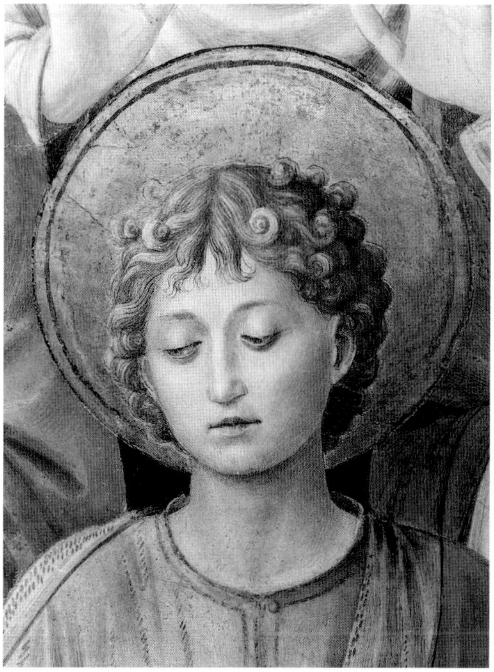

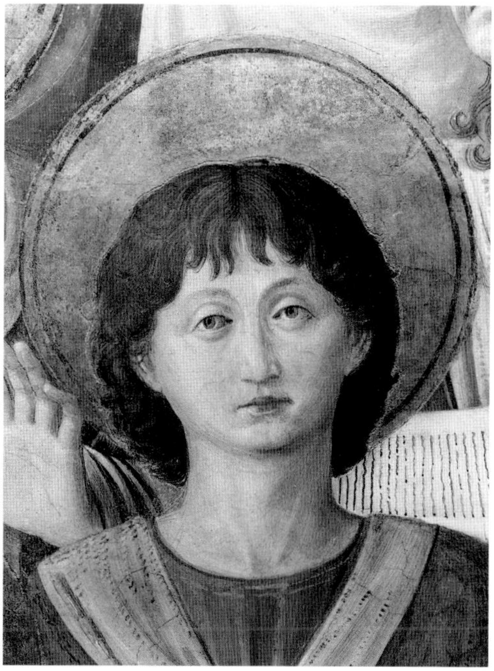

4. Benozzo Gozzoli, *Vela dei Profeti*, particolare, Orvieto, Duomo, Cappella Nuova.

5. Benozzo Gozzoli, *Vela dei Profeti*, particolare, Orvieto, Duomo, Cappella Nuova.

In casi del genere è lecito supporre che l'*équipe* fosse assai più articolata e numerosa, così da giustificare il cospicuo esborso, ed è davvero un peccato non poterlo verificare in Santa Rosa sul testo pittorico, non bastando certo a questo scopo né i disegni preparatori superstiti né, tanto meno, le "copie" degli affreschi eseguite nel Seicento. Ma anche quando, come a Orvieto, il saldo finale coincide con l'importo pattuito, può essere messa in discussione la certezza assoluta che l'organigramma documentato rispecchi in tutto e per tutto le effettive presenze sui ponti. Non si dice per una specie di *revival* di primo Novecento, quando Adolfo Venturi perorava che non si interrogassero "le carte e i documenti, ma l'opera stessa, che a quanti sanno intendere non mente mai"[10], semmai per ricordare che la questione è stata posta anche in termini di vero equilibrio: "The extent to which certain skillful assistants collaborated and worked independently [...] is sometimes established by documents and often even possibile to ascertain through stilistic comparisons"[11]. È appena necessario sottolineare che questa è stata la strada maestra quando si è tentato di districare complicati problemi di collaborazione in grandi cantieri tutt'altro che privi di corredo documentario, dalla cappella Ovetari al Collegio del Cambio, e così via.
Mi rendo conto che queste posizioni urtano con radicate convinzioni, la cui influenza si avverte diffusamente nella letteratura su Benozzo, ma anche in quella sull'Angelico. La prima è che il supporto documentale, quando si ha la fortuna di disporne in forma che potremmo definire sistematica – come nel caso delle carte della Fabbrica del Duomo di Orvieto –, sia lo specchio fedele dell'intero svolgimento dell'impresa (che ne viene comunque bene illuminata); la seconda, che l'*équipe* attiva a un cantiere pittorico sia una formazione chiusa, la cui composizione è né più né meno quella attestata e stabilita dalla lettera del contratto e delle altre carte; la terza, che nell'insieme del testo pittorico identificare la presenza di un collaboratore sia tutt'uno

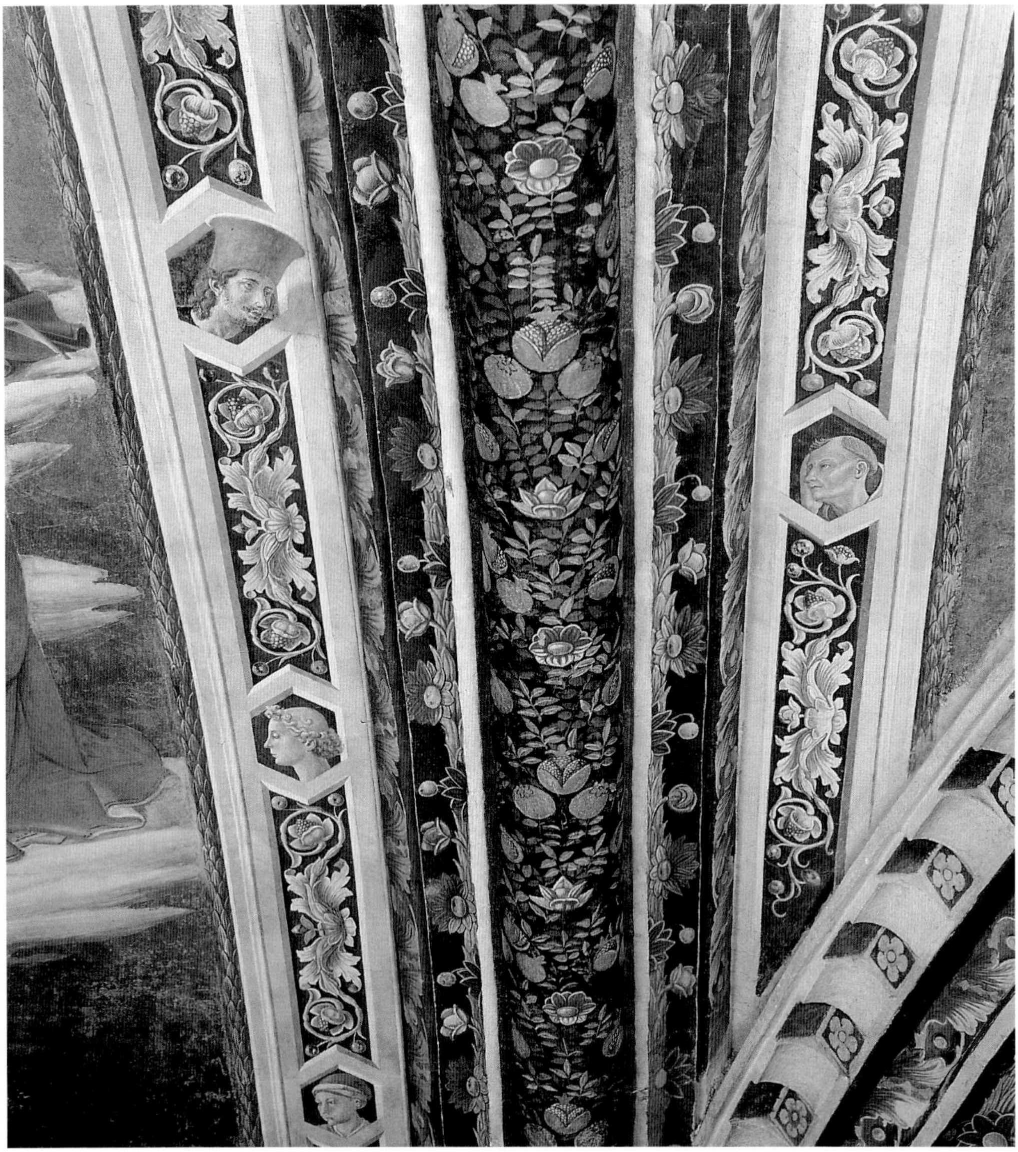

6. Costoloni e fasce decorative della volta, particolare, Orvieto, Duomo, Cappella Nuova.

con la constatazione dell'abbassamento, di uno o più gradi, del livello qualitativo. Ma fra Orvieto e Montefalco le cose sono andate davvero così? È un interrogativo legittimato anche da osservazioni molto recenti su un testo figurativo che ci riguarda da vicino, cioè il ciclo della cappella Niccolina, tanto più considerando che gli osservatori sono della statura di Carlo Giantomassi e Donatella Zari[12]. Grazie ai documenti possiamo farci un'idea della composizione del gruppo diretto dall'Angelico in Vaticano, dove figurano, lo ricordiamo ancora, Benozzo, Pietro di Giacomo da Forlì, Carlo di ser Lazzaro da Narni, Giacomo di Antonio da Poli e Giovanni di Antonio della Checca. Ebbene, Giantomassi e Zari, sulla base di un esame penetrante che solo per *understatement* può essere definito della "tecnica pittorica", hanno potuto distinguere accanto all'Angelico "almeno sei mani". È vero che i documenti si riferiscono all'*équipe* attiva nella cappella maggiore, del resto un'impresa strettamente contigua a quella della Niccolina; ma le conclusioni dei restauratori illuminano nell'insieme il cantiere dell'Angelico, nel cui ambito, fra l'altro, è poco probabile che le "almeno sei mani", responsabili di zone importanti degli affreschi, fossero quelle degli aiutanti citati nei pagamenti, se si eccettua naturalmente Benozzo. Carlo di ser Lazzaro, infatti, nel 1450-1451 dipingeva stemmi e cornici nello studio di Niccolò V ed era chiamato "dipintore de chasa"; Giacomo di Antonio è quasi certamente lo stesso che nel 1451 ha lasciato la sua firma in un affresco in Sabina che lo rivela "meno ancora che un garzone"[13].

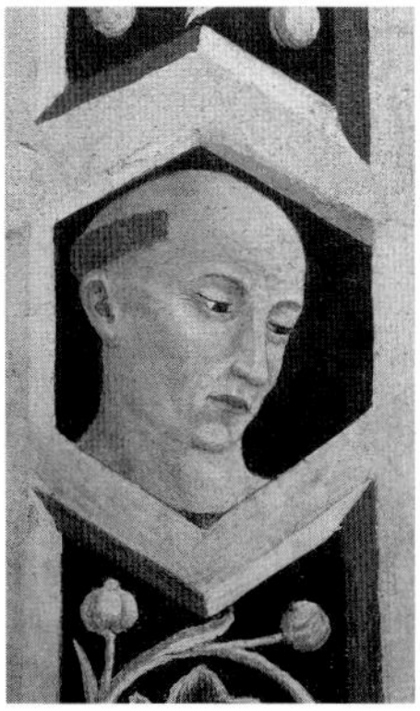

7. Pietro di Nicola, *Esagono con testa*, Orvieto, Duomo, Cappella Nuova.

A consigliarci cautela nel prendere alla lettera gli organigrammi attestati da documenti è anche la notizia fornitaci dal catasto fiorentino del 1457, da cui risulta che Bernardo, fratello di Benozzo, e lo stesso Benozzo erano stati assenti da casa otto anni[14]. Poiché anche Bernardo è detto pittore, la sua lunga assenza da casa insieme con il fratello può voler dire che Benozzo decise di avvalersi del suo aiuto, qualunque fosse la sua capacità, a partire dal 1449, un anno topico della carriera dell'ex "consocio" di fra Giovanni, che proprio allora si sta industriando di procurarsi i primi lavori in proprio di grosso impegno. Bernardo potrebbe così essere stato vicino al fratello fin dall'ultima fase orvietana e poi nei cantieri di Montefalco, Viterbo e Roma. Ma di lui non si trova mai traccia nelle carte dei pagamenti.
Dopo Viterbo, l'attività romana di Benozzo fu certo molto più importante di quanto opere e documenti superstiti riescano a tramandarci. Anche gli affreschi dell'Aracoeli erano abbastanza impegnativi perché il pittore potesse operarvi da solo, ma è buio totale su questo punto[15]. Invece, dal pagamento in data 2 ottobre 1458 della bella somma di 250 fiorini "pro rebus pictis variis per eos, pro coronatione santissimi domini nostri pape", cioè di Pio II, apprendiamo l'interessante notizia che Benozzo aveva cambiato compagnia. Ora aveva un vero e proprio *partner*, Salvador de Valencia, con il quale, è da credere, assunse l'incarico alla pari non tanto perché lo spagnolo vi è citato anch'egli come "maestro" ma perché grazie ai documenti resi noti già dal Müntz lo conosciamo come una personalità di rilievo, anche se per noi senza opere, fin dagli anni del pontificato di Niccolò V[16]. Vicinissimo nel tempo a questo è l'altro e certamente più ingente impegno romano per la decorazione della cappella del cardinale d'Estouteville in Santa Maria Maggiore[17]. È vero che dell'attribuzione di questa impresa a Benozzo possiamo parlare solo sulla fede di una stringata asserzione di Vasari, destinata poi a perdere di valore al solo rammentarsi che sugli impressionanti anche se frammentari *Evangelisti* nella volta della cappella Roberto Longhi ha apposto il nome di Piero della Francesca[18]. Non fossimo messi in soggezione da un'apparizione così solenne potremmo avvicinare questo caso a quelli di Orvieto e di Viterbo, dove rispettivamente i costoloni e gli archi furono decorati da artefici diversi dal capobottega; tanto più che le "molte figure che sono ragionevoli" del referto vasariano si immaginano assai meglio nelle pareti[19]. Prescindendo dai seri problemi sollevati dalla martoriata cappella d'Estouteville – ivi compreso quello della paternità di Piero – interessa qui osservare che il modesto affresco del *Cristo nel sarcofago tra angeli* relegato in una sopra-lunetta, cioè in una zona residuale della parete d'ingresso, ha così evidenti caratteri di acerba filiazione benozzesca da avvalorare il riferimento del Vasari al pittore fiorentino per le scene principali, purtroppo del tutto scomparse. Per i partecipanti alla decorazione potremmo

così già contare fino a tre: Benozzo, il suo anemico aiutante del *Cristo nel sarcofago*, il forte pittore degli *Evangelisti*. Ma continuiamo.
Un anno dopo, a Firenze, l'evidente partecipazione di almeno un aiutante nella cappella di palazzo Medici ha fatto pensare a Giovanni di Mugello[20], che nel 1455 aveva perduto il maestro e zio fra Giovanni ed era quindi libero di unirsi a Benozzo. Infine, e siamo già molto avanti rispetto a Montefalco, dal 1464 al 1467, a San Gimignano e a Certaldo, Benozzo ha accanto a sé Giusto d'Andrea e Giovanni di Mugello che ha acquistato una certa autonomia perché, scrive Benozzo nel 1467, "andò a Certaldo chon un mio gharzone a dipignere"[21]. Da parte sua, Vasari gli dà come discepoli Zanobi Machiavelli, ma senza precisare alcuna occasione di collaborazione, "et altri, de' quali non accade far altra memoria"[22].
Da questi dati, così sporadici ed eterogenei, sembra tuttavia di poter trarre almeno un abbozzo di lezione. La fisionomia della bottega cui essi alludono sembra distinguersi più per mobilità che per stabilità e, inoltre, più per occasionalità che per sistematicità. Ciò anche quando, osservando equilibri e distribuzioni di ruoli che sembrano ripetersi in congiunture diverse, siamo convinti di avere avvistato, ad esempio, un criterio ricorrente di divisione del lavoro. Lo schema "superfici grandi ai maestri / margini ornamentali agli aiuti" sembra puntualmente applicato sia nella Cappella Nuova di Orvieto sia in Santa Rosa a Viterbo, con tanto di simmetrie tra Angelico (le vele) e Benozzo (le pareti) e tra Pietro di Nicola ("arcora") e Mario di Amelia ("li archi"). Ma mentre nulla ci è dato di constatare su possibili gerarchie di mani in Santa Rosa, un'osservazione attenta dei "margini" nelle vele orvietane e nelle storie francescane di Montefalco fa saltare quello schema per via degli inserti di alta qualità che contraddicono una ripartizione del lavoro di pura *routine*. Impossibile sillabare, dietro gli inserti, un nome pescandolo nelle riserve d'archivio – che tra l'altro per Montefalco mancano del tutto – ma difficile anche decifrare la realtà operativa di questi cantieri. Si tratta del problema per noi centrale, che affronteremo tra poco; ma poiché l'esame dei "margini" di Montefalco si avvantaggia sicuramente di qualche raffronto con quelli di Orvieto, è bene tornare per un momento al cantiere della Cappella Nuova.
I documenti dimostrano che Pietro di Nicola da Orvieto lavora alla Cappella Nuova fino a circa la metà di gennaio 1449[23]. Qualche giorno dopo riceve un altro incarico, deve cioè dipingere sulla parete della cappella dell'Annunziata una *Annunziata con i santi Pietro e Paolo*. Nel frattempo la Fabbrica esaudisce la sua richiesta di essere pagato per una parte della sua opera "in volta Cappelle Nove" con la cessione di una vigna del valore di 65 fiorini. Fra il febbraio e il maggio 1449 Pietro manifesta al camerario il desiderio di portare a termine la decorazione dell'intera cappella. Su ciò non esiste una testimonianza diretta ma il tenore dell'importante delibera dell'11 maggio 1449 presuppone con ogni chiarezza che la proposta sia stata formulata. Con molto tatto i soprastanti rispondono: no, grazie. La congiuntura finanziaria non è buona, dunque il camerario viene invitato, ammesso che ci riesca, a impegnare di nuovo, ma solo per tre mesi, l'Angelico, cui Pietro di Nicola potrebbe affiancarsi. È interessante che il 3 luglio successivo la Fabbrica sia chiamata a rispondere a una proposta analoga, questa volta da parte di Benozzo "qui cupit laborare in Cappella Nova"[24]. Le sue richieste di poter eseguire una prova e, nei giorni necessari a questa, di essere alloggiato in una

casa della Fabbrica sono subito soddisfatte, ma la cosa, per ragioni che non conosciamo, non ebbe alcun seguito. Nonostante il 12 luglio egli si faccia rimborsare azzurro fino comprato a Firenze[25], presumibilmente da usare per la prova, si potrebbe pensare che da questa aspirazione sia stato distolto anche perché nel frattempo si stava già delineando l'impegno di lavoro a Montefalco. Si rifletta che siamo a pochi mesi dall'inizio dell'attività a San Fortunato, che doveva pur essere preparata e il cui avvio non può slittare troppo oltre nel 1450 se si tiene conto della rilevante mole di lavoro che sarà eseguito fino al primo di novembre 1452. Occorre aggiungere che l'offerta di Benozzo alla Fabbrica, proprio al morire del '49, di portare a termine al solo rimborso dei colori l'*Annunziata*, cui la committente aveva rinunciato[26], ha tutta l'aria di un atto con cui il pittore chiude alla meno peggio la partita orvietana. Ma soprattutto si consideri che, nell'insieme, l'ingaggio a Montefalco si presentava ben più vantaggioso di quello per la Cappella Nuova, programmato dalla Fabbrica, anche se fosse tornato l'Angelico in persona, per non più di tre mesi. Infatti gli osservanti chiedevano affreschi, una pala d'altare e un'altra tavola e inoltre non si può affatto escludere che già nel momento della chiamata a Montefalco fosse previsto, una volta conclusa la sua opera a San Fortunato, il passaggio del pittore a San Francesco, dove il piatto era anche più appetitoso, comprendendo l'intero ciclo della tribuna, gli affreschi di una cappella e almeno una tavola. Di fatto, l'impegno di Benozzo a Montefalco si protrarrà, com'è noto, per gran parte del periodo 1450-1452.
Dunque, dopo il ritorno a Roma, dove aveva trascorso una parte del 1448 per tornare a operare accanto all'Angelico al servizio di Niccolò V, Benozzo è spesso presente a Orvieto, tanto che tra il secondo periodo orvietano e quello montefalchese si può parlare di sostanziale continuità. Potremmo riassumere così il suo taccuino:

giugno-settembre 1447: Benozzo dipinge con l'Angelico due vele della Cappella Nuova;
1448: collabora con l'Angelico nella cappella Niccolina;
ante 2 dicembre 1448: esegue per la Fabbrica orvietana il disegno di una vetrata;
1449: comincia a dipingere una *Annunziata* per Gianna di Gregorio, orvietana;
1449?: dipinge un'*Annunciazione* per Narni;
1449: prende con sé il fratello Bernardo, pittore;
3 luglio 1449: propone alla Fabbrica di condurre avanti gli affreschi della Cappella Nuova;
12 luglio 1449: è rimborsato dalla Fabbrica per azzurro fino comprato a Firenze;
28 dicembre 1449: offre alla Fabbrica l'*Annunziata* già commissionatagli da Gianna di Gregorio;
inverno 1450: inizio della sua attività a San Fortunato, Montefalco;
1450: firma e data l'affresco con *Madonna e due angeli musicanti* in San Fortunato;
1452: firma e data gli affreschi con *Storie di san Francesco* in San Francesco, Montefalco;
1° novembre 1452: firma e data gli affreschi della cappella di San Girolamo in San Francesco.

8. Vele del cantiere dell'Angelico, Orvieto, Duomo, Cappella Nuova. Proposta di divisione delle mani negli esagoni (grafico).

La prima impressione che si riceve da questa scaletta è che, disattivato ormai il cantiere niccolino sul finire della buona stagione, Benozzo, sempre più propenso a mettersi in proprio, dovrà accontentarsi per circa un anno e mezzo di un insieme di incarichi mai di grande taglio, quasi un *bricolage* in confronto, per esempio, all'ambizione di essere il nuovo numero uno nella Cappella Nuova: per circa un anno e mezzo, perché per l'Angelico, che in estate "non vult stare Rome", la buona stagione finiva più o meno alla metà di giugno.
L'idea che attraverso i documenti possiamo formarci di questa sua attività, prevalentemente orvietana, induce a figurarsi Benozzo dopo il giugno 1448 come un artista, se non isolato, certo non ancora bisognoso di organizzarsi in gruppo. Per soddisfare le richieste di questo periodo poteva bastargli l'aiuto del fratello Bernardo, che risulta accanto a lui, come abbiamo visto, a partire dal 1449. Egli avvertirà l'esigenza di un salto di scala nel momento in cui chiederà di completare la decorazione della Cappella Nuova; e si può credere che allora il suo modello di cantiere fosse quello dell'Angelico a Roma e a Orvieto.
Aver tenuto d'occhio, almeno quanto i documenti ci concedono, il comportamento di Benozzo dopo la fine della prima esperienza romana può aiutarci a osservare più da vicino, negli affreschi di Orvieto e di Montefalco, gli indizi di situazioni per dir così meno normative, squarci che si aprono nell'univocità – questa sì, certa – delle regie e degli impianti e spie di varietà e forse perfino di sporadicità di presenze sui ponti di quei cantieri. Per le due vele della Cappella Nuova è innanzitutto da verificare se il problema esecutivo possa davvero porsi nei termini di una semplice alternativa tra l'Angelico e Benozzo, come di solito è stato posto con un criterio, del resto, pienamente legittimo se si considera che, tra gli artefici presenti sul palco tramandati dai documenti, soltanto sintonizzandosi su quei due nomi si poteva separare l'eccellente dall'ottimo[27]. Tuttavia, la tentazione di allargare il gioco senza abbassare il livello è molto forte.
La presenza anche in sede esecutiva dell'Angelico è di timbro così imperioso da non poter essere confusa. La grandezza di questi *Profeti* (figg. 2, 3)è in realtà in una irraggiungibile equivalenza, che fa sì che l'espressione di un'alta moralità e di una magnanima sapienza sia tutt'uno con l'eletta traduzione pittorica, una trama filante che modella, scava, inventa spazio per passaggi impercettibili di luce e ombra. Quando questa umanità sembra oltrepassare i confini del suo indefettibile regno per affacciarsi sul mondo e osservarlo con una curiosità sapida e partecipe, è allora che sentiamo di avere avvistato la parte di Benozzo (figg. 4, 5). C'è un vero e proprio salto linguistico. La trama pittorica si stringe, compare un modellato assai risentito che tende a staccare nettamente i piani, mentre il disegno sboccia in saporiti dettagli: tutto per far centro sul reale, descriverlo, caratterizzarlo. Una mappa sistematica delle due mani nella vela dei *Profeti* e in quella del *Cristo giudice*, dove sarebbe resa più ardua dallo stato di conservazione assai meno felice, non è nelle intenzioni di questo scritto. Può invece risultare più fruttuoso riesaminare da vicino i problemi posti dagli ornati dei costoloni o, più precisamente, delle fasce (fig. 6) che fungono da bordi delle due vele affrescate nell'estate del 1447 sotto la guida dell'Angelico.
Nessun problema per la parte spettante a Pietro di Nicola (fig. 7), eseguita dal luglio 1447 al gennaio 1449, in dettaglio dall'11 luglio a circa la metà di

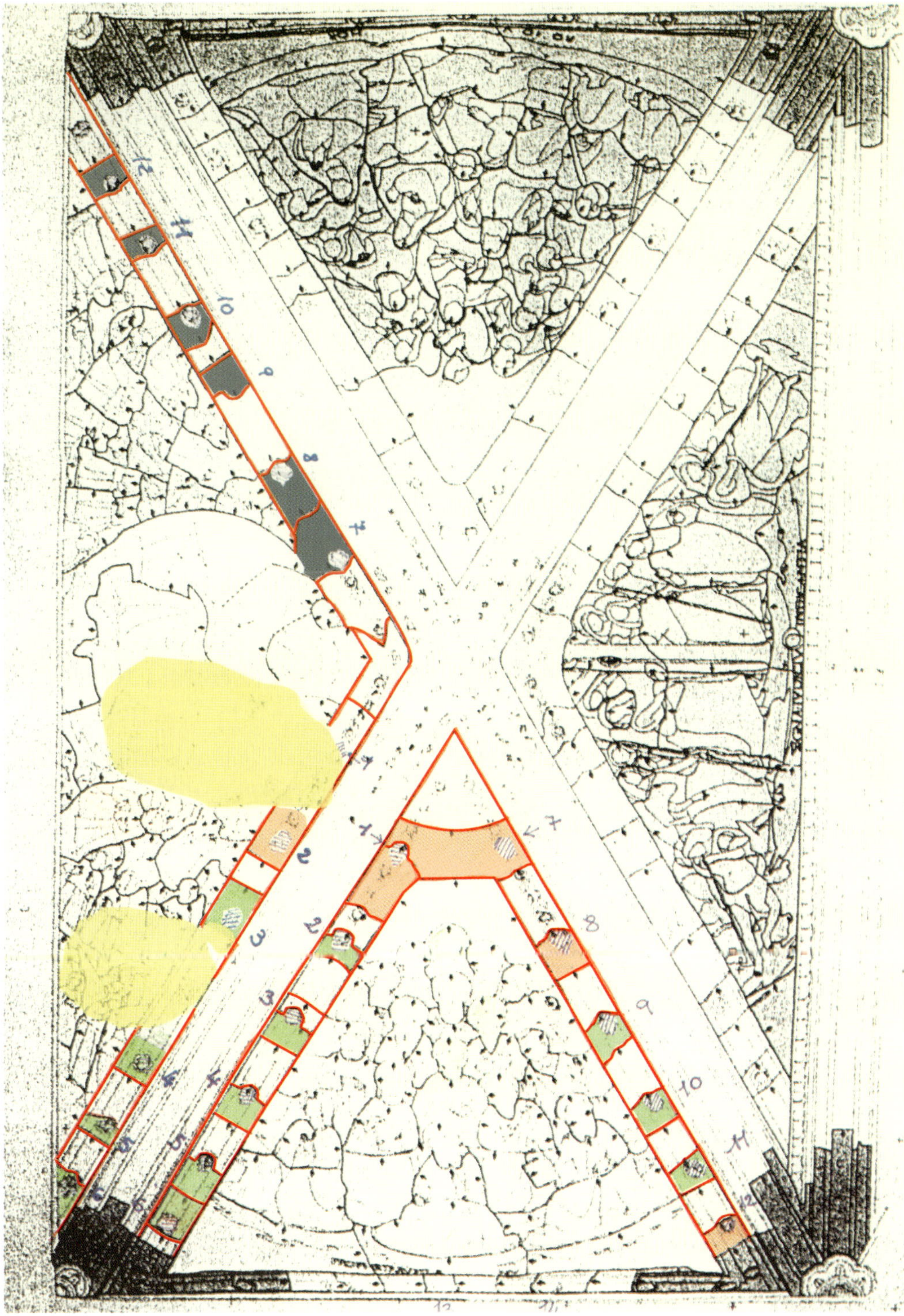

Zone rifatte nella vela del Cristo giudice

Collaboratore dell'Angelico

Benozzo

Pietro di Nicola

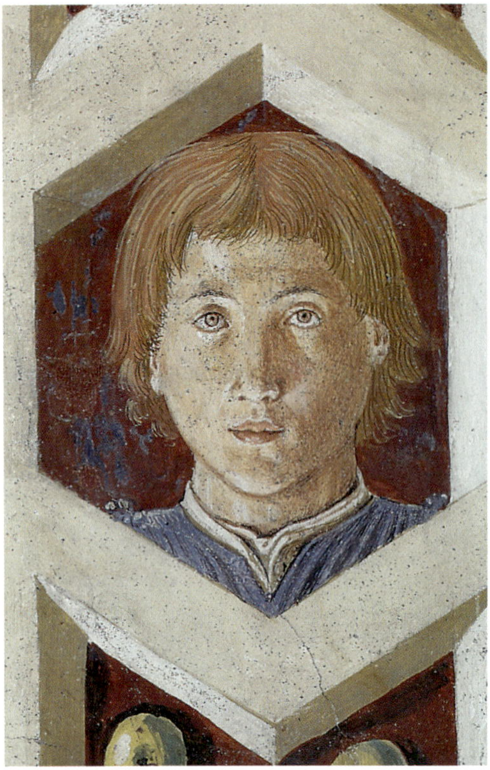

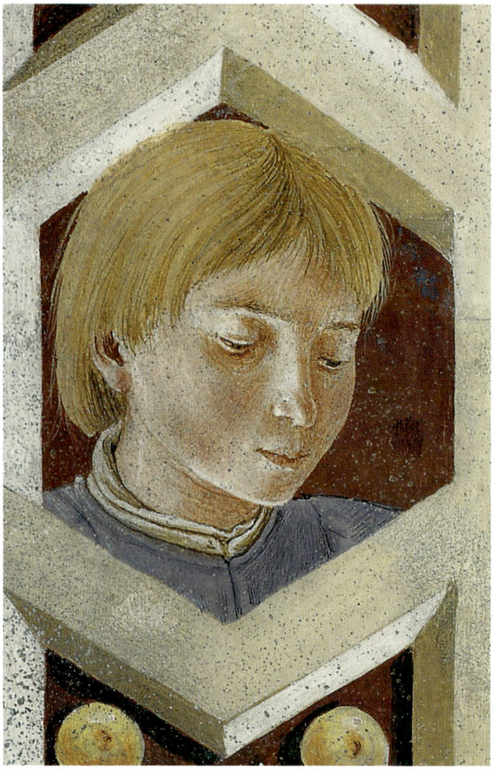

9. Collaboratore dell'Angelico, *Esagono con testa*, Orvieto, Duomo, Cappella Nuova.

10. Collaboratore dell'Angelico, *Esagono con testa*, Orvieto, Duomo, Cappella Nuova.

dicembre 1447 nella campata orientale e dal dicembre 1447, quando fu allestita una nuova impalcatura, alla metà circa di gennaio 1449 nell'altra campata. Il confronto con le opere che studi piuttosto recenti hanno restituito a Pietro di Nicola è stata la chiave migliore per definire la notevole estensione del suo intervento nella decorazione dei costoloni ed è potuto così diventare un facile esercizio isolare con precisione la sua parte negli ornati delle fasce, in particolare nella numerosa serie di teste entro piccoli esagoni; tanto più dopo che il restauro, protrattosi a lungo negli anni ottanta e novanta, favorendo enormemente la lettura degli affreschi della volta, ha permesso anche un esame accurato di margini quasi microscopici come gli esagoni[28]. È proprio tra questi che compaiono le ormai ben note teste che non è esagerato enumerare tra le cose qualitativamente più alte nelle due vele "angelichiane". Che, certo, non è dir poco. Ma prima di procedere devo dichiarare il mio debito nei riguardi di Carla Bertorello (CBC, Roma): discutere con lei i problemi della sequenza operativa degli affreschi delle due vele è stato per me di grande utilità[29].

La vela dei *Profeti* e quella del *Cristo giudice* sono incorniciate da fasce ornamentali, parallele ai costoloni, composte di motivi vegetali alternati a esagoni figurati con teste. Alcuni studi editi dopo il restauro hanno riservato agli esagoni un particolare interesse, innanzitutto a quelli che rivelavano una qualità del tutto insolita. Ogni fascia ne contiene sette, ma poiché l'impalcatura costruita nel giugno 1447 tagliava la base delle vele e i relativi angoli, le fasce realmente realizzate nella fase del lavoro diretta dall'Angelico non comprendono più di sei esagoni. Alle due vele corrispondono dunque ventiquattro esagoni e solo a questi si riferiscono le osservazioni seguenti perché nessun problema di qualche rilievo è sollevato da tutti gli altri ornati nelle due campate della volta, fatica, in gran parte, di Pietro di Nicola che si protrae, come abbiamo visto, fino al gennaio 1449. Un grafico (fig. 8), che ho colorato avvalendomi di uno schema delle giornate di lavoro gentilmente fornitomi dalla Coo.Be.C., rende sicuramente più chiare le osservazioni seguenti[30].

Abbiamo già sottolineato come gli studi siano giunti a conclusioni abbastanza omogenee nel distinguere l'apporto di Benozzo nella fitta assemblea di *Profeti* concepita e in parte anche eseguita da fra Giovanni. Per gli esagoni, invece, i giudizi non sono concordi, oscillando fra i due estremi di un riferimento cumulativo a Benozzo e di un'attribuzione all'Angelico, limitata a quelli a evidenza di più alta qualità; che è già, bisogna riconoscerlo, un principio di distinzione[31]. Ma occorre innanzitutto precisare a quali di esse si può attribuire questo primato, poiché descriverle come "teste che si affacciano da alcuni compassi della vela dei Profeti [...] teste di giovani, lucidissime e rischiarate dal basso – che è detto benissimo –, al vertice della vela"[32] lascia molto spazio a sostanziose precisazioni. Non mi riferisco certo al veniale "compassi" invece di esagoni. Se vogliamo identificare meglio questa privilegiata serie di teste dobbiamo dire che tre di esse compaiono al vertice della vela dei *Profeti*, una alla base e un'altra, la quinta, al vertice della vela del *Cristo giudice.* Come quasi tutte le altre, hanno perduto l'azzurro dei fondi, dato a secco, molto più adatto della preparazione in bruno rossiccio, messa allo scoperto da danni e vecchi interventi, a campire la delicatezza di questi volti giovanili, la cui verità è stata colta da una rapida, felice stesura a fresco. La pienezza del risultato, anche se in piccolo e in margine, testimonia che essi partecipano della scoperta della poesia naturale della luce che nella prima metà del Quattrocento attraversa da Nord a Sud l'Europa. A uno stesso volto il pittore ha dedicato tre pose, una frontale, un'altra di tre quarti con lo sguardo abbassato, la terza di profilo: tre "esperimenti" di riflessi quasi *à la*

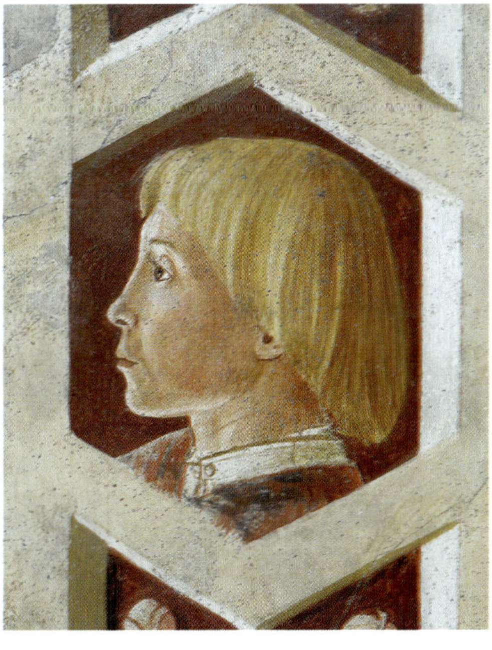

11. Collaboratore dell'Angelico, *Esagono con testa*, Orvieto, Duomo, Cappella Nuova.

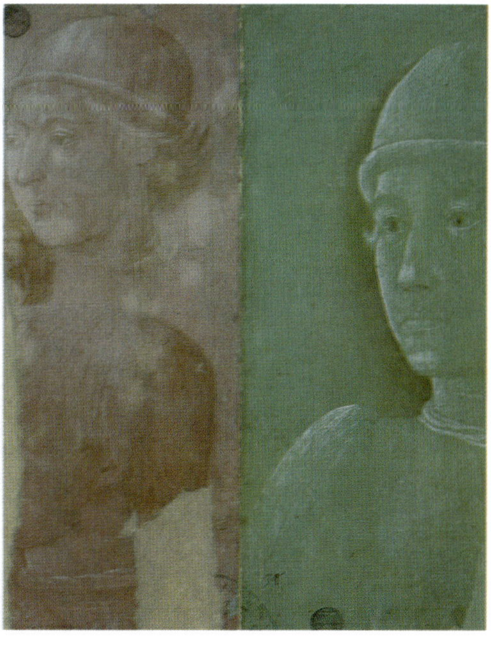

12. Attribuito a Benozzo Gozzoli, *Teste virili*, disegno, Venezia, Accademia, inv. 102, 104.

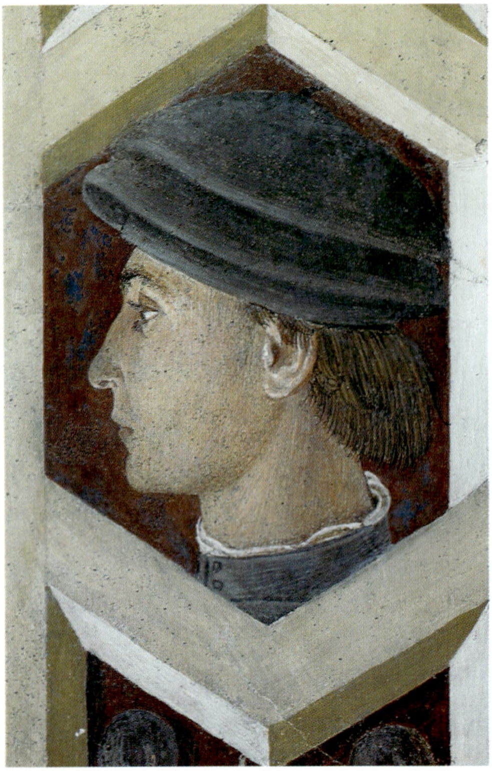

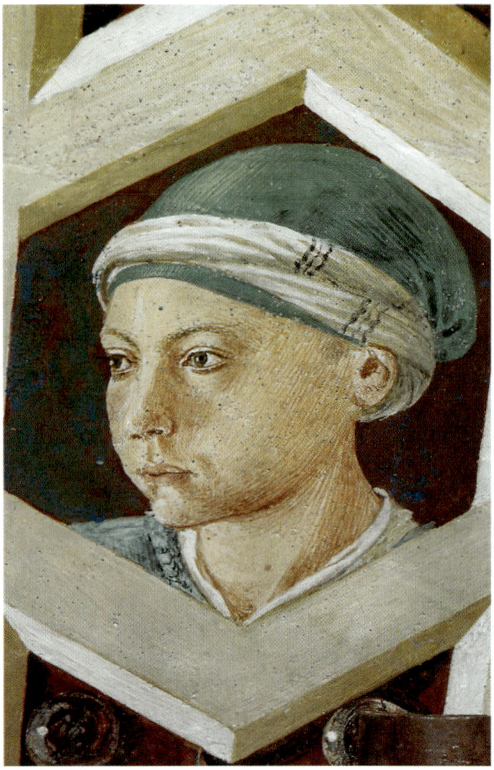

13. Collaboratore dell'Angelico, *Esagono con testa*, Orvieto, Duomo, Cappella Nuova.

14. Collaboratore dell'Angelico, *Esagono con testa*, Orvieto, Duomo, Cappella Nuova.

chandelle che mutano col mutare della posizione (figg. 9-11). Un altro, coperto da un'ampia berretta scura, riceve una luce più ferma e unita (fig. 13). Nella fascia a destra della vela con i *Profeti* compare il quinto volto, in cui il pallido incarnato si accorda con un turbante verde e il raggio laterale fa risaltare, ma sempre senza contrasti, i lineamenti irregolari (fig. 14).

Qualsiasi possibilità che questo gruppo di esagoni chiami in causa Benozzo è, mi sembra, da escludere per la presenza del pittore fiorentino nelle stesse fasce che abbiamo finora esaminato, una presenza che segna uno stacco che più evidente non potrebbe essere. Nelle parti che davvero gli spettano ritroviamo i tratti già avvistati in alcuni dei profeti (figg. 15, 16): nell'insieme, una forma più scritta, che attrae per le sue esuberanze pittoresche ben accordate con un colorito gagliardo, spesso sgargiante, tutto al servizio di un'arte del rappresentare e del caratterizzare che sarà per sempre il suo proprio spazio, fino a Montefalco, a Firenze, a San Gimignano, a Pisa.

A sostegno dell'attribuzione della piccola serie a Benozzo si sarebbe potuto addurre il noto doppio foglio dell'Accademia di Venezia (fig. 12), se si fossero riconosciuti i rapporti molto stretti di una delle teste raffigurate nel foglio a preparazione rosa (inv. 102), purtroppo frammentario, con il profilo di giovane nel secondo esagono dall'alto nella fascia a destra del *Cristo giudice* (fig. 11). Ma di questa evidenza non trovo traccia né nella letteratura sulla volta orvietana né in quella, particolarmente ampia, sul disegno veneziano[33]. La sua attribuzione a Benozzo poggia soprattutto sulla presenza nel *verso* del foglio 102 di un *San Ludovico di Francia* in relazione diretta con la stessa figura affrescata a Montefalco. Lorenza Melli, che l'ha di recente riesaminato, si sofferma sulla buona probabilità che anche questo foglio, come

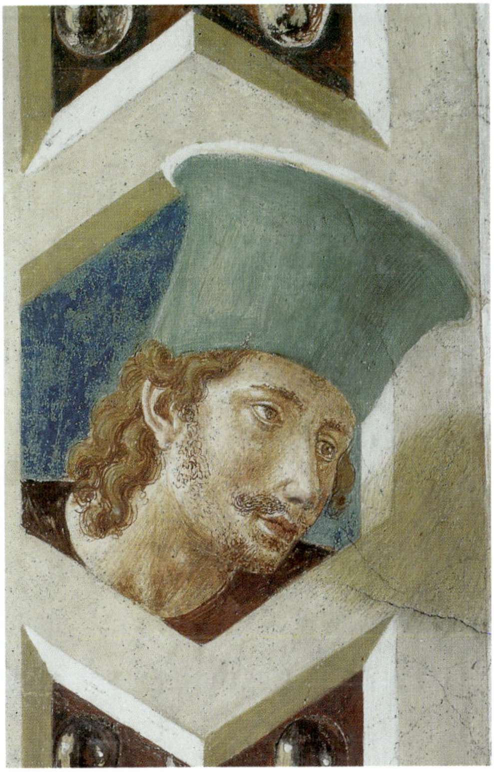

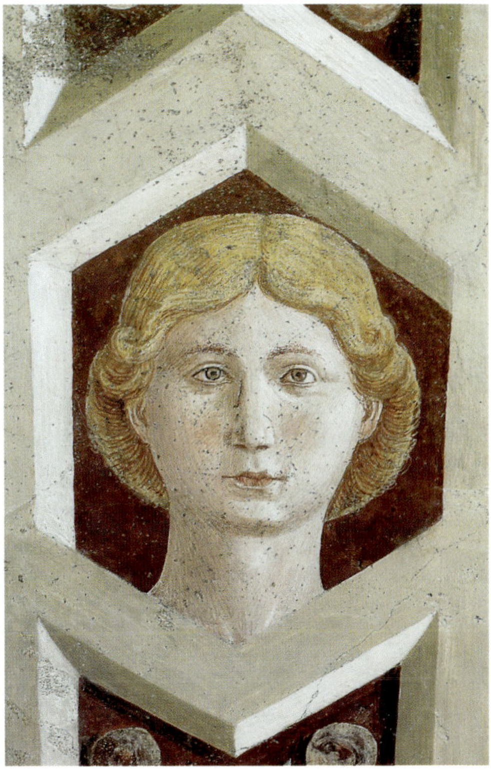

15. Benozzo Gozzoli, *Esagono con testa*, Orvieto, Duomo, Cappella Nuova.

16. Benozzo Gozzoli, *Esagono con testa*, Orvieto, Duomo, Cappella Nuova.

quelli di Rotterdam, facesse parte di un album di disegni della bottega di Benozzo, album da lei puntualmente definito come una delle raccolte "di fogli già disegnati, riuniti a posteriori dall'artista stesso ad uso di bottega, [che] contenevano disegni di varia tipologia, funzione e provenienza"[34]. Come si vede, una definizione che dando campo a molte ipotesi non ci fa sentire vincolante il foglio veneziano.

Si deve dunque all'Angelico la magistrale effusione luminosa che ci magnetizza nei cinque volti giovanili? Nessun dubbio che in ogni caso una simile qualità, e con un esito così alto, aveva in una cerchia al cui centro era fra Giovanni il suo naturale crogiuolo. Ma si stenta a credere che a inizio di cantiere egli abbia sciolto la mano nel piccolo formato degli esagoni, quando aveva ben altro da fare. Un documento assai interessante ci mostra come per esplicita richiesta della Fabbrica dovesse approfittare perfino dei giorni in cui gli operai alzavano il palco per compiere il "designum picturarum et figurarum quas debet pingere in volta"[35]. Quando finalmente vi poté salire e riuscì a mettere il pennello sull'intonachino ben lisciato fu davvero lui in prima persona a dedicarsi agli ornati? Non si può escludere, ma il punto principale è un altro e cioè che il "luminismo" dei cinque volti è, sì, angelichiano ma è, al contempo, forte di un'evidenza oggettiva o, più ancora, di una pregnanza ottica non reperibili nell'opera di fra Giovanni[36]. Se non gli sono estranee, queste immagini che emergono in presa diretta in virtù di un'arte, quasi di una scienza, dell'osservazione non sembrano però appartenergli del tutto.

Modi e tempi del procedere del cantiere fra la metà di giugno e la fine di settembre 1447 ci offrono qualche spunto in più in questa direzione. Gli

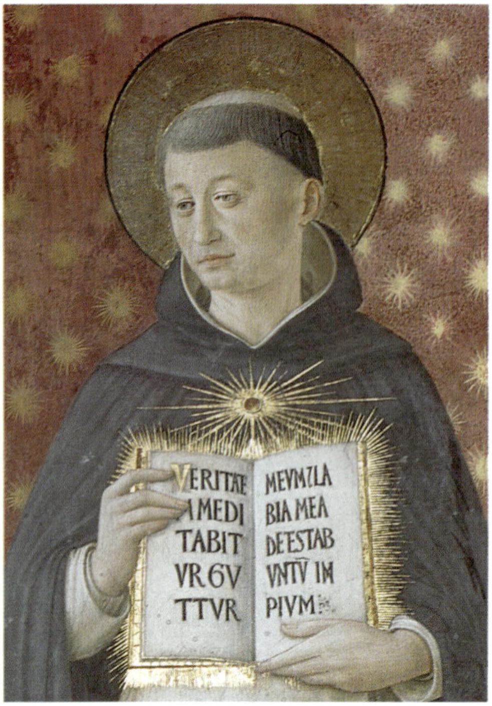

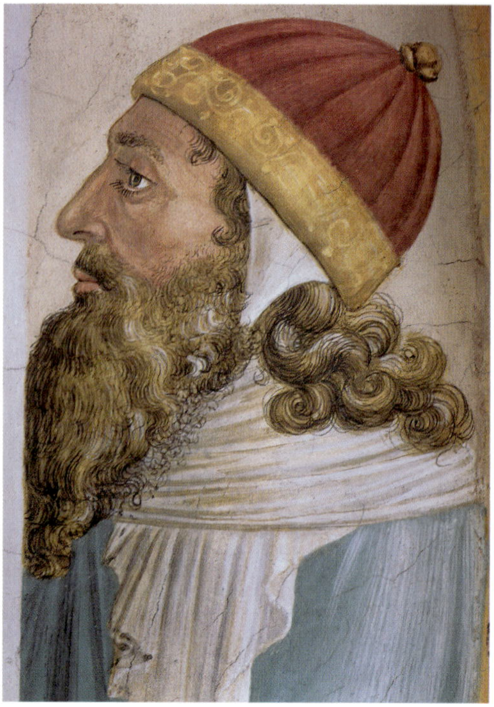

17. Collaboratore dell'Angelico, *San Tommaso d'Aquino*, particolare, Città del Vaticano, Palazzi Vaticani, Cappella Niccolina.

18. Benozzo Gozzoli, *La prova del fuoco davanti al sultano*, particolare, Montefalco, chiesa di San Francesco.

affreschi devono aver preso avvio dalla vela dei *Profeti*. I lavori, documentati già dai primi di luglio, per l'apertura della finestra (docc. 58 e 60 in Andreani 1996) nella parete esattamente sotto la vela ove sarà rappresentato il *Cristo giudice* impedivano ovviamente di lavorare a quella vela, ma non alla vela dei *Profeti*. Ne abbiamo una chiara controprova, perché è qui che il gruppo guidato dall'Angelico poté eseguire l'intera decorazione, comprese le fasce. Ma ben presto si cambia tattica perché appare evidente che con quella distribuzione del lavoro tre mesi e mezzo non sarebbero bastati per completare almeno due vele. Così, dopo circa quattro settimane dall'impianto del cantiere, la Fabbrica mette a disposizione Pietro di Nicola, che avrà come primo incarico quello di decorare l'intera fascia a sinistra del *Cristo giudice*, simmetrica all'altra, in cui, tralasciando una testa ingiudicabile per i danni, si riconoscono agevolmente le mani di Benozzo, in quattro esagoni, e del pittore cui si devono i quattro bei volti dell'altra vela. Dunque il programma subì qualche scossa e il rispetto dei tempi consigliò di passar sopra all'evidente abbassamento della qualità del lavoro. Se ammettiamo che, accanto all'Angelico, insieme con Benozzo operasse anche un terzo artefice, proprio a quest'ultimo spettò di eseguire le prime giornate di lavoro che, interessando il vertice del triangolo, equivalevano all'esecuzione delle fasce e non interferivano con lo spazio riservato al gruppo dei *Profeti*. Benozzo interviene subito dopo sia nelle grandi figure, sia nelle fasce, con l'eccezione però dell'ultimo esagono a destra, dove l'uomo col turbante verde si rivela della stessa famiglia degli altri quattro del suo ipotetico compagno. Poiché siamo all'estremo limite dell'agibilità concessa dall'impalcatura – tanto che le parti angolari nella base della vela a cantiere chiuso rimarranno non affrescate – e raggiungere il muro col pennello costringeva ad acrobatiche posture, confesso che mi riesce difficile immagi-

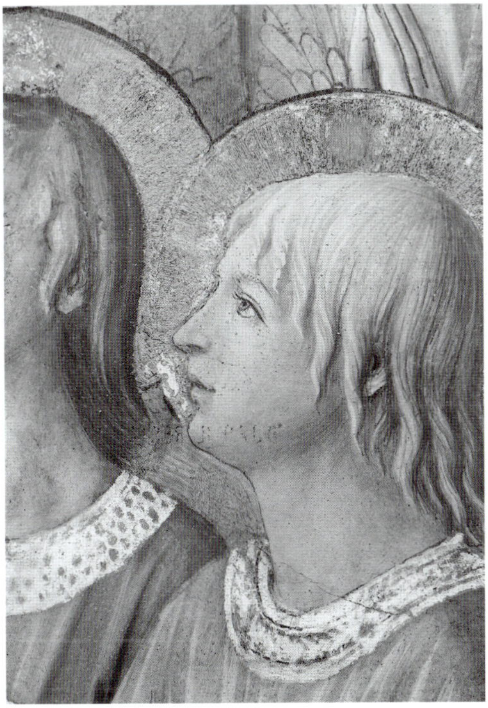

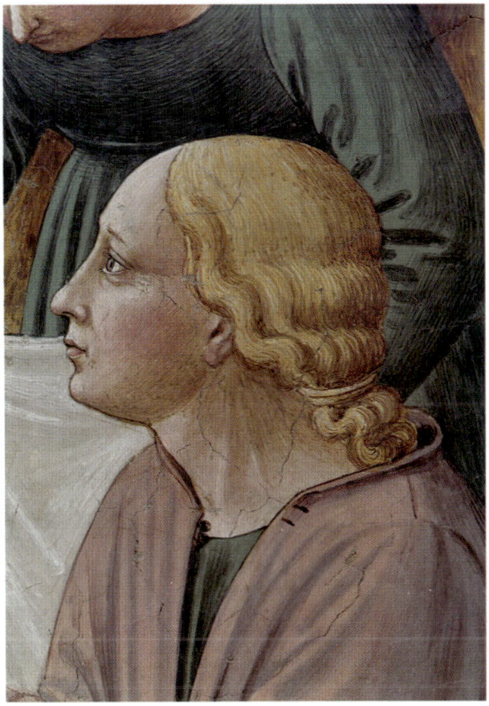

nare l'anziano fra Giovanni che pur godendo di ottima collaborazione riserva a sé quella parte così scomoda. Si potrà sorridere di questo argomento, ma non si può negare che si tratti di una piccola incongruenza che deve anch'essa essere superata.

Se nelle vele di Orvieto sembra dunque opportuno contemplare la possibilità della presenza, in margine, di una personalità che si distingue per una propria declinazione della poesia della luce, una situazione simile si ripresenta a Montefalco, direi però solo nel ciclo francescano. È singolare che anche in questo caso quella che sembra una presenza diversa sia del tutto sporadica e marginale. In assenza di ogni documentazione, dobbiamo cercare di trarre il maggior profitto possibile dall'osservazione diretta. Non si fa fatica a immaginare, nella tribuna di San Francesco, un ponte variamente popolato. Benozzo, dopo aver programmato con grande abilità l'intero ciclo, non deve essere andato troppo per il sottile nel dare spazio a qualche collaboratore meno dotato. La sua parte di esecuzione, talvolta in totale continuità con l'esperienza orvietana (figg. 19, 20), rivela qualità di grande rilievo (fig. 18) che i più recenti contributi monografici hanno riconosciuto con vera perspicuità, avvertendone anche le componenti formative[37].

Nella quasi generalità del ciclo gli studi si sono giustamente applicati a distinguere il grado che spetta al maestro da quello che rivela l'intervento di collaboratori che aderiscono alla sua lezione, anche se talvolta impoverendola. Ma c'è una scena in cui questa situazione sembra complicarsi. Si tratta dell'episodio con *San Francesco che rinuncia agli averi*, uno dei rari affreschi del ciclo senza alcuna caduta di qualità, anzi di ammirevole tenuta complessiva (fig. 21). Ma proprio qui non tutto può essere messo a credito di Benozzo. Nella maggior parte delle teste dei protagonisti e degli astanti riappare con ogni chiarezza il suo ritrattismo vigorosamente inciso, carat-

19. Benozzo Gozzoli, Vela del *Cristo giudice*, particolare, Orvieto, Duomo, Cappella Nuova.

20. Benozzo Gozzoli, *Natività di san Francesco*, particolare, Montefalco, chiesa di San Francesco.

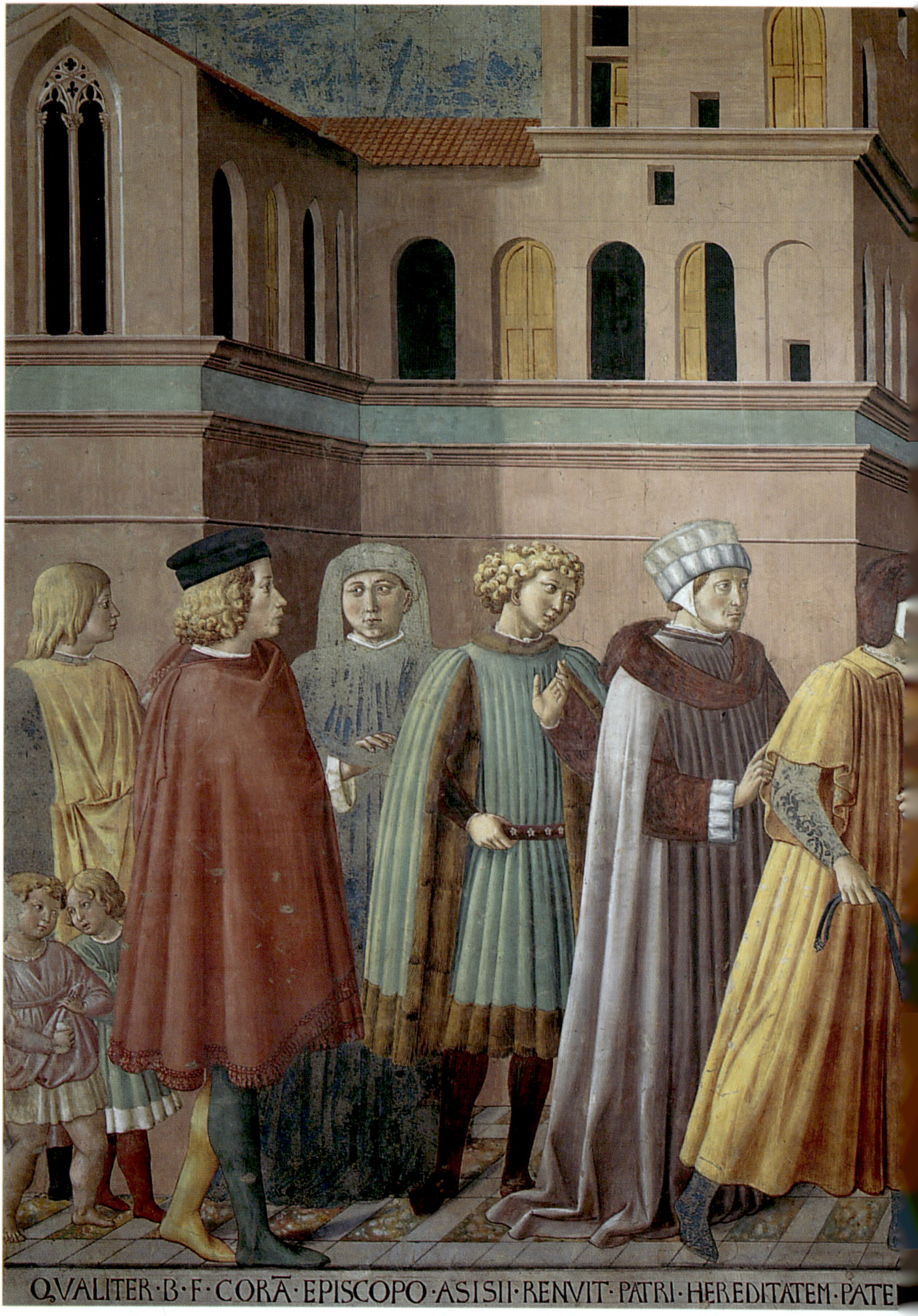
QVALITER·B·F·CORA·EPISCOPO·ASISII·RENVIT·PATRI·HEREDITATEM·PATE

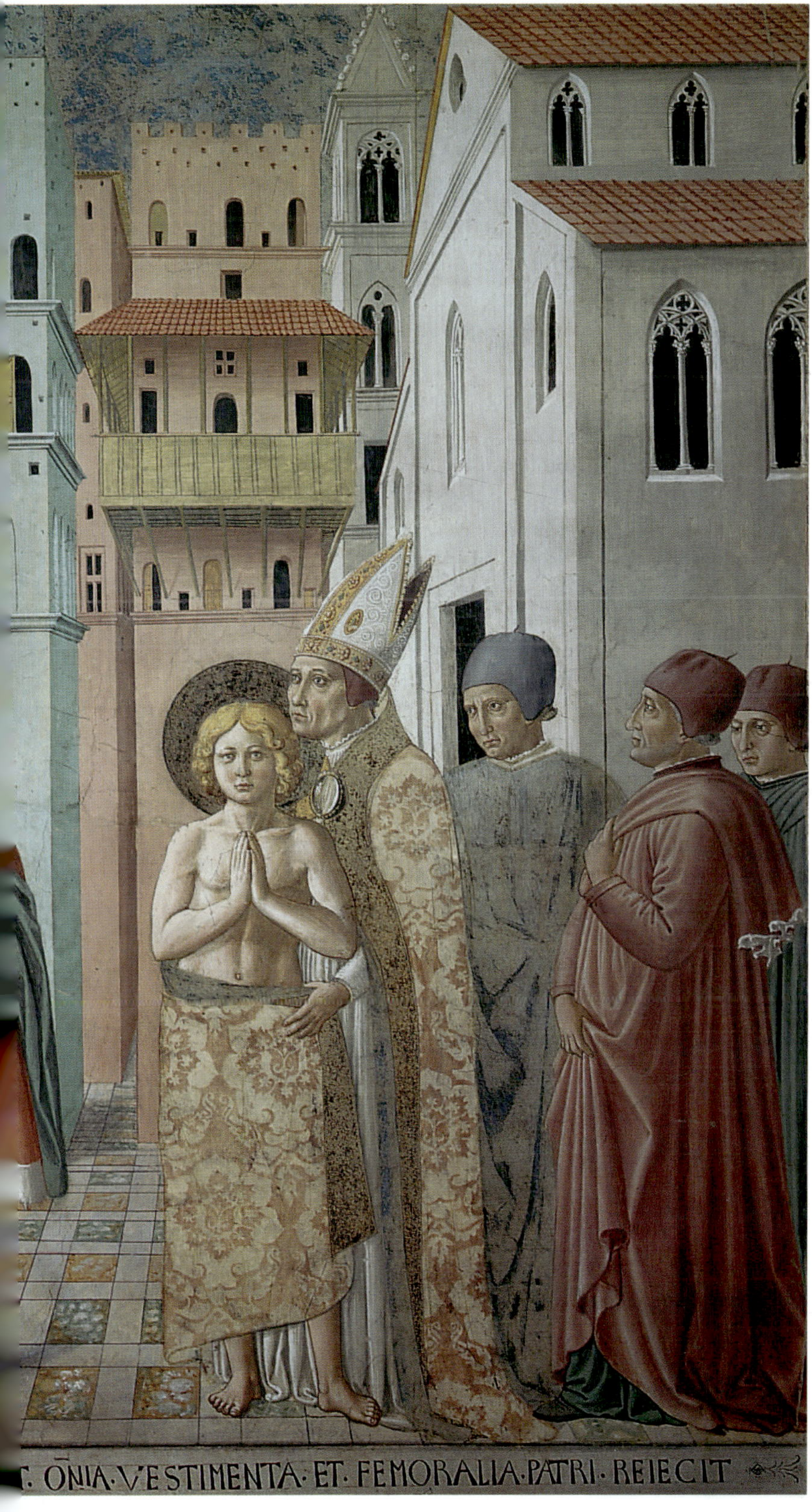

21. Benozzo Gozzoli
e collaboratore,
Rinuncia agli averi,
Montefalco, chiesa
di San Francesco.

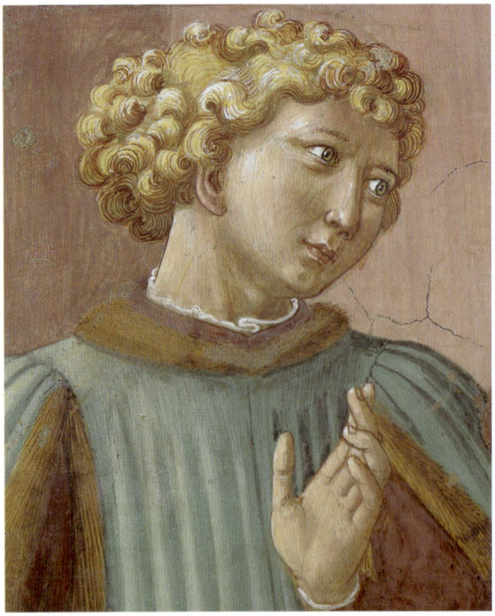

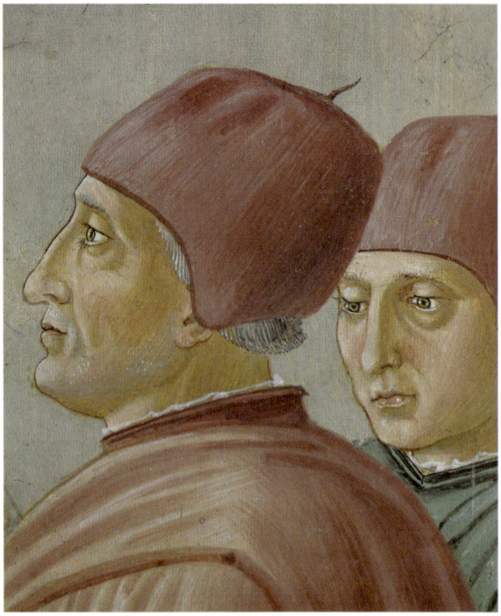

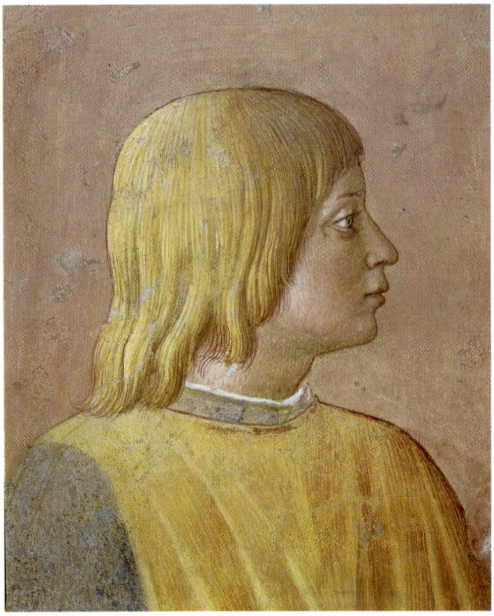

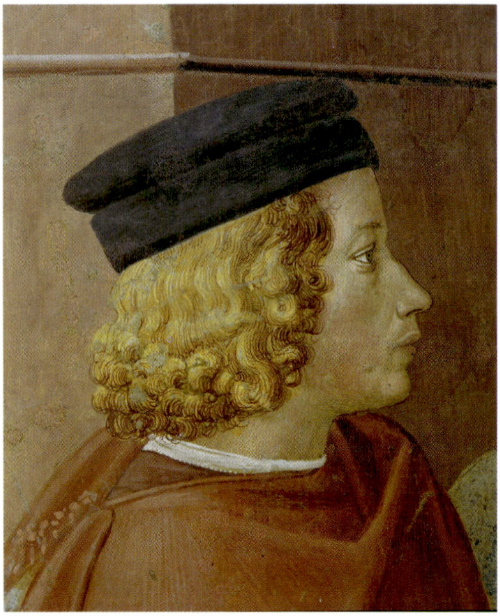

22-23. Benozzo Gozzoli, *Rinuncia agli averi*, particolari, Montefalco, chiesa di San Francesco.

Sotto
24-25. Collaboratore di Benozzo, *Rinuncia agli averi*, particolari, Montefalco, chiesa di San Francesco.

terizzato anche da vivaci coloriture, intento a differenziare con forza le materie e i loro accidenti, i capelli a grosse ciocche tortili, le camicie con gli orli strizzati, le stoffe leggere e quelle feltrose (figg. 22, 23). Le qualità, insomma, che alla fine del decennio, nel corteo dei Magi, troveranno una grande conferma[38]. Ma, improvvisamente, nei due giovani astanti a sinistra questo mondo di gagliarde percezioni, di forme segnate e colorite con forza, sembra quasi capovolgersi e dare evidenza al suo contrario: le fisionomie si inteneriscono, la luce modella soavemente gli incarnati, intride tranquilla i capelli di miele, intona le stoffe (figg. 24, 25). E nella folta crestomazia francescana che incornicia l'intero ciclo, quasi confuso tra ritratti di

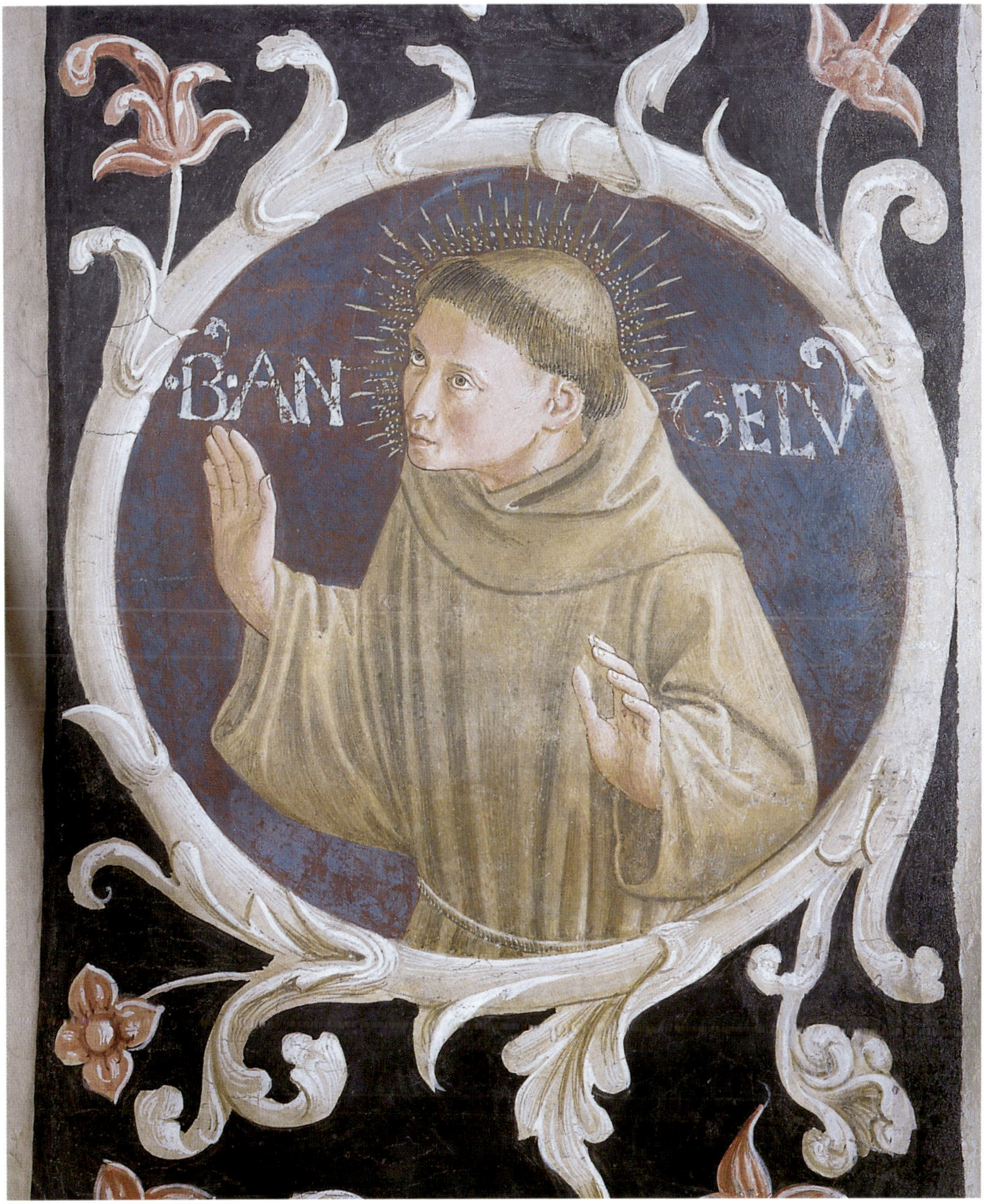

stretta osservanza benozzesca o che hanno il marchio di Benozzo – alcuni bellissimi, come il *Bentivegna da Todi* (fig. 27) –, ecco nell'arcone riapparire gli stessi caratteri nel *Beato Angelo*, uno dei primi "compagni", il cui busto, con le braccia alzate, è di traverso nell'esiguo spazio del girale e ripreso dall'alto, così che il cordiglio si perde di vista. Una luce schermata lo colpisce da destra, sfiorando le mani levate e spargendo rossori sul volto traslucido (fig. 26).

L'apparire qua e là, nelle vele dell'Angelico a Orvieto e nel ciclo di Benozzo a Montefalco, di queste luci virtuose e anche il loro dileguarsi dopo Montefalco troveranno forse un giorno una spiegazione.

26. Collaboratore di Benozzo, *Il Beato Angelo*, Montefalco, San Francesco

27. Benozzo Gozzoli, *Bentivegna da Todi*, Montefalco, chiesa di San Francesco.

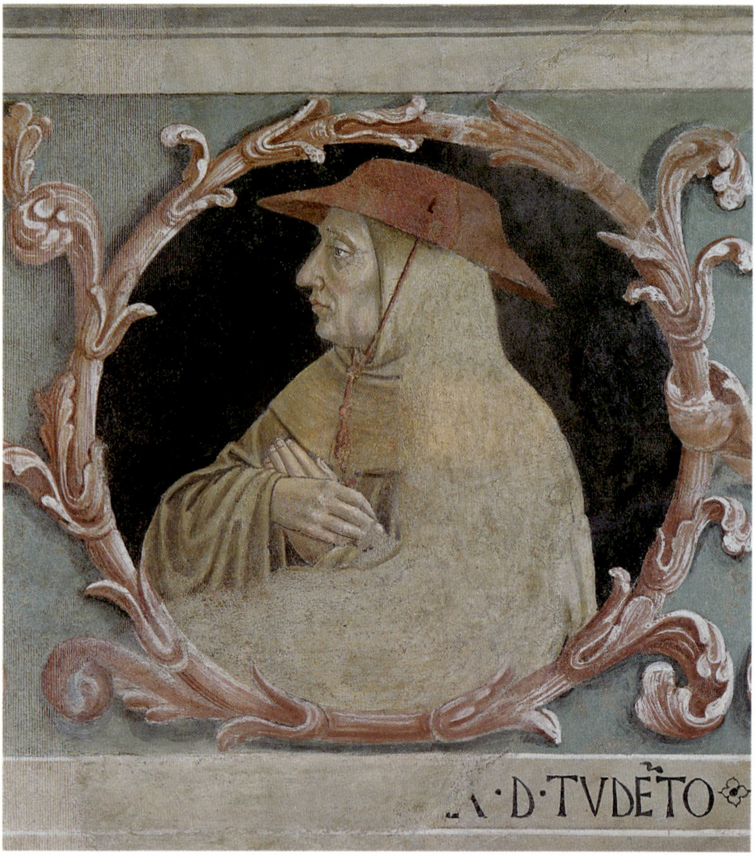

* Sono grato ad amici e colleghi per gli aiuti ricevuti e in particolare a Annalisa Bartoli della Coo.Be.C., Carla Bertorello della CBC, Bruno Bruni della Coo.Be.C., Giovanna Capitelli, Beatrice Cirulli, Patrizia Di Benedetti, Carlo Giantomassi, Bruno Gori della Coo.Be.C., Antonio Pinelli e Donatella Zari.

[1] Per le due opere, Padoa Rizzo 1991, pp. 203-211 e Cole Ahl 1996, p. 6.

[2] Cole Ahl 1996, p. 272. Padoa Rizzo 1997, p. 54, parla di più disegni e li dice destinati a vetrate della Cappella Nuova.

[3] Cole Ahl 1996, p. 272.

[4] "Mastro Benozzo dipintore", in una registrazione di pagamento del 12 luglio a Orvieto: cfr. doc. 103 in Andreani 1996.

[5] La fonte è un documento orvietano dell'11 maggio (in Andreani 1996, n. 45). Per il significato di "consocio" cfr. Ciasca, cit. da Cole Ahl 1996, nota 99.

[6] In Andreani 1996, doc. 88 ss.

[7] Müntz 1878-82, I, pp. 125-127.

[8] Contratto del 14 giugno 1447 (doc. 49, in Andreani 1996).

[9] Il documento relativo è stato di recente ripubblicato da Cole Ahl 1996, p. 276. Per la precisione, non si tratta di un "record of payment" ma di una memoria quasi contemporanea. In questo catalogo Federica Papi riferisce sul lavoro viterbese. Mario d'Amelia è noto per poche altre opere, oggi non più esistenti, nella sua città, dov'è documentato nel 1425-1427: cfr. Gnoli 1921, p. 51.

[10] Venturi, VII-2, 1913, pp. 726 ss.

[11] Wackernagel,1981 [1939], p. 311).

[12] Giantomassi-Zari 2001, pp. 99 ss.

[13] Gnoli 1923, pp. 82, 130.

[14] Cole Ahl 1996, pp. 5, 282 nota 9, corregge il Mather che pubblicando nel 1948 il documento aveva omesso la menzione di Benozzo.

[15] L'argomento è trattato in questo catalogo da Beatrice Cirulli.

[16] Müntz 1878-82, I, p. 330.

[17] L'argomento è trattato in questo catalogo da Patrizia Di Benedetti.

[18] Longhi 1975 [1927], pp. 76-77, 143, 280). Interessante che il grande critico non abbia omesso, allora, di lamentare (p. 280) "l'esecuzione, purtroppo ancora parzialmente velata da qualche restauro".

[19] Vasari 1971 [1568], III, p. 379. Per l'attributo "ragionevole" cfr. l'utilissima voce in Grassi-Pepe 1994, p. 763), dove i prelievi da Vasari si riferiscono ad artisti (Cosimo

Rosselli, l'Indaco, Giovanni Martini da Udine, Bugiardini), non a opere, e designano un artefice "di media grandezza". Trovo "opere [...] ragionevoli" nella *Vita* del Garofalo ma riferite a Galeazzo Campi. A quanto sembra, dunque, usando l'aggettivo per le figure nella cappella d'Estouteville, Vasari le giudicava buone ma non eccellenti, in coerenza con le riserve pungenti su Benozzo nella *Vita* che gli dedicò (1550, ed. Bellosi-Rossi 1986, pp. 402-405; Vasari 1906 [1568], pp. 45-53).

[20] Acidini Luchinat 1994, p. 23.

[21] Cfr. Acidini Luchinat 1994, p. 42; Padoa Rizzo 1972, pp. 138-139. La presenza di Pier Francesco Fiorentino e del Maestro Esiguo a San Gimignano è ipotizzata dalla Padoa Rizzo 1972, p. 130. La lettera di Benozzo a Lorenzo de' Medici, del 1467, resa nota dal Gaye, è ora in Cole Ahl 1996, p. 279.

[22] Appena variata, l'espressione è già nella Torrentiniana, Vasari 1906 [1568], p. 405.

[23] Almeno venti documenti della Fabbrica del Duomo ci permettono di seguire l'attività del pittore orvietano in questi anni: cfr Andreani 1996, *passim*, anche per gli avvenimenti riferiti di seguito.

[24] Doc. 101, in Andreani 1996.

[25] Doc. 102, in Andreani 1996.

[26] Doc. 107, in Andreani 1996.

[27] Così nei migliori studi monografici recenti, dovuti a Anna Padoa Rizzo (1972, pp. 24-26), Cristina Acidini Luchinat (1994, p. 12) e Diane Cole Ahl (1996, pp 33-40, 237-238). Non era diverso l'orientamento della letteratura precedente, riassunto dalla Padoa Rizzo (p. 25), nella quale si trovano anche cenni generici ad altri "aiuti". La proporzione delle due parti è di volta in volta diversamente dosata, fino a posizioni, come quelle del Pope Hennessy (1952) e del Baldini (1974, cat. n. 107), in cui si tende a ridurre drasticamente l'esecuzione dell'Angelico. Non presenta nuove impostazioni, da questo punto di vista, il corposo volume pubblicato dopo il recente restauro, a cura di G. Testa, salvo che per l'identificazione delle parti spettanti a Pietro di Nicola (1996, in particolare le pp. 79-81 e 269-271).

[28] V. la mesta protomoteca di Pietro di Nicola in Testa 1996. pp. 269-271, dove si dà conto anche degli studi recenti sul pittore orvietano.

[29] Per la storia conservativa e per una credibile lettura del testo pittorico orvietano sono fondamentali i due contributi della Bertorello 1988, pp. 217-246 e 1996, pp. 228-238.

[30] Ringrazio Bruno Gori e Anna Lisa Bartoli (Coo.Be.C., Spoleto), cui devo l'elaborazione del grafico qui pubblicato.

[31] Il Salmi (1950, pp. 146 ss.) distingueva alcune teste di Benozzo da altre "con un modellato più rilevato" che riteneva di poter riferire a Giacomo da Poli; secondo la Padoa Rizzo (1972, p. 26), che dà il giusto rilievo all'intervento di Pietro di Nicola, le "testine, plasticamente sbalzate sul fondo, [...] rivelano tutte il disegno di Benozzo"; la stessa studiosa (1997, pp. 53-54) ritorna sugli ornati delle due vele e, fatta eccezione per la testa rifatta nel Seicento da Salvi Castellucci e per alcune da attribuire a Pietro di Nicola, assegna tutte le altre a Benozzo; il De Marchi (1990, p. 102) è, se non sbaglio, il primo a considerare a parte (sia pure con una citazione imprecisa, v. più avanti nel testo) alcuni esagoni e a coglierne la qualità "che difficilmente potrà spiegarsi senza un diretto intervento dello stesso Angelico"; invece, per la Acidini Luchinat (1994, p. 12) è "verosimile che Benozzo abbia eseguito le bordure decorative con le teste", ivi comprese quelle di più alta qualità, che la studiosa mette in relazione con il noto disegno di Windsor (12812), per il quale conferma il nome di Benozzo contro il parere del De Marchi (*loc cit.*), che avendo già colto la relazione si era risolto per l'Angelico, con un'ardua separazione del 12812 dal quasi gemello 12811, sempre di Windsor, conservato a Benozzo; Testa (1996, pp. 82-83 e 269 ss.) allarga l'esame agli ornati delle altre due vele, dove Pietro di Nicola la fa da protagonista, e pone tutti gli esagoni che si distaccano dal pittore orvietano sotto il nome di Benozzo (didascalia a p. 82).

[32] A. De Marchi, in Bellosi 1990, p. 102.

[33] La storia critica del disegno veneziano è stata accuratamente esaminata da Prosperi Valenti Rodinò 1989, scheda 100.

[34] Melli 2000, p. 183.

[35] Doc. 49, in Andreani 1996.

[36] Con un'eccezione, il meraviglioso *San Tommaso* della cappella Niccolina (fig. 17). Ma è davvero un'eccezione? Non dimentichiamo le "almeno sei mani", non certo di garzoni, avvistate dal Giantomassi e dalla Zari.

[37] Si leggano ad esempio in Padoa Rizzo 1972, le pp. 33 ss.

[38] Il volume a cura di Acidini Luchinat 1993, edito dopo il restauro della cappella dei Magi, è ricco di acute osservazioni in tal senso.

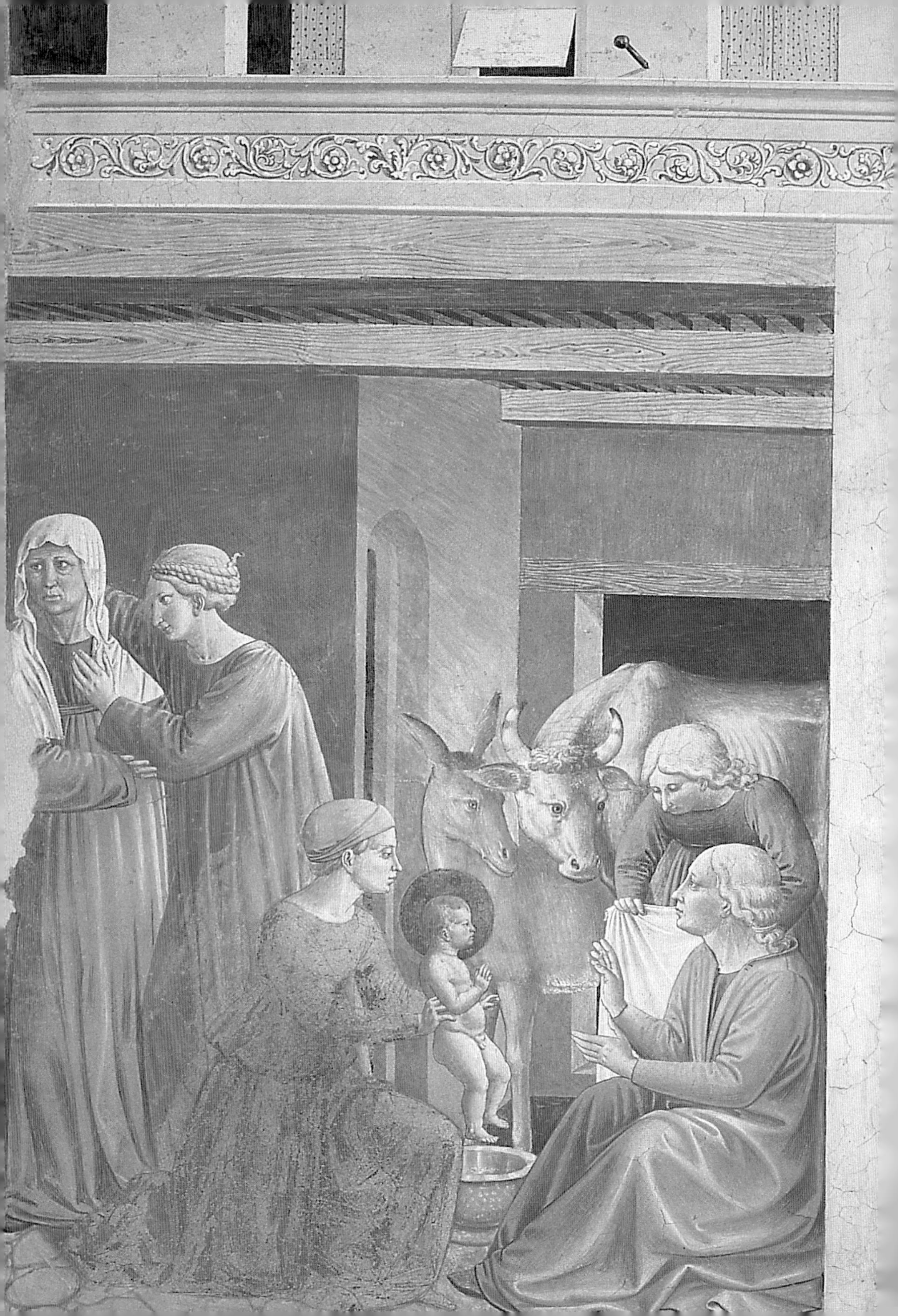

Dalla corte pontificia ai francescani di Montefalco

Silvestro Nessi

1. Benozzo Gozzoli, *Storie di san Francesco: Nascita di san Francesco*, Montefalco, chiesa di San Francesco.

Allo scadere del quarto decennio del secolo XV, numerosi furono gli artisti che si recarono a Roma attratti dall'elezione del nuovo papa umanista Niccolò V (Tommaso Parentucelli di Sarzana), soprattutto richiamati dall'imminente giubileo del 1450, che si annunciava più solenne dei precedenti, e rappresentava per molti possibilità di lavoro e di successo[1].
Tuttavia, l'attesa venne funestata da una terribile pestilenza che si protrasse a lungo, per quasi un biennio (1448-1449), proprio alla vigilia dell'evento tanto atteso. Tale circostanza non impedì, però, al papa di indire l'Anno Santo, con bolla emanata fin dal 19 gennaio 1449[2].
Alcuni degli artisti che si trovavano già a Roma, vi restarono per continuare attività già da tempo iniziate[3]. Altri, invece, sospesero il proprio lavoro, o perché spaventati dall'imperversare della pestilenza, o per altri motivi che non conosciamo. Tra questi ultimi risultano anche il Beato Angelico, eletto agli inizi del 1450 priore del convento dell'Osservanza domenicana di Fiesole, e lì impegnato il 10 giugno a presiedere il capitolo dei frati, e il suo collaboratore a Roma e a Orvieto, Benozzo Gozzoli[4].
Benozzo aveva raggiunto l'Angelico da Firenze subito dopo essersi liberato dall'impegno triennale che lo aveva tenuto legato al Ghiberti, nella collaborazione alle celebri "Porte del Paradiso" del battistero fiorentino, proprio secondo i termini stabiliti dal contratto. Quella della presenza di Benozzo nel cantiere della porta fiorentina era stata una breve comparizione, se si pensa alla lunga gestazione di quell'opera, protrattasi per oltre un quarto di secolo (1425-1452); egli era stato solo uno fra i tanti altri aiuti qualificatissimi del maestro fiorentino. In ogni modo il contratto stipulato tra Lorenzo Ghiberti e Benozzo il 24 gennaio 1444 scadeva il 1° marzo 1447[5].
In quell'anno, dal 13 marzo, l'Angelico era già a Roma; il papa Parentucelli, eletto il 9 marzo, il 19 aprile saliva al soglio pontificio; e il primo pagamento romano a favore di "Benozo d'Aleso dipentore da Firenze" è registrato sotto la data del 23 maggio, risultando relativo a un trimestre, iniziato dunque il 23 marzo. Questa serie di date dice molto circa l'inserimento romano dell'esordiente Benozzo nella bottega del frate pittore[6]. L'impegno romano del Beato Angelico riguardava allora la "cappella maggiore", la tribuna della Basilica Vaticana, cioè la parte più rappresentativa dell'insigne edificio[7].
È nota la concomitanza dell'impegno orvietano estivo dell'Angelico e della sua bottega romana, anzi vaticana. Il nome del frate pittore era stato segnalato da Roma all'Opera del Duomo di Orvieto già il 10 maggio 1446, dal maestro perugino di vetrate Francesco Barone[8]. Ma dell'ingaggio vero e proprio si tornò a parlare un anno più tardi, l'11 maggio, quando l'Opera orvietana prendeva in esame i prezzi e le altre condizioni poste dal frate, "famosus ultra omnes pictores italici"[9]. Questi, tra l'altro, chiedeva 7 ducati d'oro al mese "per un suo *consocio*", mentre per due servitori (*famuli*) 3 du-

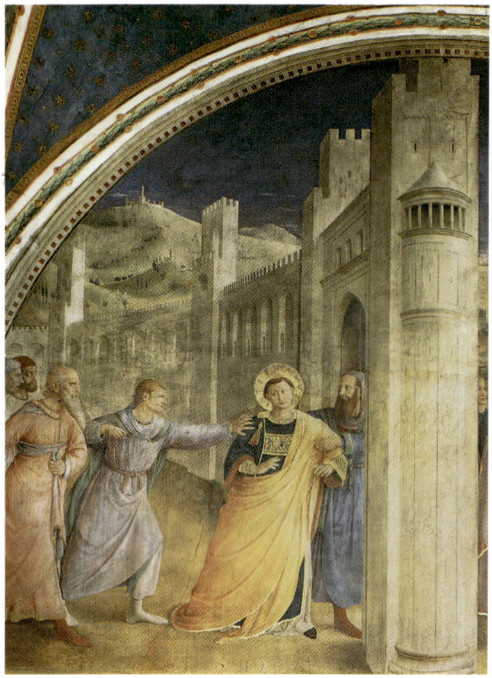

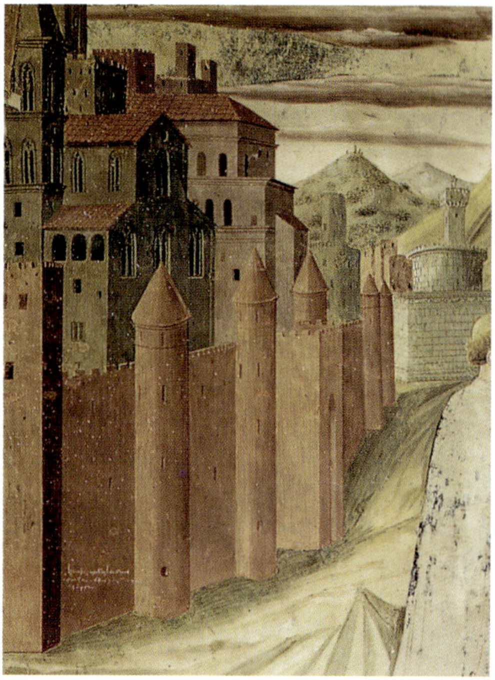

2. Beato Angelico, *Martirio di santo Stefano*, particolare con le Mura Aureliane, Città del Vaticano, cappella Niccolina.

3. Benozzo Gozzoli, *San Girolamo abbandona Roma*, particolare, Montefalco, chiesa di San Francesco, cappella di San Girolamo.

cati al mese. Il "consocio", per il quale era previsto il suddetto salario "privilegiato" rispetto agli altri due collaboratori, era Benozzo Gozzoli.

Sia alla riunione dei preposti all'Opera del Duomo del 10 maggio 1446, che a quella dell'11 maggio dell'anno dopo, e poi ancora a quella del 2 giugno successivo, quando si prese atto che fra Giovanni di Pietro dell'ordine de' Predicatori accettava l'invito fattogli di venire a dipingere la Cappella Nuova, alla presenza del *dominus* Gentile di Pierantonio (Monaldeschi, della Sala), alla quale si aggiungeva il giorno 11 anche suo fratello Arrigo *miles*: "deliberaverunt quod dictus Enrigus miles possit conducere pro dicta fabrica et etiam dictus camerarium dictum magistrum pictorem cum dictis consotio et famulo"[10]. I due pretendenti alla signoria della città figurano, dunque, molto interessati alla decorazione pittorica della nuova cappella orvietana; la quale poi era sorta sull'area del sacello sepolcrale della loro famiglia, ceduto fin dal 1411 dal loro genitore e da uno zio, in cambio di un altare dedicato ai Magi[11].

L'impresa orvietana ebbe inizio il giorno 14 giugno 1447, con la stipulazione del contratto che prevedeva un impegno stagionale della bottega comprendente soli tre mesi di lavoro durante il periodo estivo, da ripetersi, però, negli anni successivi fino alla conclusione dell'opera. Il contratto riferisce di una lunga e approfondita trattativa preliminare circa le decorazioni da eseguire nella sola volta della cappella[12]. Ne risultò anche "che detto fra Giovanni pittore si dedicasse alle pitture sopradette di persona e con la partecipazione di Benozzo di Lese da Firenze, di Giovanni di Antonio pure da Firenze, e di Giacomo da Poli". Il lavoro sarebbe dovuto iniziare subito, cioè il giorno dopo la redazione del contratto; e il maestro, mentre venivano montate le impalcature, avrebbe dovuto approntare il disegno delle decorazioni e delle figure da dipingersi ("designum picturarum et figurarum quas debet pingere in volta dicte cappelle")[13].

Il gruppo attese all'impegno preso oltre i tre mesi previsti, cioè fino al 28 settembre, evidentemente per completare nelle parti essenziali almeno due delle quattro vele della volta. Soltanto il 30 settembre venivano chiusi i conti ed effettuati i relativi pagamenti. Tra l'altro, furono rimborsate direttamente a Benozzo le spese per l'alloggio sostenute dal gruppo prima che fosse stato stipulato il contratto. Tutto ciò risulta dell'annotazione relativa: "Item pagate a frate mastro Giovanni pentore per la provisione sua et di compagni, cioè per tre mesi et mezo che ànno servito ad depegnere ne la Cappella Nuova ducati d'oro cento tre et terço uno, vagliono libre septicento vintitré, soldi sei et denari octo. Item pagate ad Benoçço per le spese che fecero nell'albergo prima che essi fussero conducti bolognini vecchi cinquanta, monta libre septe soldi diece"[14].

La bottega dell'Angelico tornava dunque a Roma per riprendere i lavori lasciati in sospeso in Vaticano. Nel frattempo, il 2 dicembre, il consiglio dell'Opera del Duomo di Orvieto decideva, dal momento che il noto Francesco Baroni aveva dichiarato di non essere più disponibile a mantenere gli impegni presi per le vetrate del Duomo (cinque finestre: quattro "a occhi" e una "a figure"), che si intendesse rescisso il suo contratto, a condizione, però, che egli restituisse il disegno della finestra, quella "figurata", eseguito da Benozzo ("designatio unius fenestre facte per Benoççum pictorem de Florentia"), che era costato la bella somma di 6 ducati e 16 soldi, con la pretesa che esso Francesco si accollasse la metà di tale spesa[15]. L'Opera dimostrava così di tenere al recupero e alla conservazione del disegno della vetrata realizzato dal giovane consocio del Beato Angelico.

Il frate pittore non tornò più a Orvieto per completare, secondo quanto previsto dal contratto, l'opera intrapresa e lasciata a metà. Un pittore locale, Pietro di Nicola, che si era aggregato (già l'11 luglio 1447) ai quattro menzionati dal contratto di cui sopra, portò a termine gli ornati dei costoloni ("servivit ad inalbandum et pingendum et florandum arcora Cappelle Nove")[16]. A titolo di pagamento più tardi, il 19 e 28 gennaio 1449, l'Opera orvietana cedette a Pietro di Nicola l'uso di una vigna che l'Opera non era riuscita a vendere[17]. Quando, poi, si trattò di riconfermare l'incarico al maestro Pietro, l'Opera del Duomo si pronunciò così: "atteso che la Fabbrica attualmente ha minori entrate ed elemosine, per cui non si può sostenere la

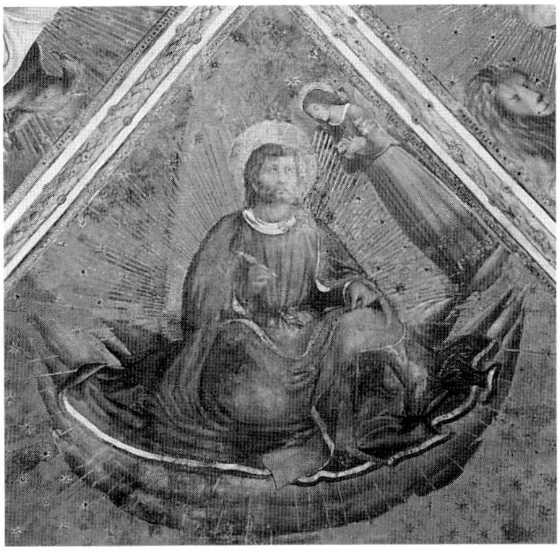

4. Beato Angelico, volta della cappella Niccolina, Città del Vaticano, Palazzi Vaticani.

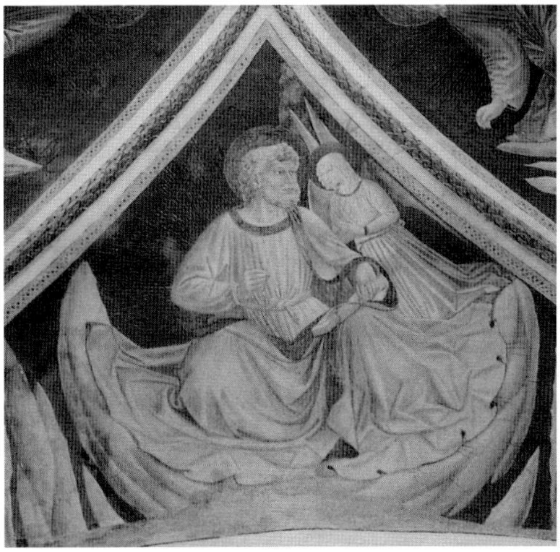

5. Benozzo Gozzoli, volta della cappella di San Gerolamo, Montefalco, chiesa di San Francesco.

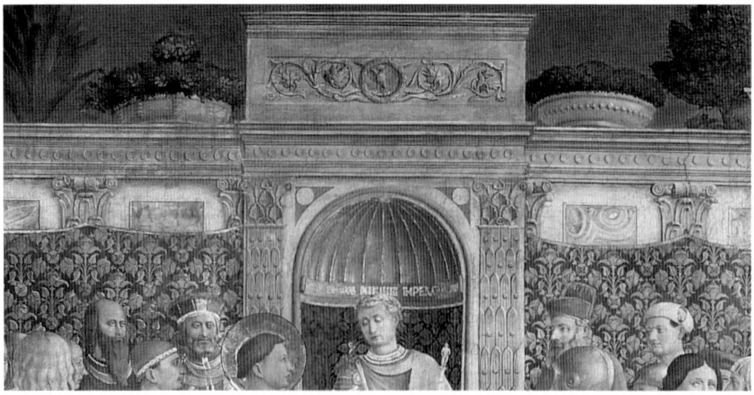

6. Beato Angelico, *San Lorenzo di fronte a Decio*, particolare delle lesene del trono di Decio e delle mura di cinta, affresco, Città del Vaticano, cappella Niccolina.

7. Beato Angelico, *San Lorenzo distribuisce le elemosine*, particolare delle lesene, Città del Vaticano, cappella Niccolina.

8. Benozzo Gozzoli, *Assunzione*, particolare della lesena della carpenteria, Città del Vaticano, Pinacoteca Vaticana.

9. Benozzo Gozzoli, *Madonna col Bambino e angelo*, particolare della lesena del trono, Montefalco, chiesa di San Fortunato.

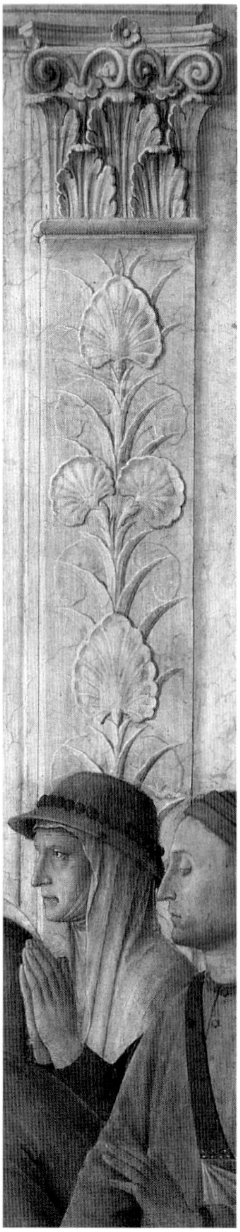

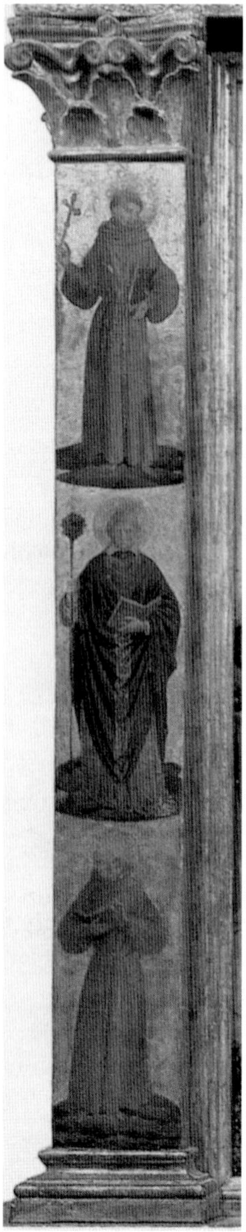

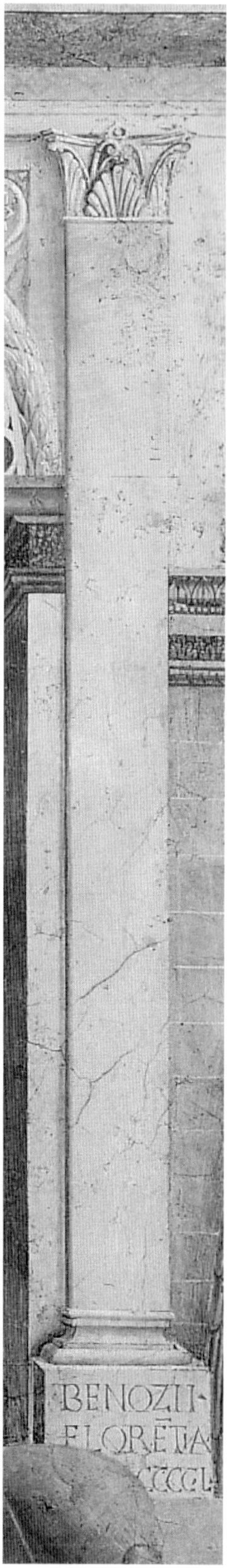

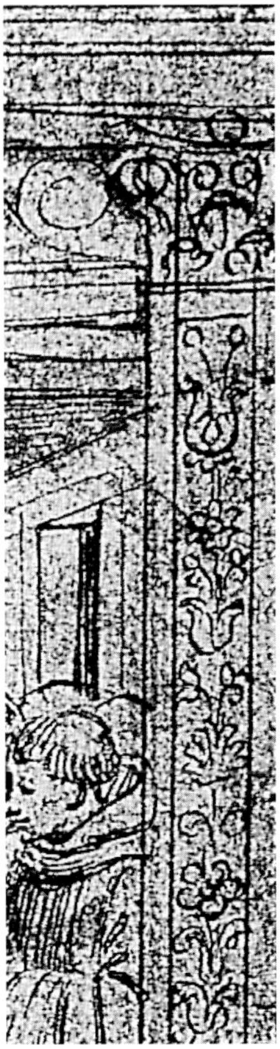
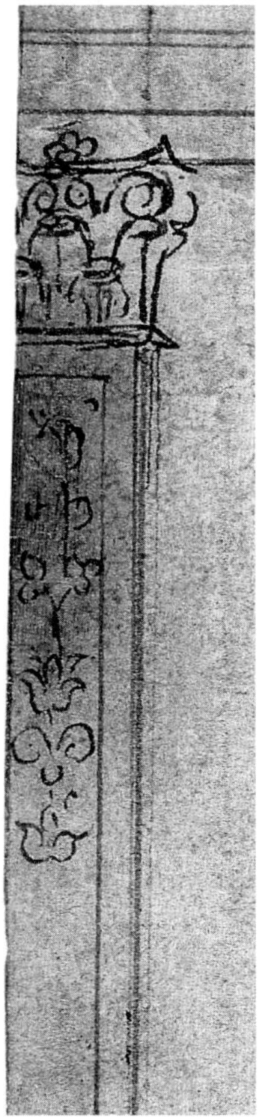
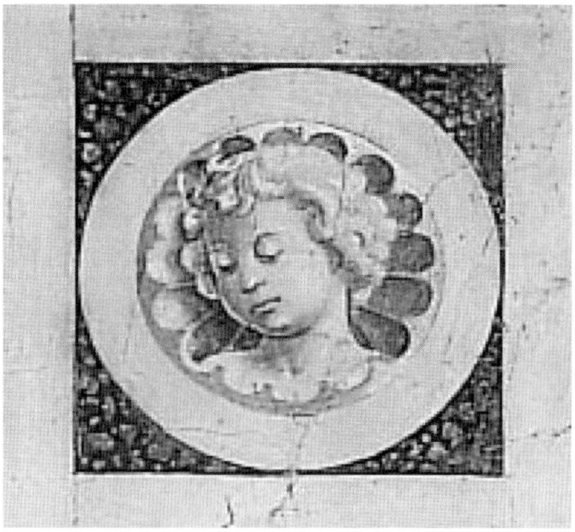
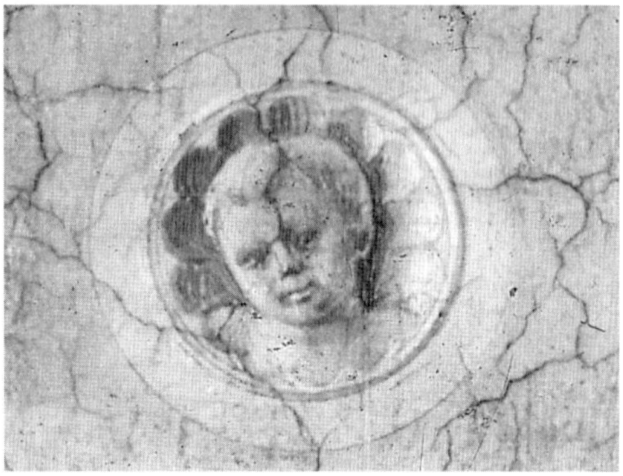

spesa per maestro Giovanni pittore [l'Angelico], che cominciò a dipingere, il camerario, se può, richiami detto maestro Giovanni e con lui detto maestro Pietro, ma solo per tre mesi; per il resto si soprassieda in detta pittura, che va continuata tenendo conto più della sua bellezza che della spesa, come è stato sempre fatto"[18].

Tornò a Orvieto, invece, il solo Benozzo, abbandonando anch'egli Roma, desideroso di accaparrarsi il lavoro rimasto interrotto ("qui cupit laborare in Cappella Nova"), offrendo di dare un saggio delle sue capacità ("velle prius facere experientiam de suis picturis"), per cui chiedeva che gli venisse concessa gratuitamente una delle case della Fabbrica del Duomo. La richiesta venne accolta all'unanimità, seduta stante: "stimando utile vedere l'esperienza del detto Benozzo, affinché da essa risultasse possibile conoscere e deliberare circa la sua idoneità a proseguire le pitture cominciate"[19].

Tale buona accoglienza non può non aver incoraggiato il pittore postulante a portare avanti il suo tentativo di ingaggio. Il 12 luglio veniva rimborsato: "per due once d'azurro fino recò da Fiorenza"[20]. Questa annotazione contabile potrebbe far pensare che il pittore fosse giunto a Orvieto, anziché da Roma, da Firenze, dove poteva essersi recato prima di decidere il da farsi. Sorge però il dubbio che difficilmente egli avrebbe potuto portare con sé il colore azzurro, assai ricercato e costoso senza sapere se avesse potuto utilizzarlo. Sembra piuttosto assai più probabile che egli, una volta ottenuto il consenso a dare un saggio della sua abilità, avesse compiuto un rapido

10. Benozzo Gozzoli, *Tonsura di santa Rosa*, particolare della lesena, disegno, Dresda, Kupferstickskabinet, inv. C.2.

11. Benozzo Gozzoli, *Visione di santa Rosa*, particolare della lesena, disegno, Londra, British Museum.

12. Benozzo Gozzoli, *Madonna col Bambino e angelo*, particolare delle testine sulla lesena, Montefalco, chieasa di San Fortunato.

13. Beato Angelico, *Papa Sisto V consegna a Lorenzo i tesori della chiesa*, particolare con testine entro clipei, Città del Vaticano, cappella Niccolina.

viaggio a Firenze e ne fosse tornato con il colore più raro a trovarsi. Purtroppo non ci è dato conoscere altro della prova richiesta da Benozzo e prontamente accordatagli dai committenti, se non quanto ne riferì il ben noto storiografo Guglielmo Della Valle, frate minore conventuale, che scrisse: "Sebbene non sia stato individuato il luogo assegnatogli per fare questa prova, né si dica il soggetto della pittura, io dubito, che sia quella divota Immagine del Salvatore, che si venera anche a' giorni nostri sull'angolo della Piazza del Duomo sotto l'orologio; perché essa vedesi fatta con impegno, e tiene del fare di Benozzo, come può ognuno vedere, confrontando quella pittura con le altre, che egli fece in Pisa, e altrove, sebbene neppure il Benozzo piacque tanto agli Orvietani da essere riputato degno successore in quelle pitture del suo maestro Fra Giovanni da Fiesole"[21]. Ma si tratta di una pura supposizione del frate scrittore; così come pure è da ritenere inverosimile il giudizio negativo del Della Valle secondo cui il pittore non avrebbe soddisfatto i deputati dell'Opera del Duomo. Tutto, invece, lascia credere che sulla questione si sia traccheggiato nell'incertezza sulla decisione da prendere, per più di un motivo. In città, infatti, sul finire dell'anno 1449, si verificò uno sconvolgimento politico che pose fine alla tirannica signoria di Gentile e Arrigo Monaldeschi. Il 13 dicembre, festa di santa Lucia, Arrigo finì assassinato, mentre Gentile, che in quel momento si trovava altrove, restò esiliato a vita. Venivano destituiti, così, i due "signori" di Orvieto, particolarmente interessati alla decorazione della Cappella Nuova nel Duomo[22]. Malgrado ciò, in quel tragico mese di dicembre, Benozzo si trovava ancora a Orvieto, certamente in attesa di ricevere l'incarico tanto desiderato, che lo aveva stimolato a lasciare Roma. Nel frattempo il pittore non era rimasto inoperoso. Il 28 dicembre 1449 l'Opera del Duomo prendeva una decisione in suo favore, deliberazione da cui si apprende che egli aveva offerto all'Opera stessa di portare a compimento un'*Annunciata*, già cominciata su commissione di certa Gianna di Gregorio, la quale poi l'avrebbe disdetta a causa – come recita esplicitamente il documento – della recente sommossa politica. I deputati si dichiararono disposti ad accettare l'offerta accollandosi il solo rimborso delle spese sostenute dall'artista, e a condizione che egli avesse provveduto a sostituire lo stemma gentilizio della committente con quello dell'Opera. Anche in questo caso, malgrado le sue dichiarate ristrettezze economiche, l'Opera si mostrò favorevole alla proposta del pittore, tanto che a margine del verbale allora redatto lo scriba segnò: *Pro Benotio pictore*[23]. Non è dunque vero quanto affermato anche recentemente, che nei suoi confronti "Orvieto si era dimostrata inospitale"[24].
Quella del 28 dicembre 1449, comunque, è l'ultima notizia di cui disponiamo circa il secondo lungo soggiorno orvietano di Benozzo. Seguono quattro anni di assoluto silenzio documentario. Cosa sia potuto accadere successivamente non ci è noto.
Nell'anno giubilare 1450 Benozzo Gozzoli è attivo a Montefalco presso la nuova chiesa dei frati minori dell'Osservanza francescana, il cui convento era stato fondato qualche anno prima (1444-1449) per l'interessamento *particolarissimo* di frate Antonio di ser Giacomo da Montefalco. Quest'ultimo aveva infatti ottenuto da papa Eugenio IV, con una lettera datata 18 marzo 1444, di poter disporre della cospicua eredità – lasciata ai "poveri d'Italia" da un certo Almerico da Montefalco suo parente ("sibi consanguineitatis gradu coniunctus") – per la fondazione a Montefalco di un convento

osservante. Frate Antonio era stato uno dei protagonisti della stagione quattrocentesca del francescanesimo. Per due volte vicario della provincia dell'Umbria (1442-1445 e 1448-1451), guardiano della Porziuncola (1454-1457), centro spirituale e materiale del movimento riformatore francescano, frate Antonio era divenuto vicario generale dei frati "osservanti" tra il 1457 e il 1458, anno della sua morte. La statura del personaggio era stata tale che in occasione del conclave del 1455, indetto in seguito alla morte di papa Niccolò V, era trapelata la notizia che il suo nome avesse ottenuto voti al secondo scrutinio. All'inizio del proprio mandato, il nuovo pontefice Callisto III gli aveva inoltre affidato la nunziatura per la predicazione della crociata contro i turchi nell'Italia centrale (1455-1457)[25].

L'operazione relativa alla fondazione di un convento osservante a Montefalco non fu in ogni caso semplice per frate Antonio. Due anni dopo aver concesso il primo beneficio agli osservanti di Montefalco, Eugenio IV rispondeva a una supplica del comune di Montefalco (lettera del 27 giugno 1446), incaricando i vescovi di Perugia e di Gubbio di affiancare il vicario generale della diocesi di Spoleto nel garantire ai frati dell'Osservanza il possesso della vetusta pieve di San Fortunato di Montefalco, allora "non curata", nelle sue "strutture e terreni", per fondarvi annesso il convento tanto desiderato dalla popolazione locale; e questo malgrado la commenda che vi godeva il cardinale Latino Orsini, e il diritto di nomina del rettore recentemente concesso a un nobile locale: Antonio di Sante Bennati. Papa Eugenio IV moriva qualche mese più tardi (23 febbraio 1447), ma il successore, Niccolò V, solo tre mesi dopo essere assurto al soglio pontificio, su richiesta dello stesso frate Antonio, con documento del 31 maggio 1447, passava l'incombenza relativa alla devoluzione dei beni dello scomparso Almerico al vescovo di Melfi. Questi, sollecitato da frate Antonio, un anno dopo, con documento del 25 marzo 1448, ordinava che si procedesse a risolvere la questione. Di contro già l'11 gennaio precedente il papa aveva provveduto a confermare tutte le indulgenze concesse dai suoi predecessori alla chiesa di San Fortunato di Montefalco, malgrado i frati avessero iniziato a ricostruirla, dal momento che essa minacciava di crollare ("ruinam minabatur"). Papa Parentucelli, evidentemente, aveva preso a cuore il problema della fondazione montefalchese, tanto che, con altro documento pontificio del 9 giugno dello stesso anno, incaricava il suo medico personale, nonché scrittore delle lettere apostoliche, il celebre fisico di Assisi Niccolò *de Speculis*, di scegliere quattro uomini fidati autorizzati a vendere alcuni beni della chiesa di San Fortunato, affinché con il ricavato si potesse completare la ricostruzione della chiesa, ma anche di operare "in complementum edificationem et ornamentorum librorumque emptionem". Ma poiché la vendita dei suddetti beni non veniva espletata, di nuovo il papa intervenne direttamente, in questo caso sollecitato dal comune di Montefalco, con un altro documento del 7 novembre, nel quale concedeva che a procedere all'alienazione dei beni fosse lo stesso procuratore dei frati, sebbene in accordo con il destinatario della lettera precedente. In quest'ultimo documento si precisa ancor meglio l'utilizzo del ricavato: per la casa (*domus*) dei frati e il campanile, lasciando completamente arbitra la comunità (*ad libitum fratrum*) sia per il completamento delle costruzioni che per gli ornamenti e l'acquisto dei libri. Questa volta l'operazione giunse a buon fine, anche perché nel frattempo il cardinale Orsini aveva rinunciato in favore del papa ai suoi diritti sulla chiesa di San Fortunato e le sue rendite[26].

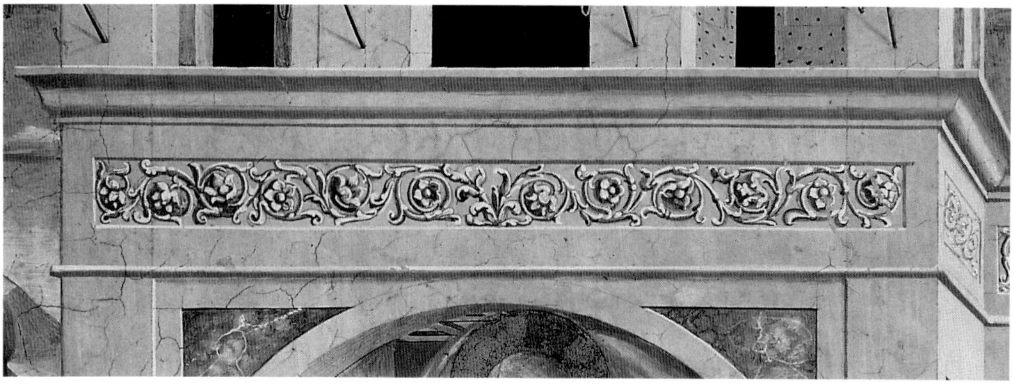

È ipotizzabile che il convento di San Fortunato di Montefalco non fosse, come pure è stato affermato, un semplice "eremitorio", bensì sorgesse con un'identità anche culturale, e con un suo "studio". Il convento, infatti, possedeva già nel secolo XV una celebre libreria dotta, ricca di manoscritti rari, di cui restano soltanto pochi esemplari pervenuti dopo l'ultima soppressione alla Biblioteca comunale di Montefalco, e un elenco dei volumi – non sappiamo quanto completo – presso la Biblioteca Apostolica Vaticana. Tra i volumi menzionati nell'elenco suddetto erano compresi manoscritti pregevoli, opere di Antonio da Vercelli, di san Bernardino da Siena (*De contractibus et usuris*, ora presso la Comunale di Montefalco), le *Cronache* dei generali dell'ordine minoritico, opere di "Dante poeta fiorentino, con l'espositione d'uno incerto autore, mano scripto", e scritti di Egidio Romano, Eusebio, Gregorio Magno, San Girolamo, Giovanni Cassiano, Lattanzio Firmiano, Petrarca (*Buccolica cum pluribus opusculis*), Valerio Massimo[27]. Tali indicazioni sulla ricchezza della biblioteca del convento di San Fortunato risultano confermate dal racconto seicentesco dello storico locale Antonio Bennati (1592-1675), che riferisce in prima persona: "feci chiamare il Guardiano et tutti li padri [del convento di San Fortunato] con dirle haver una littera del Cardinale Barberini loro Protettore, sigillata, che dovessi aprirla in presentia di tutti, che così era l'ordine dello Eminentissimo Facchinetti a me diretto; il Guardiano con tutti li padri s'intimorirono, ma, aperta la lettera respiroro-no, nella quale conteneva, che in vista di santa obbedienza menasser me dottor Antonio Bennati nella libreria, e che mi consegnassero li *due libri scritti alla Getiana in foglie d'alberi*, veramente degni d'esser visti, che subbito riceuti l'inviasse all'Eminentissimo Facchinetti per trasportarli in Roma. Fu eseguito il tutto con ogni puntualità, e poi dalli Reverendi Padri intesi esser andati nella libreria Vaticana dove erano *gli altri* andateci d'altre materie, *Libri degni* et di autori classici; tutto per non esserci più lo studio"[28].

Difficilmente si può ben comprendere l'approdo di Benozzo a Montefalco, se non si valuta il clima culturale che lo accolse. Non è affatto chiaro se a Montefalco egli fosse stato chiamato da frate Antonio, oppure su segnalazione dello stesso papa Niccolò V, sul quale avrebbe potuto forse influire il maestro Beato Angelico: nulla ancora si può dire che abbia valore e senso storico. È però possibile proporre alcune ipotesi sollecitate dall'osservazione degli eventi contemporanei. Ad esempio sappiamo che governatore di Foligno e dell'ex "stato dei Trinci" – quindi anche di Montefalco – nel biennio 1450-1451, era il cardinale romano Angelo Capranica, e che il podestà di Montefalco, documentato in carica nel marzo 1453, era il fiorentino Michele Brancacci; inoltre sappiamo che tali cariche venivano concordate sempre in relativo anticipo rispetto alle date d'inizio dei mandati.

Sta di fatto che quando Benozzo, nel corso dell'Anno Santo 1450, si trovò a lavorare a Montefalco nella chiesa suburbana di San Fortunato, il 24 maggio veniva solennemente canonizzato Bernardino da Siena, una delle "colonne" dell'Osservanza francescana, santo molto venerato in loco per il ricordo della sua presenza pacificatrice nel 1425[29]. Contemporaneamente il pittore fiorentino dipingeva sul portale della chiesa di San Fortunato una delle prime raffigurazioni del nuovo santo, con tratti così realistici da far pensare che egli potesse averlo visto e conosciuto di persona. Ciò che resta di quanto Benozzo dipinse nella chiesa è naturalmente parte di un complesso di opere ad affresco probabilmente molto più esteso di quanto i frammenti oggi pervenuti restituiscano.

Nel biennio 1451-1452 Benozzo fu completamente assorbito dalla campagna di decorazione ad affresco dell'abside centrale e della cappella di San Gerolamo nella chiesa di San Francesco, situata all'interno delle mura di Montefalco e da poco restaurata (1437-1448) dai frati minori conventuali[30].

Nel caso degli affreschi di San Francesco, conosciamo il principale committente: fra Iacopo di Mattiolo da Montefalco, fino a qualche anno fa oscuro personaggio, ma ora ben noto quale "professore di sacra pagina", ad Assisi, a Perugia, infine presso l'Università di Bologna, nel 1441[31]. Questi fu il suo principale mecenate in loco.

Fra Iacopo, probabilmente convinto dalla prova di maestria offerta da Be-

14. Beato Angelico, *San Lorenzo di fronte a Decio*, particolare del fregio della cornice del trono di Decio, affresco, Città del Vaticano, cappella Niccolina.

15. Benozzo Gozzoli, *Madonna col Bambino e angelo*, particolare del fregio della cornice dell'affresco, Montefalco, chiesa di San Fortunato.

16. Benozzo Gozzoli, *Storie di san Francesco*, particolare del fregio orizzontale della casa dalla *Nascita di san Francesco*, Montefalco, chiesa di San Francesco.

17. Benozzo Gozzoli, *Storie di san Francesco*, particolare del fregio orizzontale della casa dal *Sogno di san Francesco*, Montefalco, chiesa di San Francesco

nozzo nella chiesa degli osservanti, commissionò al pittore il grande ciclo della vita di san Francesco, con cui volle rinnovare la decorazione dell'abside già occupata da immagini devozionali probabilmente eseguite all'inizio del XV secolo[32]. Inoltre, forse per devozione personale, fra Iacopo commissionò a Benozzo anche una tavoletta con la *Madonna col Bambino in trono tra i santi Francesco e Bernardino* (ora a Vienna, Kunshistorisches Museum, cat. 22). In entrambe le opere il committente volle che venisse inserito il proprio ritratto, e negli affreschi il suo nome compare accanto a quello del pittore che volle autoesaltarsi con la frase: QUALIS SIT PICTOR PREFATUS INSPICE LECTOR.
Purtroppo, tutti i documenti pubblici coevi relativi all'attività di Benozzo a Montefalco (comunali, notarile e conventuali) sono andati perduti. Quindi nulla sappiamo degli immancabili contratti, dei pagamenti rateali, degli aiuti assunti, di tutti quei dettagli che gettano luce su un cantiere ad affresco. A scandire cronologicamente l'attività dell'artista nel piccolo centro umbro sono le iscrizioni e le date: San Fortunato, 1450; abside centrale di San Francesco, 1452; cappella di San Girolamo in San Francesco, 1° novembre 1452.
Mentre lavorava a Montefalco, certamente giungevano da Roma, dove probabilmente il pittore contava già di ritornare, le notizie delle imprese edilizie giubilari promosse da papa Niccolò V, quali i notevoli restauri alle mura aureliane in più parti cadenti che conservano ancora i suoi stemmi, specie presso le porte principali; poi l'avvenimento eccezionale dell'incoronazione in San Pietro dell'imperatore Federico III, il 18 marzo 1452. Nei cantieri di Montefalco l'attività svolta in qualità di collaboratore del Beato Angelico nella cappella Niccolina dei Palazzi Vaticani di Roma diviene un'esperienza a cui rifarsi (figg. 2, 3): nella volta della cappella di San Gerolamo viene riproposto il modello della volta della cappella Niccolina (forse grazie all'uso di memorie grafiche) (figg. 4, 5); nella carpenteria della pala già sull'altare maggiore di San Fortunato (oggi alla Pinacoteca Vaticana) e negli affreschi sia conservati in questa stessa chiesa che in San Francesco compaiono lesene architettoniche identiche a quelle presenti in alcune scene della cappella Niccolina (figg. 6-11). Allo stesso modo le testine entro clipei presenti nella facciata dell'edificio presso il quale il diacono Lorenzo distribuisce il tesoro della Chiesa ai poveri, nell'episodio della Niccolina, sono riecheggiate nella finta cornice della *Madonna col Bambino* affrescata sempre a San Fortunato (figg. 12, 13); così come lo stesso succede per il fregio del trono dell'imperatore Decio (figg. 14-17). Le fascinazioni e i ricordi romani sono particolarmente palesi in San Francesco, dove il pittore riproduce l'antica Basilica Vaticana, per la quale il papa umanista andava prodigando tutte le sue cure (fig. 18). L'obelisco segnalato al suo posto originario, sulla sinistra dell'edificio, è un elemento inequivocabile della volontà del pittore di riambientare in quel luogo, sacro per tutta la cristianità, il leggendario incontro tra san Francesco e san Domenico, mentre in alto la Vergine implora il figlio affinché cessi di scagliare i suoi dardi sulla città eterna. Ci sembra questa una possibile allusione alla pestilenza allora particolarmente virulenta, di cui il Gozzoli doveva essere informato. È infatti possibile che l'allontanamento di Benozzo da Roma, come accadrà poi durante il soggiorno pisano, che lo vede giungere a Montefalco, fosse stato determinato dalla volontà del pittore di "fuggire la morìa". Del resto anche il papa e i cardinali di curia avevano fatto così, rifugiandosi prima a Spoleto poi a Fabriano.
Il Vasari ignorò completamente la presenza di Benozzo a Montefalco. Eppu-

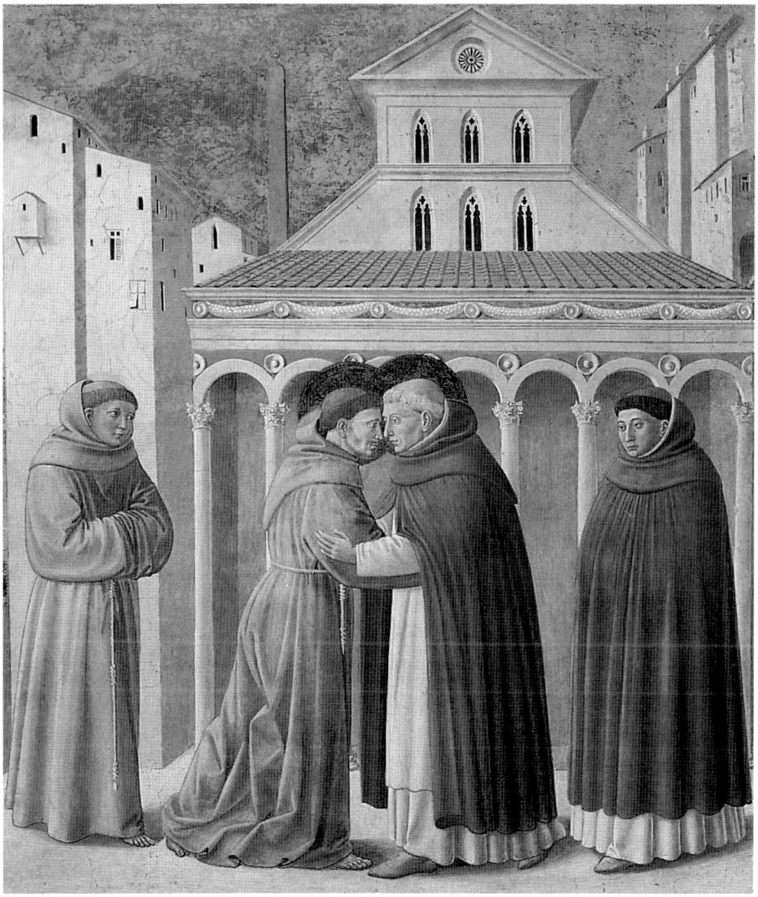

18. Benozzo Gozzoli, *Storie di san Francesco*, particolare della Basilica Vaticana nell'*Incontro di san Francesco e san Domenico*, Montefalco, chiesa di San Francesco.

re, in occasione delle sue visite (almeno due) ad Assisi per ammirare le opere di Giotto, il pittore-storiografo avrebbe anche potuto avere notizia che, a pochi chilometri di distanza su quell'amena collina di fronte alla città serafica, esisteva un altro ciclo francescano, in una chiesa minoritica e conventuale proprio come quella di Assisi. In ogni caso non ritenne di farne allusione nelle sue *Vite*. Le manchevolezze del Vasari nei confronti della presenza dell'opera di Benozzo a Montefalco vennero notate da un erudito locale del Seicento, Durante Dorio da Leonessa (†1646), che tra i suoi appunti manoscritti, con cui aveva voluto in qualche modo integrare le lacune del Vasari, commenta la presenza dell'affresco con la firma di Benozzo a San Fortunato: "Nella chiesa de' Zoccolanti de Montefalco, in muro, a guazzo, c'è una Madonna con un Christo in braccio et un angelo da banda, de mano dell'istesso, con scrittura 'il Benozzo Fiorentino 1450', ma non se ci vede perfettione"[33].

Si dovrà attendere il conte Tullio Dandolo, che nel 1866 diede alle stampe una prima descrizione, sia pure molto sommaria, del ciclo francescano nella chiesa ormai ex-conventuale per avere una qualche notizia a stampa sull'operato di Benozzo a Montefalco[34]. In campo più strettamente locale se ne occupò qualche anno dopo Serafino Frenfanelli Cibo, che concludeva le sue osservazioni sul ciclo di San Francesco, scrivendo: "è veramente singolare che, mentre gli artisti dell'Umbria erano rimasti muti e insensibili avanti a quello stupendo miracolo di arte e di poesia ch'è il monumento di Assisi, e niente avevano tolto a guida delle loro opere dai vasti concetti e dalle alte ispirazioni di Giotto, si erano poi tanto commossi sulla collina di Montefalco, avanti alle opere d'un giovane fiorentino non preceduto allora che di incerta e debole fama"[35].

Da quel momento la fama delle opere montefalchesi crebbe via via notevolmente, sia pure con una notevole discordanza di valutazioni critiche sulla produzione pittorica di Benozzo. Il suo momento di celebrità toccò al ciclo di San Francesco in un sonetto dannunziano apparso nel secondo libro delle *Laudi, Le città del Silenzio*:

Montefalco, Benozzo pinse a fresco
giovenilmente in te le belle mura
ebro d'amor per ogni creatura
viva, fratello al sol come Francesco.

Dolce come sul poggio il melo e il pesco,
chiara come il Clitunno alla pianura,
di fiori ed acqua era la sua pintura,
beata del sorriso di Francesco.

[1] Cfr. *Il Giubileo* 1985, pp. 87-99.

[2] Cfr. Gregorovius 1973, III, pp. 1887s; Pastor 1925, pp. 381, 390s, 481.

[3] In particolare si hanno notizie del maestro di vetrate Francesco Baroni da Perugia (1446-1450). Su questo maestro, cfr. Gnoli 1923, pp. 119s dello scultore Isaia da Pisa (1447-1453), di Antonio da Firenze "ingegniere di palazo" (1447-1454) e del meno noto fonditore Crescenzio da Perugia, le cui campane per la Basilica Vaticana ebbero segnato il suo nome insieme all'anno giubilare 1450. La presenza di questi artisti è desunta da *Il Giubileo* 1985, pp. 93 ss.. volume che menziona le iscrizioni presenti sulle campane di San Pietro: NICOLAUS PAPA V FECIT ANNO IUBILEI 1450. CRESCENTIUS DE PERUSIO ME FECIT, già citate da Müntz 1878-82.

[4] Sulla presenza e l'attività dell'Angelico e della sua bottega in Vaticano esiste una vasta bibliografia; si segnalano qui i testi più recenti e aggiornati di Gilbert 1975; Castelfranchi Vegas 1989, pp. 109-169. Ma la questione dei vari lavori eseguiti dall'Angelico in Vaticano è ancora tutt'altro che chiarita (cfr. Pinelli 1987, p. 423).

[5] L'atto prevedeva: "Benozius Lesis, pictor populi Sancti Frediani de Florentia [...], locavit se ad laborandum et se personaliter exercendum cum omni industria et magisterio in laborerio hostiorum [...], fideliter et absque fraude se exercere prout eidem impositum fuerit per dittum Laurentium [...]" (edizione Milanesi 1901, p. 90, doc. 107).

[6] Cfr. Nessi 2001, pp. 13-24. Non è esatto quanto affermato dalla Cole Ahl 1997, p. 22, che "non è noto quanto tempo Benozzo rimase presso la bottega di Ghiberti".

[7] La nota di pagamento dice: "A Benozo d'Aleso dipentore da Firenze a la sopradetta chapella, adì detto fiorini dic(i)otto, bo. dodici " (Müntz 1878-82, p. 126). Si trattava del lavoro: "in maiori capella ecclesie Sancti Petri ubi fiunt nove picture" (cfr. Gilbert 1975, p. 256).

[8] Cfr. Serafini 1911, pp. 98s; Andreani 1996, pp. 433s, n. 34.

[9] Il documento relativo è stato reso noto da tempo; cfr.: Della Valle 1791, p. 306, doc. 73; Luzi 1866, pp. 432s; Fumi 1891b, pp. 393s, doc. 71; Serafini 1911, p. 100.

[10] Cfr. Della Valle 1791, p. 306, doc. 73/b; Luzi 1866, pp. 432s; Fumi 1891b, pp. 393s; Serafini 1911, p. 100; Andreani 1996, p. 424, n. 45.

[11] Cfr. Andreani 1996, pp. 422s, n. 20.

[12] "[...] habitis inter eos et deinde cum dicto infrascripto pictore quammultis colloquiis, ratiocinibus et disputationibus super omnibus et singulis infrascriptis".

[13] Il documento è stato edito più volte: Della Valle 1791, pp. 306s, doc. 73/c; Luzi 1866, pp. 435 ss.; Serafini 1911, pp. 101 ss.; Andreani 1996, pp. 424-425, n. 49. Si ritiene utile riportare i passi che riguardano direttamente Benozzo: "Quod dictus frater Iohannes, magister pictor, serviet ad picturas predictas cum persona sua, item cum persona Benoççi Lesi de Florentia, item

cum persona Iohannis Anthonii de Florentia, item cum persona Iacobi *** de Poli, bene, diligenter et cum ea que decet solertia et sollicitudine [...]; [...] dictus camerarius [...] promisit sollemniter et convenit eidem fratri Iohanni presenti et acceptanti pro se et suis heredibus et dictis Benoçço, Iohanne et Iacobo [...] Item dabit et solvet pro dicto Benoçço quolibet mense quo serviet septem ducatos auri [...] Item dabit dicto magistro pictori, pro se et dictis Benoçço, Iohanne et Iacobo videlicet pro expensis ipsorum omnium et ultra dicta salaria, panem et vinum quantum sufficit eis et viginti libras denariorum quolibet mensibus pro aliis expensis eorum victus et comestibilibus dum laborabunt in dicta cappella [...]".

[14] Cfr. Della Valle 1791, p. 308, doc. 74/a; Luzi 1866, pp. 438s; Fumi 1891b, p. 394; Serafini 1911, pp. 108-109; Andreani 1996, p. 426, nn. 69, 70, 71.

[15] Cfr. Andreani 1996, p. 427, n. 93.

[16] Cfr. Andreani 1996, p. 427, n. 89.

[17] Cfr. Andreani 1996, p. 427, nn. 95, 98.

[18] Il testo originale dice: "[...] actento quod Fabrica ad presens diminuitur in introitibus et helemosinis et non possit facere expensam magistri fratri Iohannis pictoris, qui incepit pingere, quod dictus camerarius, si potest, conducat dictum magistrum Iohannem et cum eo dictum magistrum Petrum pro tribus mensibus tantum, alias supersedeat in dicta pictura, in qua actendendum est potius ad pulcritudinem quam ad dispendium, sicut actenus semper fuit actentum (Andreani 1996, p. 427, n. 100).

[19] Il documento è stato edito più volte: Della Valle 1791, p. 310; Fumi 1891b, p. 395; Serafini 1911, p. 115; Andreani 1996, p. 427, n. 101; Cole Ahl 1997, p. 276, doc. 6/a; vale la pena di riassumerlo: "[...] audito per eos Benoçço de Florentia pictore, qui cupit laborare in Cappella Nova et dicit se velle prius facere experientiam de suis picturis et petit sibi accomodari gratis una de domibus Fabrice, unanimiter et concorditer consentierunt et deliberaverunt quod dictus camerarius possit accomodare gratis dicto Benoçço dictam domum, extimantes fore utile et providentia videre experientiam dicti Benoççi, ut ex ea possit cognosci et deliberari, an sit sufficiens ad sequens in picturis quod est inchoatum per magistrum fratrem Iohannem" (Andreani 1996).

[20] Cfr. Fumi 1891b, p. 395; Serafini 1911, p. 116; Andreani 1996, p. 427, n. 103; Cole Ahl 1997, p. 276, doc. 6/b.

[21] Della Valle 1791, p. 310.

[22] Cfr. su questi avvenimenti Fumi 1885, pp. 703-714.

[23] Si riporta il testo completo ripreso da Andreani 1996, p. 428, n. 107: "Item quoniam Benotius pictor incepit pingere certam figuram Numptiate pro domina Gianna Gregorii, quam propter proximam futuram revolutionem, status et novitate non vult prosequi, unde dictus Benotius offert finire dictum opus inceptum omnibus suis expensis excepto quam de coloribus. Qui superstites [...] deliberaverunt et statuerunt quod dictum opus prosequatur et quod camerarius mictat colores et dictus Benotius operas et magisterium suum et quod destruat arma Gianne et ponat arma et signum Fabrice".

[24] Cole Ahl 1997, p. 40.

[25] Sul personaggio, cfr. Wadding 1931-1964, XII/2, p. 245; Oliger 1929, pp. 233-35; ma soprattutto Pastor 1925, pp. 586, 607.

[26] Cfr. Nessi 1995, pp. 137 ss.

[27] Cfr. Lebreton-Fiorani 1985, p. 255.

[28] Bennati s.d. (ms.), c. 26v.

[29] Cfr. Nessi c.s.

[30] Cfr. Nessi c.s.

[31] Cfr. Piana 1970, p. 110; Cenci 1974, pp. 329, 510, 527, 530, ed ora Nessi c.s.

[32] Durante i recenti interventi di restauro del ciclo (1997-2000) sono state scoperte le tracce della primitiva decorazione sulla parete sinistra dell'abside probabilmente in parte ancora conservata dietro gli stalli del coro ligneo.

[33] Dorio s.d. (ms.), c. 125r.

[34] Dandolo 1866, p. 349.

[35] Frenfanelli Cibo 1872, pp. 65-66.

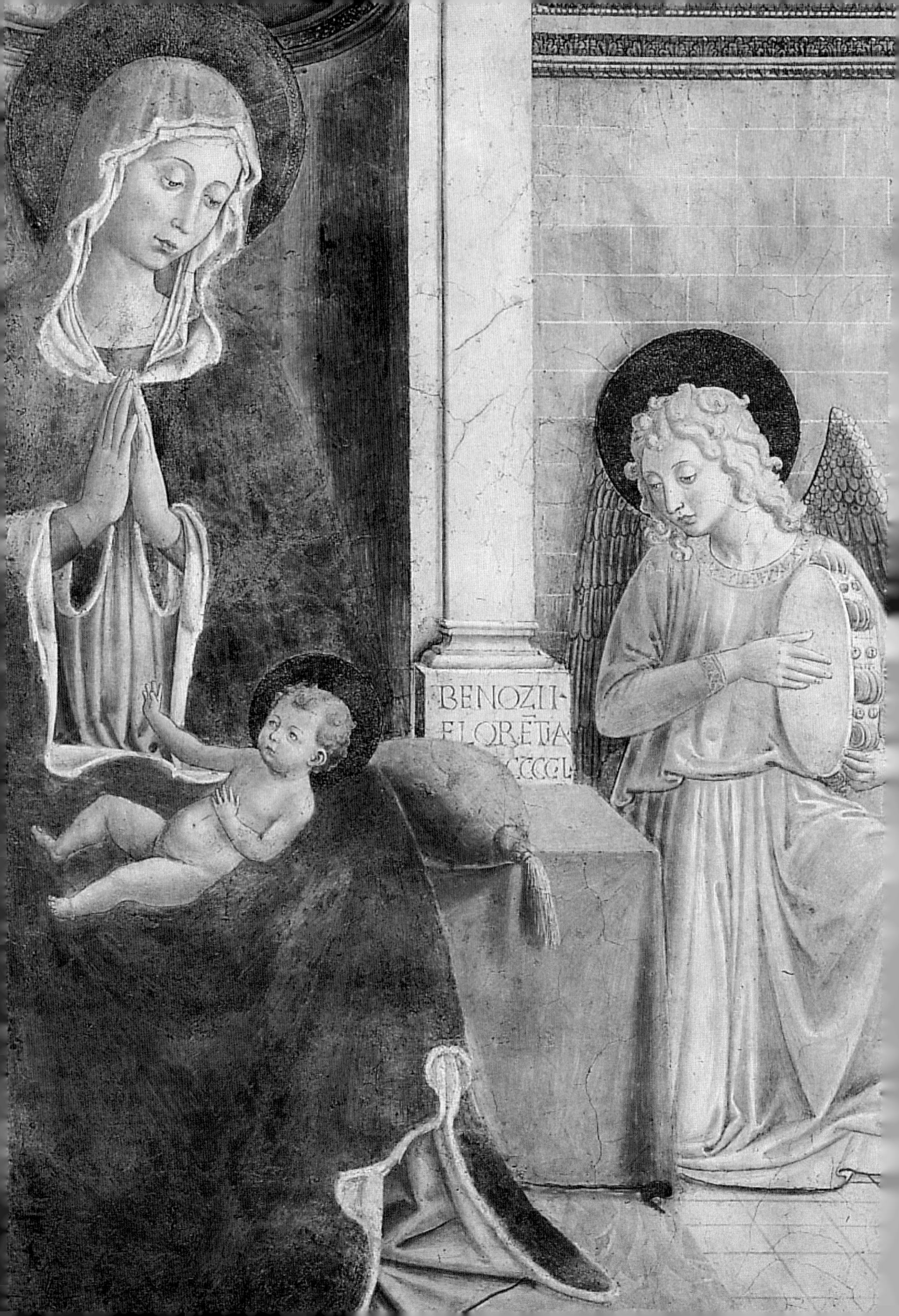
BENOZII
FLORĒTIA
CCCCL

Frescante a San Fortunato*

Diane Cole Ahl

1. Benozzo Gozzoli, *Madonna col Bambino e angelo*, particolare, firmato e datato 1450, Montefalco, chiesa di San Fortunato.

Nel 1450 Benozzo giungeva a Montefalco. Situato a trenta chilometri da Assisi, il paese era del tutto permeato del retaggio spirituale e artistico dell'ordine francescano[1]. Secondo una leggenda locale san Francesco aveva benedetto la popolazione di Montefalco in uno dei molti viaggi attraverso l'Umbria[2], ispirando una profonda devozione nel popolo. I cittadini lo avevano onorato fondando numerose congregazioni francescane nella città e nei dintorni. Per la sua vicinanza ad Assisi e la salda fede della popolazione, Montefalco era stata strettamente legata all'ordine francescano per tutto il Medioevo e il Rinascimento, in particolare durante la prima metà del Quattrocento. Seguendo l'esempio del *poverello*, nel 1425 san Bernardino da Siena, il grande riformatore osservante, giunse a Montefalco per predicare[3]. La devozione della città all'ordine e ai suoi ideali risultò inoltre rafforzata quando un nativo del posto, fra Antonio da Montefalco, venne nominato generale provinciale dell'Osservanza francescana da papa Eugenio IV nel 1442-45 e di nuovo nel 1448-51[4]. Questo luminare e famoso predicatore, così stimato da essere indicato come possibile successore di Niccolò V nel 1455[5], si dedicò a ricostruire la pieve di San Fortunato nella sua città natale e a riformarla in monastero osservante.

Intitolata al prete di Turrita che convertì la popolazione di Montefalco nel IV secolo, la pieve di San Fortunato fu la più importante nella diocesi spoletina durante il Medioevo e il primo Rinascimento[6]. Il monastero era fra i più antichi e venerandi della regione, circondato da boschi con grotte già usate per i riti pagani prima di diventare luoghi di preghiera e penitenza. Anche l'abbondanza di spoglie romane, molte delle quali incorporate negli edifici della chiesa e del convento, attesta l'antichità del luogo. La chiesa originaria era stata edificata come *ex voto* da san Severo, *magister militum*, in onore di san Fortunato, le cui reliquie vi furono traslate nel 422[7]. Nel XIII secolo vi fu costruita accanto una fortezza controllata dai vescovi di Spoleto; nel 1383 il sito, insieme alla città di Montefalco, fu conquistato dai Trinci di Foligno. Quando cadde la dittatura dei Trinci nel 1439, la cittadella, simbolo di tirannia, fu abbattuta. Da quel momento la pieve, devastata dalla guerra e dall'abbandono, era in rovina[8].

In quanto nativo del luogo e generale provinciale dell'Osservanza, fra Antonio da Montefalco si dedicò a trasformare la pieve abbandonata in un monastero osservante e ne diresse il restauro e la decorazione[9]. Su sua sollecitazione, il *comune* di Montefalco, i papi Eugenio IV e Niccolò V incoraggiarono la trasformazione. Il 18 marzo 1444 papa Eugenio IV, da sempre un sostenitore dell'Osservanza, emanò una bolla per costruire "unam domum cum ecclesia, coemeterio, officinis pro usu et habitatione fratrum ordinis et observantiae" con l'eredità di Almerico da Montefalco, un parente di fra Antonio[10]. Il 27 giugno 1446, su richiesta della popolazione locale, Eugenio emanò un'altra bolla con la quale incaricava i vescovi di Perugia e Gubbio

di mettere a disposizione dei frati la chiesa e affidava loro la fondazione e la costruzione sul sito di un monastero "con chiesa e campanili"[11]. Egli stesso donò 25 fiorini per l'acquisto dei libri e di "altri ornamenti, necessari alla Chiesa (per celebrare) l'ufficio divino".
Dopo la morte di Eugenio IV, alla fine del febbraio 1447, il progetto ottenne l'appoggio di papa Niccolò V che, in quell'anno, visitò la città per venerare le reliquie di santa Chiara da Montefalco[12]. A quell'epoca una piccola comunità di frati osservanti si era stabilita nel luogo, vivendo nel monastero in rovina. Su richiesta del *comune*, il papa appoggiò la causa di fra Antonio, nuovamente nominato generale provinciale, e ordinò al vescovo di Melfi di consegnare ciò che rimaneva dell'eredità di Almerico per ricostruire la chiesa[13]. Tre bolle promulgate da Niccolò nel 1448 incoraggiarono "la ricostruzione e la decorazione" del monastero e l'acquisto di libri sacri, sotto l'egida di fra Antonio[14]. Sebbene la costruzione dell'intero complesso fosse incompleta quando fra Antonio morì nel 1457, la decorazione della chiesa era già iniziata nel 1450, come è attestato dall'iscrizione sulla *Madonna con Bambino e angelo* di Benozzo, la sua prima opera firmata e datata.
Non sappiamo in che modo Benozzo fu scelto per questa commissione. Bruno Toscano ha ipotizzato che papa Niccolò V avesse suggerito a fra Antonio di assumere Benozzo che aveva collaborato con Beato Angelico alla decorazione della cappella Niccolina in Vaticano[15]. Elvio Lunghi ha supposto l'intervento di Beato Angelico per assicurare la commissione al suo collaboratore[16]. A mio avviso invece è assai verosimile che lo stesso fra Antonio possa aver incontrato direttamente Benozzo quando affrescava la cappella Albertoni in Santa Maria in Aracoeli, la casa madre dell'Osservanza francescana. La decorazione della cappella – che ho datato fra 1447 e 1449[17], ovvero negli stessi anni in cui fra Antonio era generale provinciale – dovrebbe essere stata di grande interesse per fra Antonio perché le scene ora distrutte rappresentavano la vita del suo santo patrono, Antonio da Padova, famoso, come fra Antonio, per la pietà e l'eloquenza[18]. Gli affreschi dell'Aracoeli, prima commissione di Benozzo per una chiesa francescana, avrebbero potuto fornire una prova convincente a fra Antonio della capacità del pittore. Inoltre, non senza conseguenze, la commissione dell'Aracoeli introdusse Benozzo alla spiritualità osservante.
Considerato il suo personale coinvolgimento in tutti gli aspetti di San Fortunato, sembra certo che fra Antonio abbia elaborato il programma della decorazione[19]. Esso esprimeva il tradizionale culto dell'ordine francescano per la Vergine, istituito in onore della Madonna dal *poverello,* nonché – nel vero spirito del campanilismo – rifletteva la devozione di Montefalco a san Fortunato, patrono e protettore della città e dedicatario della pieve. Il tema mariano era inaugurato dalla lunetta del portale con *Madonna col Bambino tra san Francesco e san Bernardino da Siena e angeli*, continuato con la frammentaria *Madonna col Bambino e angelo*, e concluso con l'*Assunzione*, in origine sull'altare maggiore. L'arcaizzante affresco di Benozzo con *San Fortunato in trono* e la sua ridipintura del sarcofago-reliquiario con le reliquie di san Severo che aveva costruito la chiesa originaria, rendevano omaggio al patrono di Montefalco e al donatore della pieve. Queste opere commemoravano le origini del *locus sanctus*, la pieve, rinata e riformata come comunità osservante sotto l'egida devota di fra Antonio. Con pari importanza, esse documentano lo stile di Benozzo fra 1450 e 1452 – una congiuntura cruciale del suo svilup-

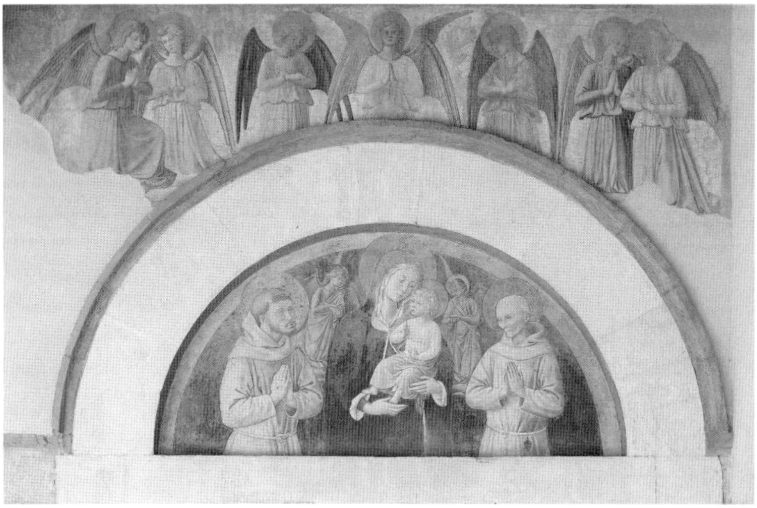

2. Benozzo Gozzoli, *Madonna col Bambino tra i santi Francesco e Bernardino da Siena e angeli*, ca. 1450, Montefalco, chiesa di San Fortunato.

po, che riflette la formazione toscana, la sua reazione alla cultura figurativa dell'Umbria e il coinvolgimento nella spiritualità osservante.

La decorazione del portale di San Fortunato infonde rispetto nell'osservatore e rivela l'identità della pieve come fondazione osservante. La *Madonna col Bambino fra san Francesco e san Bernardino da Siena con angeli* è affrescata nella lunetta, con sette angeli dipinti più in alto sul muro (fig. 2). La lunetta del portale sostituiva e alludeva a un'immagine più antica, come si desume da un documento del 1340 che registrava l'acquisto di un quantitativo di foglia d'oro "pro pictura ymaginis portalis" della chiesa originaria[20]. Quest'immagine era quasi certamente una Madonna con Bambino, un soggetto tradizionalmente dipinto sopra l'entrata dei locali santuari[21], incluse le chiese francescane di Norcia, Cascia e Trevi e le chiese di altri ordini[22]. Rappresentando san Francesco e san Bernardino, che erano stati entrambi predicatori a Montefalco, la lunetta di Benozzo identifica San Fortunato come fondazione osservante. I santi sono uniti nella loro adorazione da un luminoso serafino cremisi le cui ali uniscono le figure una all'altra e incorniciano la Madonna con il Figlio.

Teneramente abbracciato dalla madre, il Salvatore Bambino benedice i santi Francesco e Bernardino, che li contemplano intensamente mentre pregano. Entrambi i santi condividono la solennità della Madonna col Bambino, la cui severa espressione preannuncia la Passione e si offre come esempio di devozione per il fedele. Per quanto riguarda san Francesco, ci richiama alla mente sia il suo amore per il Bambino Gesù, simboleggiato dal miracolo del presepe di Greccio, sia la sua imitazione della Passione di Cristo, visibilmente indicata dalle stigmate sulle mani e sul costato. San Bernardino, alla cui memoria fra Antonio era particolarmente devoto[23], adorava la Madonna col Bambino con una venerazione che riecheggia nei sermoni mariani che glorificavano la castità, l'umiltà e la misericordia della Vergine verso tutta l'umanità[24]. Il volto rugoso del riformatore (che avrebbe suscitato vividi ricordi della sua predicazione fra i montefalchesi) è un vero ritratto che, come altre immagini, corrisponde fortemente alla maschera funebre del santo conservata all'Aquila. I santi si trovano dentro la lunetta agli angoli, come se realmente si volgessero verso il fedele che entra in chiesa, un'impressione

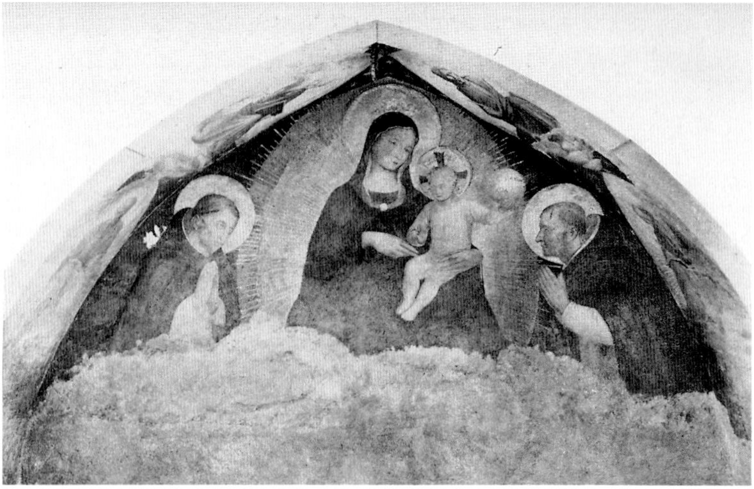

3. Beato Angelico, *Madonna col Bambino tra i santi Domenico e Pietro Martire*, 1438, Cortona, chiesa di San Domenico.

rafforzata dall'abile scorcio delle mani in preghiera. Nel suo illusionismo l'interpretazione di Benozzo richiama la lunetta del portale affrescata da Beato Angelico in San Domenico a Cortona (fig. 3) nel 1438[25] come appare evidente soprattutto nelle fattezze delicate della Madonna e del Bambino. Nello stesso tempo, le figure di Benozzo rivelano un maggior senso di realismo poiché i santi si rivolgono verso lo spettatore e le aureole si sovrappongono alla cornice collocandoli con maggior enfasi dentro lo spazio dello spettatore.

Solo sul portale di San Fortunato compare la rappresentazione di Benozzo degli angeli sopra la lunetta. A partire da Tertulliano (fl. 155-220) i trattati sulla preghiera descrivevano gli angeli come *exempla* celestiali di ideale devozione per l'imitazione del credente, intermediari divini fra il fedele e Dio[26]. Gli angeli erano particolarmente presenti nel pensiero e nella spiritualità francescani con evidente allusione al serafino che stigmatizzò san Francesco, identificandolo come *alter Christus*, tema ricorrente nella teologia dell'ordine[27]. D'altra parte, gli angeli erano metafore fondamentali in tutti gli scritti di san Bonaventura (1221-1274), che suggestivamente intitolò il suo trattato sui monasteri francescani e il loro governo *De sex alis seraphim*, e ammoniva che l'ufficio divino fosse svolto "con lo sguardo fisso degli angeli" al trono di Dio[28]. Nell'affresco di Benozzo, gli angeli in preghiera ricordano al fedele che entra in chiesa che, come Bonaventura consigliava in *lucendum amoris*, la loro protezione (patrocinio) si doveva richiedere attraverso una preghiera consapevole e decorosa[29]. Gli stessi angeli si ispirano a quelli che circondano Cristo nel *Giudizio finale* nella cappella di San Brizio nella cattedrale di Orvieto, l'ultima collaborazione di Beato Angelico e Benozzo. Qui, a San Fortunato, l'intensità apocalittica degli angeli orvietani è attutita e i colori sono eterei. Sebbene l'insieme del portale rifletta l'influenza dell'Angelico, rivela anche l'emergere di una distinta personalità.

All'interno della chiesa, la frammentaria *Madonna col Bambino e angelo* (fig. 4) continua il tema mariano introdotto dalla lunetta del portale. Prefigurando la pietà, la Vergine in trono prega mentre guarda con tristezza il nudo Bambino sul suo grembo. Il solenne angelo inginocchiato accanto a loro fa tacere il tamburello mentre contempla il Bambino. L'angelo sicuramente era contrapposto a un altro che fu distrutto nei successivi rifacimenti della chiesa. La ricostruzione computerizzata (fig. 5), ottenuta con Adobe Photoshop che viene qui presentata, "ricrea" l'affresco originale. Per suggerire la simmetria e l'armonia della composizione, la ricostruzione riversa il lato destro dell'affresco, creando un'immagine rispecchiata dello sfondo e dell'angelo sopravvissuto, la cui perduta controparte poteva suonare un'arpa, un liuto o una viola da braccio. L'esattezza di questa ricostruzione nel suo complesso appare confermata da molte opere umbre che sembrano ispirate alla pittura di Benozzo[30], fra le altre, la *Madonna col Bambino e angeli* di Bartolomeo Caporali (fig. 6) a Berlino. L'affresco di Benozzo era la prima opera veramente rinascimentale a Montefalco, la cui arte fino a questo momento era influenzata da quella di Assisi e Foligno piuttosto che di Firenze[31].

L'iscrizione BENOZII FLORE[N]TIA [M]CCCCL in basso sulla base del pilastro identifica questa come la più antica opera datata del maestro e l'affresco fornisce un punto fermo cruciale nella sua cronologia. Rivela la sua attrazione per l'architettura classica e classicheggiante, retaggio fantastico della formazione a Firenze e del recente soggiorno romano che continuerà per l'intera carriera. La sua risposta all'antichità e alla più avanzata architettura dei suoi giorni è evidente nella rappresentazione scorciata della nicchia a forma di conchiglia e dei capitelli michelozziani del trono della Vergine e nei fregi accuratamente rappresentati separati da teste di putti in *grisaille*: il primo, un fregio a foglie di origine romana, e l'altro, un fregio d'acanto, probabilmente ispirato alla cornice marmorea disegnata da Ghiberti nel 1432 per il *Tabernacolo dei Linaiuoli* di fra Angelico. Se il trono richiama quelli rintracciabili nelle ultime pale d'altare dell'Angelico, altri elementi classicheggianti dell'affresco compaiono nella cappella Niccolina, gli edifici della quale, secondo la provocatoria proposta di Arnold Nesselrath, potrebbero ben essere stati ideati da Benozzo, le cui opere sono caratterizzate da un vocabolario architettonico coerentemente fantastico[32]. Il classicismo di Benozzo sarebbe stato una rivelazione a Montefalco, la cui architettura era

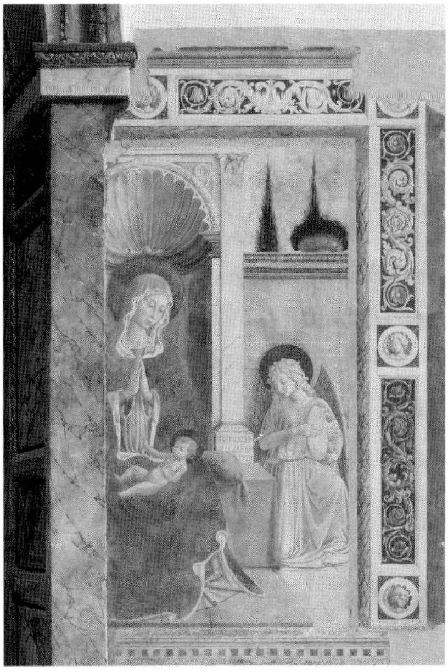

4. Benozzo Gozzoli, *Madonna col Bambino e angelo*, firmato e datato 1450, Montefalco, chiesa di San Fortunato.

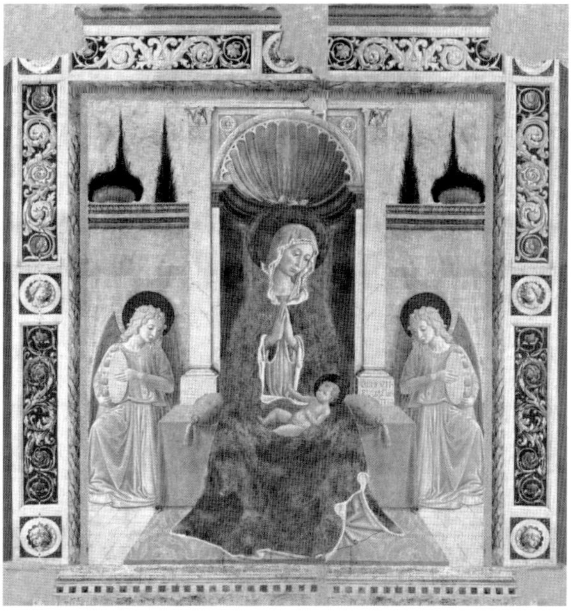

5. Ricostruzione della *Madonna col Bambino e angelo*, elaborazione grafica di Diane Cole Ahl.

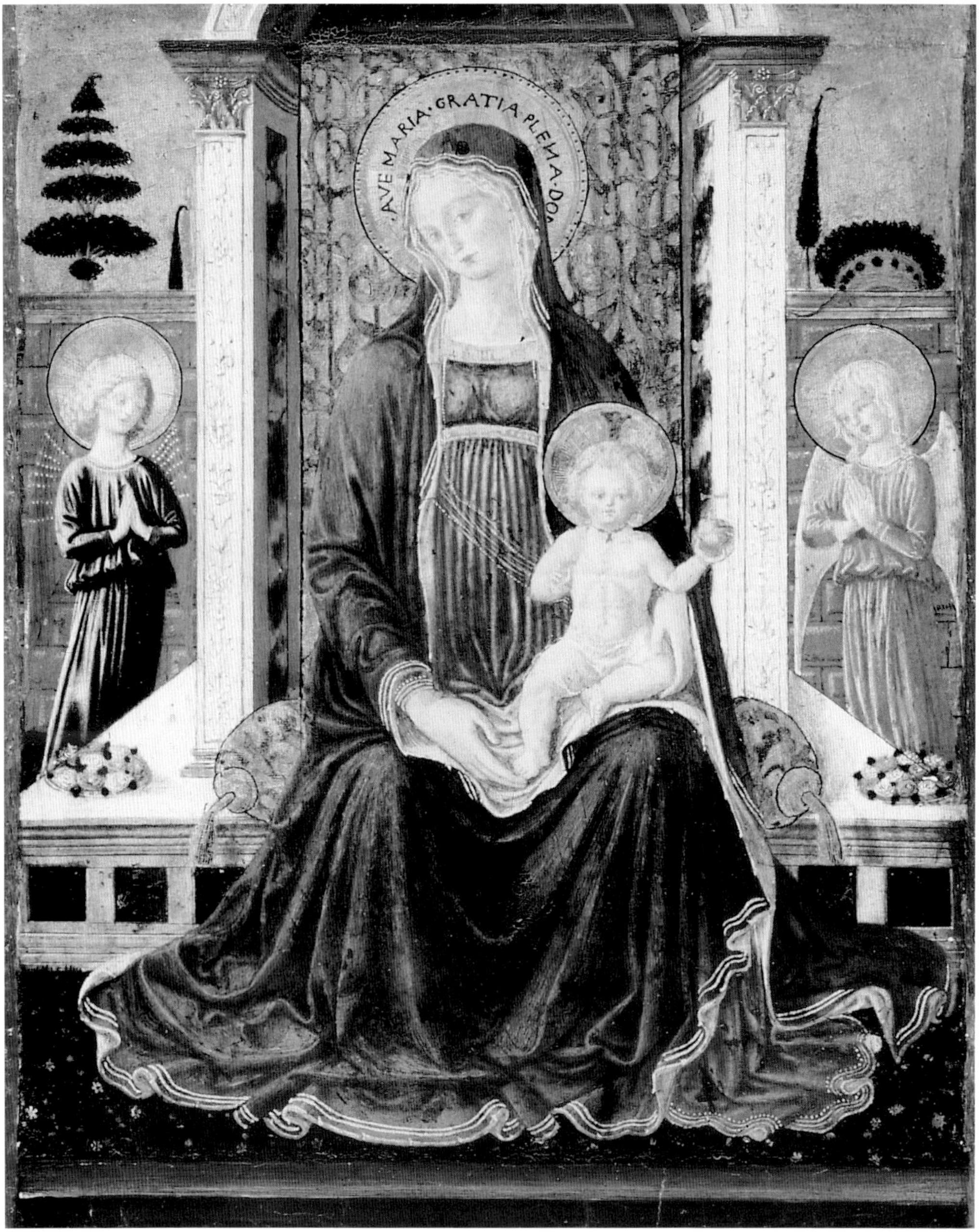

6. Bartolomeo Caporali, *Madonna col Bambino e angeli*, Berlino, Staatliche Museen.

ancora medievale nel 1450. Similmente senza precedenti era la prospettiva creata dal pavimento tessellato, sfuggente verso il muro, una reminiscenza della *Storia di Isacco* sulla Porta del Paradiso, un espediente formale che Benozzo doveva ripetere nella *Nascita e giovinezza di san Francesco* nella cappella maggiore di San Francesco a Montefalco datata due anni più tardi. Sebbene il classicismo dell'affresco sia sorprendente, è il più tenero rapporto fra le figure che ci commuove e che deve aver ispirato la devozione nel fedele del XV secolo. Maria abbassa gli occhi e congiunge le mani con riverenza mentre guarda suo Figlio, consapevole del suo destino; l'angelo, rapito in contemplazione, tocca il suo tamburello leggermente per non spaventare il Bambino, che giace nudo e indifeso sul grembo come se fosse sulla croce. Attraverso le reazioni dei personaggi sacri, Benozzo evoca la compassione e il rispetto del fedele secondo la natura affettiva ed empatica della pietà francescana.

Il ciclo mariano della chiesa culminava con l'*Assunzione* (fig. 7) che concludeva l'esistenza terrena della Vergine dando inizio alla sua vita eterna al fianco del Figlio. La pala d'altare non è più nel suo contesto originario; fu donata a papa Pio IX nel 1848 dal comune di Montefalco ed è ora nella Pinacoteca Vaticana. Per ragioni sconosciute, al centro della tavola, fu tagliata la tomba della Vergine – sulla quale poteva esserci un'iscrizione legata alla consacrazione dell'altare, al committente o la data. Tuttavia la pala conserva la sua cornice e tutte le sue parti originali, rivelando la sua importanza di vero altare rinascimentale, incorniciato da pilastri corinzi e dipinto su una singola tavola che insiste su una predella continua. Fu infatti il primo altare di questo tipo a Montefalco o, riguardo a ciò, in tutta l'Umbria. Concepito senza i molteplici pannelli e gli elaborati pinnacoli, le cuspidi e l'ornamentazione dell'arte sacra umbra, sembra esemplificare l'affermazione di Filippo Brunelleschi per l'altare ideale: una "tabula quadrata e sine civoriis, picta honorabiliter"[33].

7. Benozzo Gozzoli, *Assunzione*, 1450, Città del Vaticano, Pinacoteca Vaticana.

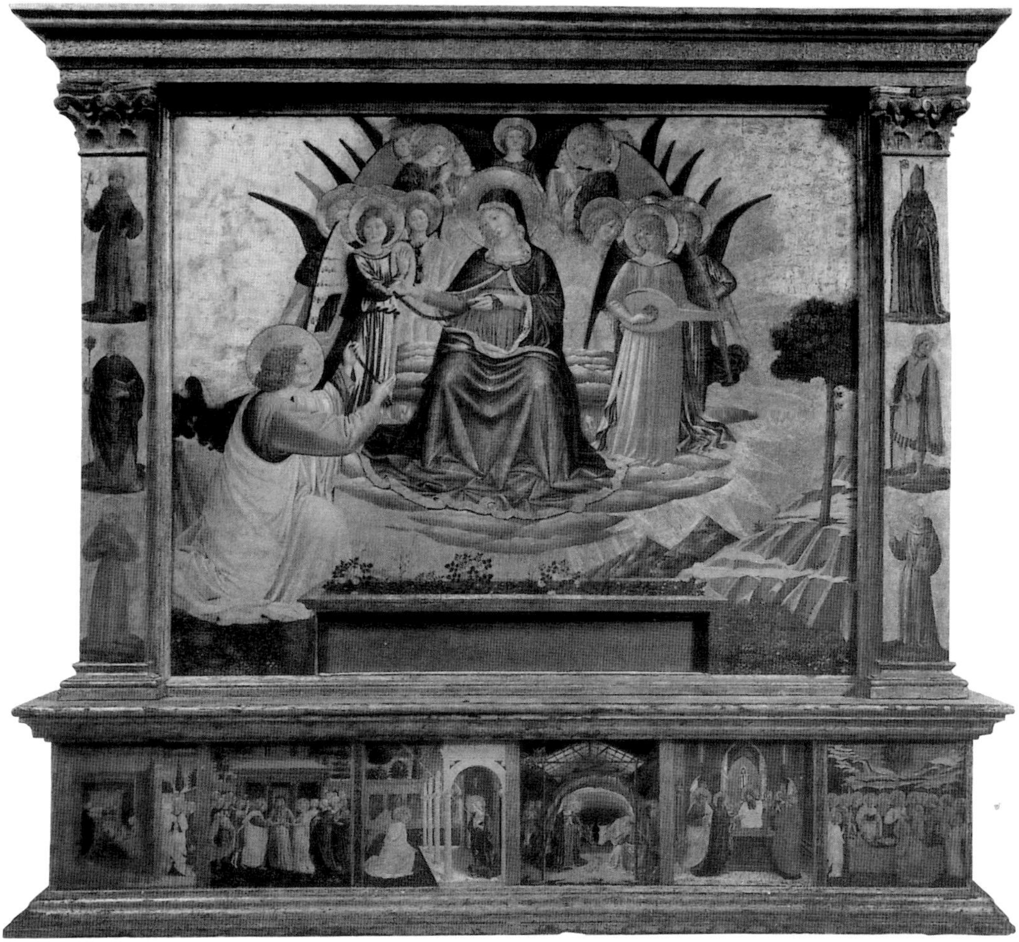

L'Assunzione della Vergine rivestiva un significato particolare per l'ordine francescano. Come racconta san Bonaventura nella *Legenda maior*, san Francesco professò una straordinaria venerazione verso l'Assunzione della Vergine, desiderando cominciare la sua veglia a La Verna in occasione di quella festa[34]. Alcuni teologi francescani esaltavano l'Assunzione di Maria come momento del suo trionfo, quando il peccato era vinto e la morte sconfitta. Due dei primi biografi di san Bernardino, Maffeo Vegio e Giovanni da Capistrano, raccontavano che durante la sua giovinezza, Bernardino si recava quasi ogni giorno presso un bell'affresco (ora perduto) dell'Assunzione sulla Porta Camollia di Siena, dove la Madonna era dipinta in gloria, circondata da angeli e arcangeli[35]. In un sermone del 1427, Bernardino esaltò la Madonna nel momento in cui gloriosamente ascendeva all'Empireo mentre cori della gerarchia celestiale – serafini, cherubini, virtù e troni – la chiamavano a gran voce "Veni, veni"[36].

Molti predecessori di Benozzo avevano dipinto la *Dormitio Virginis* con l'Assunzione, rappresentando tutti gli apostoli afflitti intorno al capezzale della Vergine. In contrasto, Benozzo raffigura la sola Assunzione, presentandola come intimo colloquio fra la Vergine e san Tommaso. La sacralità di questo momento è rivelata attraverso il solenne scambio di sguardi, la bellezza della Madonna dalle fattezze ispirate alle vergini di fra Angelico e la devota riverenza degli angeli che la circondano. Serafini d'oro dalle ali piumate e lavorate (appena visibili nelle fotografie) sono incisi intorno alla Madonna e circondano il suo transito celestiale verso il Figlio. È accompagnata da angeli che pregano, pizzicano la cetra e percuotono il tamburello, le vesti che risplendono della luce irradiante dipinta da Benozzo. Invocazioni alla Madonna come Regina e acclamazioni di Alleluia sono scritte sulle vesti fluenti e luminose di alcuni angeli musicanti, che richiamano alla mente le *laudi* che glorificavano la Vergine nei canti. In apparenza, gli angeli ripetono virtualmente quelli del portale suggerendo un'intenzionale "trasparenza" che unisce lo spazio esterno a quello interno della chiesa. La mandorla delle figure emette raggi di luce finemente incisi cosicché il fondo d'oro sembra effettivamente scintillare. Quando erano accese le candele che una volta illuminavano la pala d'altare nel buio interno di San Fortunato, questi raggi ne catturavano e riflettevano la luce; al tremolare della luce, la mandorla delle figure sarebbe sembrata ascendere. La luminosità di questa immagine rifulgente, brillante, richiama alla mente i panegirici francescani sulla Vergine come fonte di luce e saggezza, ad esempio nel sermone di san Bernardino sull'Assunzione, che la descrive come "adornata dal sole"[37].

I santi sui pilastri e la predella della pala rivelano la sensibilità di Benozzo su un registro più intimo, richiamando la sua straordinaria abilità come miniatore di manoscritti. Ogni santo sui pilastri risponde all'*Assunzione* in modo diverso, dal *poverello* e da Bernardino che si volgono a fissare la Vergine come nella lunetta del portale, ai santi Fortunato e Severo. La maestosa qualità scultorea, accentuata dalle profonde pieghe dei drappeggi, e il solido modellato delle mani e dei caratteri fisionomici sembrano ispirati agli eroi dell'Antico Testamento sulla cornice della Porta del Paradiso, al cui completamento Benozzo lavorò per quasi tre anni (gennaio 1444 - marzo 1447). Illustrando la vita della Vergine dalla nascita fino alla *Dormitio*, la predella dimostra le doti di Benozzo come narratore, rafforzate dalla precedente collaborazione con Angelico e Ghiberti. Utilizzando una strategia appresa da

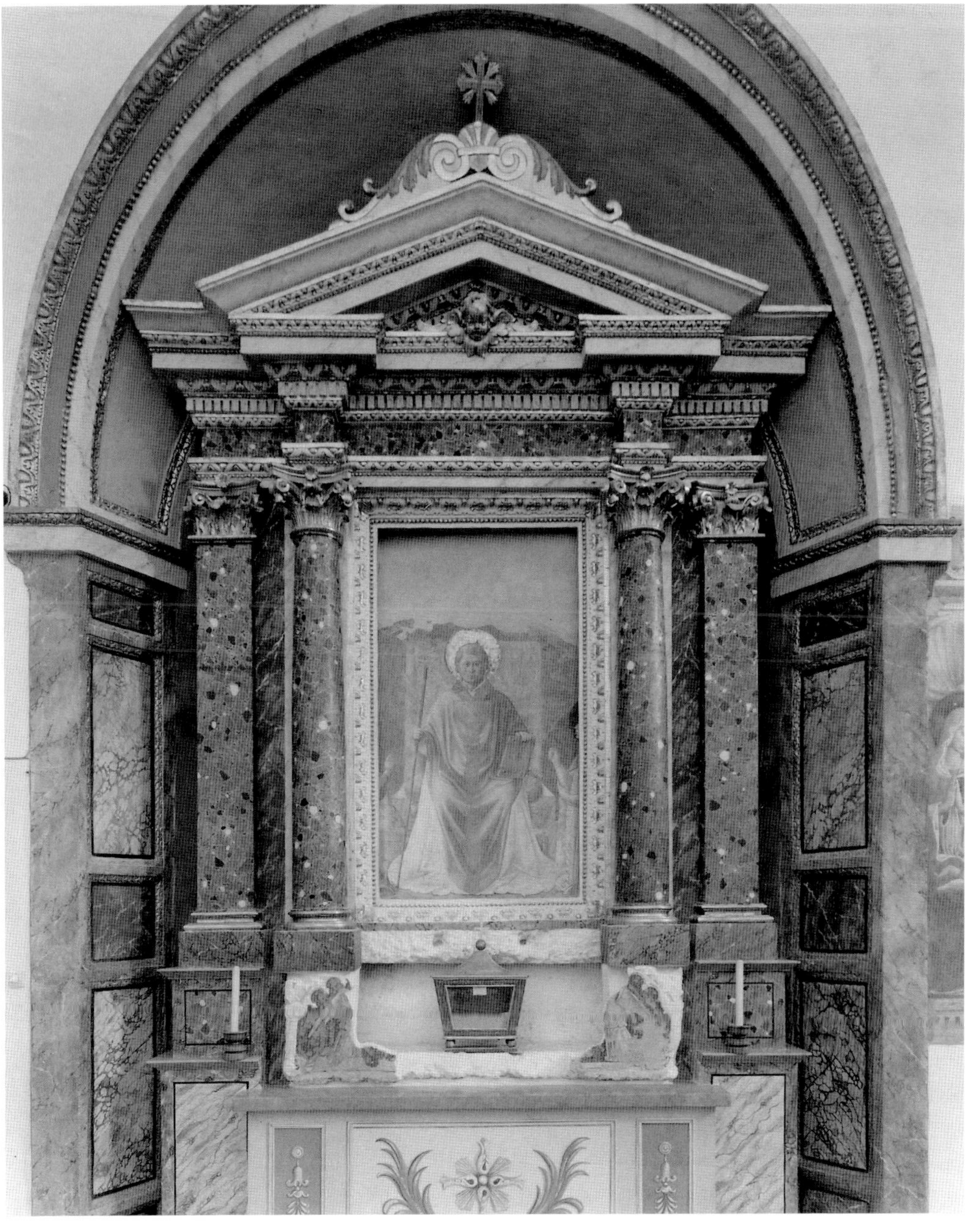

Beato Angelico, Benozzo separò le scene con stretti pilastri dipinti per distinguere ogni episodio senza intralciare il flusso della narrazione. Le composizioni attentamente strutturate suggeriscono l'abilità inventiva di Benozzo nell'organizzare lo spazio e nel rendere l'architettura in prospettiva, come nell'*Annunciazione* ispirata alla pala dell'Angelico per San Domenico a Cortona, e nell'austera *Presentazione al Tempio*. Il dramma è creato attraverso la luce, esattamente come nella notturna *Adorazione del Bambino* rifulgente dello splendore del Bambino Gesù.

Due opere per la chiesa di San Fortunato celebravano le origini e l'antichità

8. Benozzo Gozzoli, *San Fortunato*, 1450 ca., Montefalco, chiesa di San Fortunato.

9. Sarcofago di san Severo (V secolo d. C.) con *Ecce Homo* e due *Angeli* dipinti da Benozzo Gozzoli, 1450 ca., Montefalco, chiesa di San Fortunato.

10. Benozzo Gozzoli, *Angelo*, particolare della fig. 9.

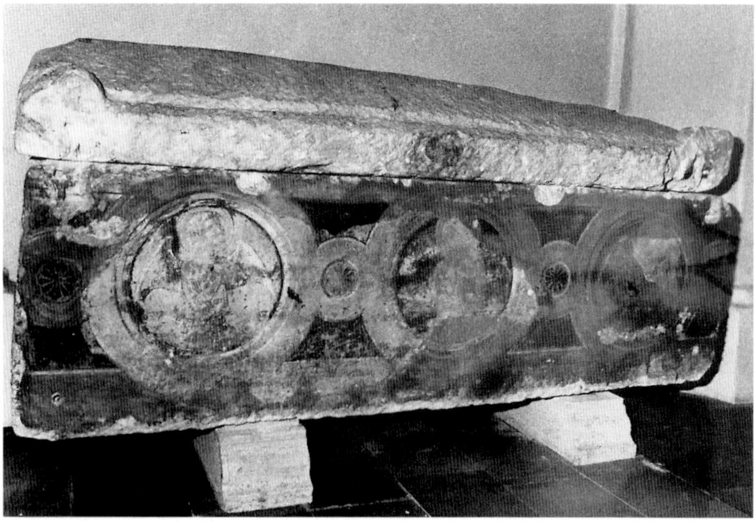

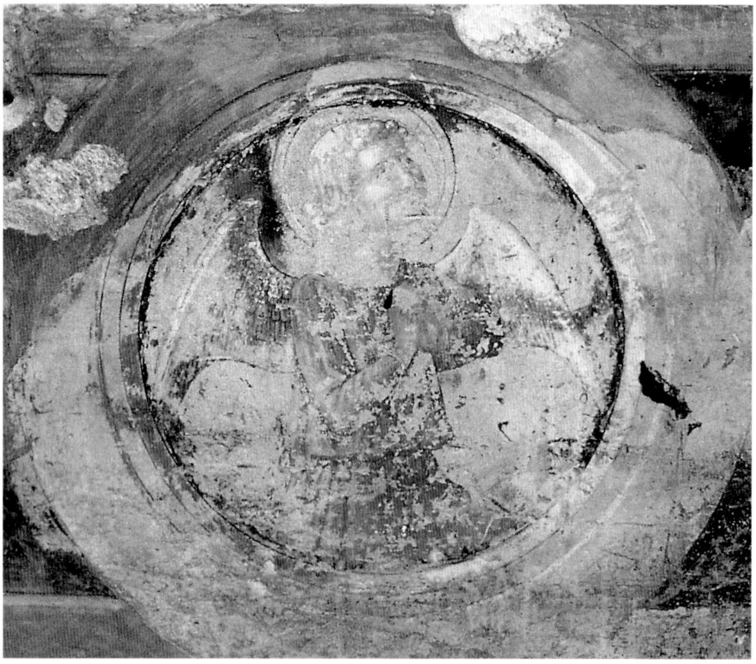

di questo *locus sanctus*: l'affresco staccato, frammentario, di San Fortunato (fig. 8) sulla parete meridionale della chiesa, in parte distrutto quando l'altare fu rimodernato nel 1829[38]; e il sarcofago-reliquiario di san Severo con *Ecce Homo* e *Angeli* (figg. 9, 10), rimosso dalla collocazione originaria e ora in una cappella vicino all'entrata della chiesa. Al tempo di Benozzo, gli altari di San Fortunato e San Severo erano l'uno di fronte all'altro da una parte all'altra della navata[39]. Questo evidentemente indica il loro ruolo complementare nella vita religiosa della città, come era commemorato nella più antica *Vita* sopravvissuta di san Fortunato[40]. Considerato l'omaggio reso a san Severo come fondatore originario della chiesa ed esempio di pietà, si potrebbe provare a ipotizzare che un'immagine, ora perduta, del santo potesse ben essere stata affrescata sopra il suo sarcofago-reliquiario come integrazione e controparte dell'affresco di Fortunato.

I rifacimenti della chiesa hanno irrimediabilmente alterato la cappella di San Fortunato. In origine l'affresco potrebbe essere stato dipinto all'interno di una nicchia, come suggerisce il bordo superiore centinato; restano solo frammenti degli angeli che erano simmetricamente inginocchiati ai suoi piedi e incensavano l'altare. L'originaria pala d'altare e il sarcofago-reliquiario furono rimossi, quest'ultimo durante una verifica delle reliquie nel 1740, quando fu malamente danneggiato[41]. Sebbene sopravvivano frammenti del sarcofago-reliquiario dipinti con angeli, la superficie è troppo abrasa per avanzare qualsiasi attribuzione. Nonostante queste alterazioni e altri danni, l'immagine rivela convincentemente il carisma dell'originale affresco di Benozzo.

Con una diretta allusione all'antichità di questo *locus sanctus* e in accordo con la tradizione, Benozzo rappresentò san Fortunato in modo consapevolmente arcaicizzante. Nello stile e nello spirito, l'affresco richiama e si uniforma alle immagini tardo-medievali del santo, come quelle conservate in Santa Chiara a Montefalco[42]. Il tonsurato san Fortunato è frontale e ieraticamente imponente, il potente protettore della popolazione, seduto su un trono ricoperto di broccato e nell'atto di esibire un libro. Nella mano destra è il leccio fiorito in cui, secondo la sua *Vita*, fu miracolosamente trasformato il suo pastorale. Gli angeli incensieri avrebbero enfatizzato le qualità religiose, arcaiche dell'immagine, accentuandone la frontalità e la simmetria. Nello stesso tempo, Benozzo infuse nel santo la sensibilità dell'arte del Quattrocento fiorentino. La casula di color rosa cade in pieghe profonde e scultoree, il drappeggio è raggiante di luce, e le sue mani sono scorciate. Lo studio di Benozzo delle figure sedute degli *Evangelisti* di Donatello e Nanni di Banco per la facciata occidentale del Duomo di Firenze potrebbe essere indicato come fonte di ispirazione per il drappeggio fortemente modellato e la presenza prominente, fisica, del santo. Un controllato chiaroscuro modella i contorni luminosi del viso e i suoi occhi attraggono quelli dello spettatore. Nel dipingere san Fortunato, Benozzo ha ravvivato un'immagine tradizionale. In questo senso, san Fortunato esplicitamente esprimeva l'ideale di *renovatio* religiosa che ispirava la riforma del monastero come congregazione osservante.

Con lo stesso spirito di rinnovamento, Benozzo dipinse i medaglioni con *Ecce Homo* e due *Angeli* sul sarcofago tardo-antico (V secolo d.C.) contenente le reliquie di san Severo. Niente si conosce della sua originale collocazione ma, come abbiamo tentato di proporre, la cappella di San Severo potrebbe essere stata adornata con l'immagine del santo. Il sarcofago conserva una minima parte della superficie dipinta; le figure sono piuttosto danneggiate e abrase fino al disegno sottostante e solo il porfido e il granito simulati sullo sfondo e uno degli angeli conservano qualcosa del colore originale. Per quanto sfortunata possa essere la scadente condizione dell'opera, paradossalmente è utile per confermare l'autografia di Benozzo, talvolta messa in discussione. Sia la linea finemente flessuosa che le proporzioni e le fattezze del Cristo e degli angeli sono del tutto coerenti con le opere umbre dell'artista, in particolare con l'*Arcangelo* di San Domenico a Foligno e l'*Annunciazione* di Narni. Anche il modellato luminoso, la fisionomia e l'intensa espressione dell'angelo meglio conservato (sulla sinistra) attestano la mano di Benozzo.

Il problema che pone quest'opera non riguarda la sua autografia ma, in primo luogo, la ragione per cui il sarcofago-reliquiario fu decorato. Proporrei che questo fu voluto da fra Antonio come gesto per *rinnovare* il voto di san Severo di costruire un santuario degno di san Fortunato e del *comune* di Montefalco. Con la ricostruzione della pieve e del monastero e con l'affresco di San Fortunato, s'intendeva onorare il committente originario e la chiesa che costruì. Ciò esprime l'ideale di rinnovamento religioso che suggeriva a fra Antonio di creare un monastero osservante dalle rovine di San Fortunato.

Un'altra opera è stata associata alla chiesa di San Fortunato: una *Crocifissione con le Tre Marie, Giovanni evangelista, Antonio da Padova, Onofrio, Francesco d'Assisi e un altro santo* (fig. 13 a pag. 49), pubblicata da Roberto Longhi nel 1960, quando si trovava in una collezione privata a Parigi[43]. Si ritiene che la tavola – che si dice venduta dopo la seconda guerra mondiale a un collezionista non identificato – abbia costituito l'anta di un armadio nella sacrestia di San Fortunato[44], sebbene non ci sia conferma della sua provenienza nell'Archivio provinciale della Porziuncola[45]. Nello stesso tempo, il suo stile nonché la presenza di san Francesco e Antonio da Padova – il santo patrono di fra Antonio da Montefalco – suggeriscono che possa essere stata commissionata per San Fortunato da fra Antonio. I drammatici ritmi compositivi, le vibranti lumeggiature del drappeggio e i tipi fisionomici corrispondono a quelli della cornice e della predella dell'*Assunzione*. Per la Vergine che sviene sostenuta dalla Maddalena, l'afflitto evangelista e il *poverello* inginocchiato per abbracciare i piedi del Salvatore, la *Crocifissione* è fra le più toccanti prime opere di Benozzo, che esprime un *pathos* emotivo e spirituale del tutto consonante con la devozione francescana a Cristo crocifisso e alla spiritualità osservante.

Di norma, soprattutto in Umbria, gli sportelli comprendevano più episodi, che rappresentavano frequentemente diverse scene della vita di Cristo o del santo patrono del particolare ordine su ogni ala, come esemplificato dagli sportelli per Santa Maria di Turrita[46], attribuiti a Cristoforo di Jacopo da Foligno. Io proporrei invece che la *Crocifissione* possa aver formato l'ala destra di un piccolo dittico devozionale, con l'ala sinistra rappresentante una *Madonna col Bambino e angeli*. Un dittico nel Frick Art Museum of Pittsburgh (Pennsylvania, USA) è tipico di questo genere in cui il Bambino giovinetto sul grembo della Madonna è contrapposto al Salvatore crocifisso, esaltandone la risonanza e il *pathos* devozionali.

Le opere di Benozzo per San Fortunato sono fondamentali per molte ragioni. Costituiscono una prova capitale della prima maniera dell'artista, dimostrando l'influenza di Beato Angelico e di Lorenzo Ghiberti, la sua risposta all'architettura classica e rinascimentale e, in modo più rilevante, la sua integrazione della tradizione iconografica locale con il nuovo linguaggio. In modo profetico tutte queste caratteristiche dovevano ritrovarsi nelle opere che eseguì nella sua lunga carriera. Nello stesso tempo, le opere di San Fortunato sono importanti per altre ragioni. Testimoniano lo sviluppo dell'iconografia francescana nel Quattrocento, quando l'ordine fondato dal *poverello* era sottoposto a una crisi di riforma, e riflettono gli ideali di fra Antonio nel momento in cui egli cercava di fondare una comunità osservante sulle rovine dell'antica chiesa di Montefalco. Le opere conservano così la testimonianza del rinnovamento spirituale del paese e del *revival* del culto di san Fortunato alla metà del Quattrocento, quando l'associazione di Montefalco con Assisi era al culmine.

[*] Traduzione di Patrizia Di Benedetti.
[1] Nessi 1962, pp. 232-332.
[2] Sbaralea 1768, p. 253 n.1.
[3] Palmucci Genolini 1886, pp. 185-186.
[4] Stroncone 1889, pp. 185-187; Stroncone 1890, pp. 28, 69-70.
[5] Pastor 1914, p. 324.
[6] Nessi 1962, pp. 270-283; Nessi-Paoli 1995, *passim*.
[7] Nessi-Paoli 1995, pp. 103-110.
[8] Nessi 1961, pp. 472-473.
[9] Cole Ahl 1996, pp. 42-43, 289 n. 11.
[10] *Bullarium* 1929, n. 772, pp. 363-364.
[11] *Bullarium* 1929, n. 1003, pp. 493-494.
[12] Tardy 1953, p. 230.
[13] Nessi-Paoli 1995, pp. 140-141.
[14] *Bullarium* 1929, n. 1153, p. 584; n. 1253, pp. 644-645; Nessi-Paoli 1995, p. 141 n. 9, citano *documento inedito*, Assisi, Arch. Porziuncola.
[15] Toscano 1990a, pp. 20-21.
[16] Lunghi 1997, p. 20.
[17] Cole Ahl 1996, pp. 251-252.
[18] Eccetto l'affresco staccato con *Sant'Antonio da Padova, angeli e committenti*, tutti gli affreschi furono distrutti nel 1572 durante il rifacimento di Giacomo della Porta della cappella. Ad ogni modo si potrebbe proporre che l'aspetto di due dei perduti affreschi si possa riflettere nella cappella di Sant'Antonio da Padova in San Francesco a Montefalco, affrescata da Jacopo Vincioli, il più diligente seguace di Benozzo: è possibile che Jacopo conoscesse i disegni degli affreschi nell'Aracoeli o avesse visto la cappella. A mio avviso, l'ambientazione, l'architettura (specialmente l'attenta resa dei capitelli), la prospettiva, la disposizione delle figure sul primo piano, e i gesti drammatici rivelano senza dubbio l'influenza di Benozzo, se non il suo diretto esempio.
[19] Cole Ahl 1996, p. 43.
[20] Nessi 1962, p. 274, n. 109.
[21] Cole Ahl 1996, p. 43.
[22] Lunghi 1997, p. 22.
[23] Fantozzi 1922, p. 139.
[24] Di Fonzo 1947, pp. 3-102.
[25] Cole [Ahl] 1977, pp. 95-100.
[26] Tertulliano 1953, p. 67.
[27] Da Campagnola 1971, *passim*.
[28] Bonaventura 1868, pp. 132-157.
[29] Bonaventura 1868, p. 466.
[30] Cole Ahl c.s.
[31] Bragazzi 1864, *passim*; Chiuni 1980, pp. 199-231.
[32] Nesselrath 1999, pp. 80-92.
[33] Lunghi 1997, p. 27.
[34] Habig 1983, p. 699; Cole Ahl 1996, p. 289, n. 22.
[35] Bulletti 1935, pp. 148-156.
[36] Bernardino da Siena 1880, pp. 7-34.
[37] Bernardino da Siena 1950-65, I, pp. 161-180.
[38] Lunghi 1997, p. 26.
[39] Lunghi 1997, p. 26.
[40] Nessi-Paoli 1995, pp. 21-33, 175-185.
[41] Lunghi 1997, p. 26.
[42] Vedi Nessi-Paoli 1995, tavole XIV, XV, XVIII e XIX.
[43] Longhi 1960, pp. 3-7.
[44] Nessi 1980, p. 95.
[45] Lunghi 1997, p. 30.
[46] Bellelli 1990b, p. 181.

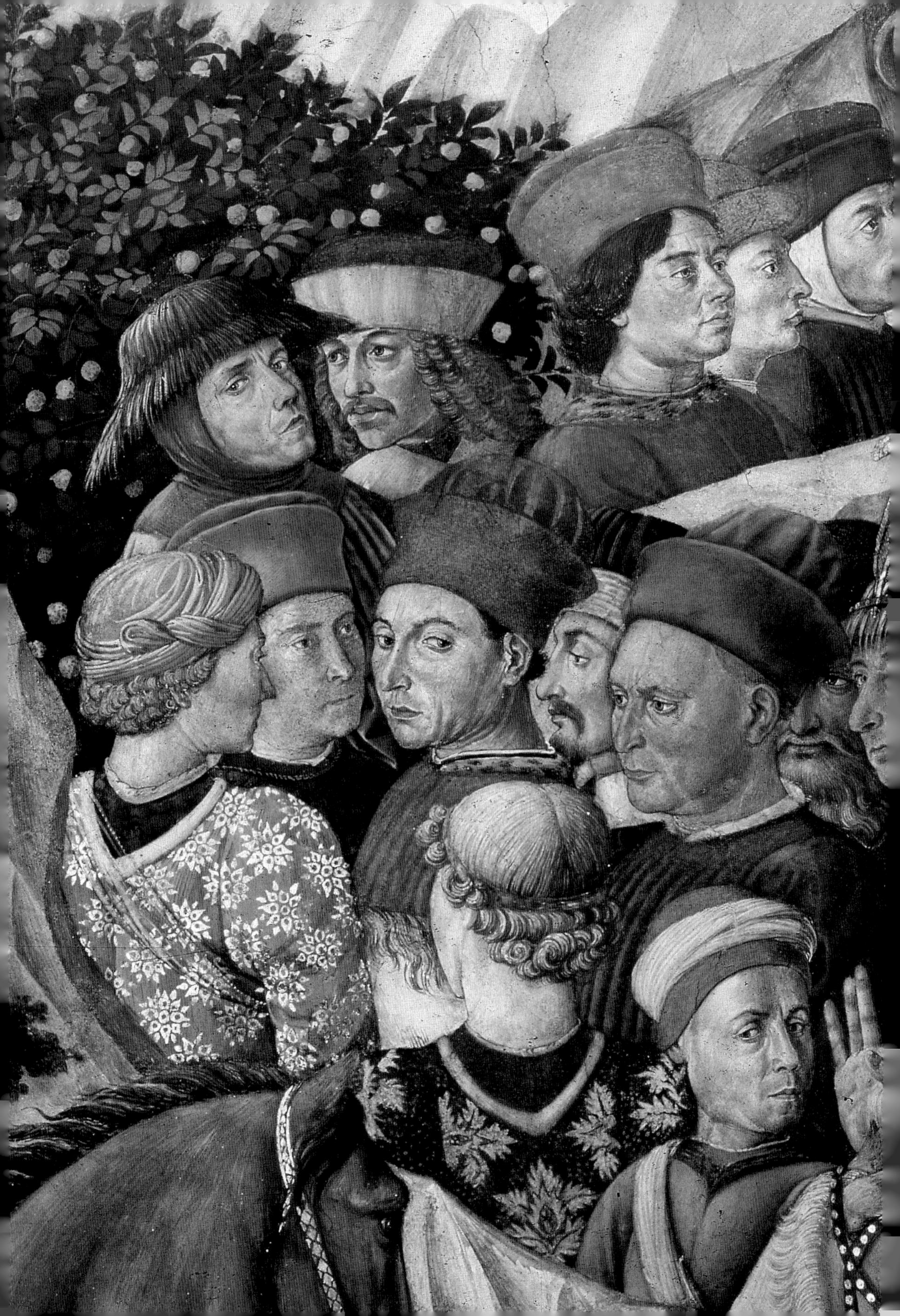

"... el brochato ell-altre chose". Benozzo, la cappella dei Magi e il gradimento mediceo

Cristina Acidini Luchinat

1. Benozzo Gozzoli, *Viaggio dei Magi*, particolare della parete occidentale, Firenze, Palazzo Medici Riccardi, cappella dei Magi.

È probabile che mai si conosceranno nei dettagli le circostanze che indussero Benozzo Gozzoli a tornare a Firenze e a mettersi al servizio dei Medici per dipingere le pareti della loro cappella nel palazzo familiare in via Larga, a meno che non emergano documenti risolutivi. Conclusi i lavori a Montefalco nel 1452, e morto l'Angelico nel 1455, egli aveva continuato a dipingere nei centri dello Stato pontificio, Roma compresa, non senza occasionali ritorni a Firenze, finché nella tarda primavera del 1459 – così è ragionevole credere, almeno – ricevette l'importantissimo incarico mediceo.

Pur senza che sia resa esplicita, circola nelle pagine dei testi dedicati a Benozzo la considerazione che a quella data pochi, pochissimi erano i frescanti attivi a Firenze in grado di soddisfare le esigenze della maggior famiglia fiorentina[1]. Erano morti nel 1457 Andrea del Castagno e il Pesellino. Domenico Veneziano, non lontano dalla morte che lo avrebbe colto nel 1461, aveva rallentato l'attività al punto di abbandonare il cantiere pittorico della chiesa di Sant'Egidio. L'artista che meglio avrebbe corrisposto ai desideri medicei era con ogni verosimiglianza Filippo Lippi, al quale del resto era stato affidato il primo atto della decorazione pittorica della cappella: la pala d'altare con l'*Adorazione del Bambino*, fulcro prospettico e devozionale dell'intero ambiente[2]. L'irrequieto pittore carmelitano però si era trasferito da qualche anno a Prato e qui, com'è noto, si era reso protagonista di una complicata vicenda amorosa che, iniziando con la seduzione della monaca Lucrezia Buti nel 1456, stava proseguendo con la nascita di Filippino, la rinunzia ai voti da parte dei genitori e, con la dispensa papale, il matrimonio, mentre andava avanti la dipintura della cappella di Santo Stefano nel Duomo della città. Per i Medici, in quel periodo agitato, Filippo non riuscì a dipingere più che uno stendardo, che Giovanni de' Medici donò ad Alfonso d'Aragona nel 1456, e poi appunto la pala della cappella[3].

Era rimasto Alesso Baldovinetti, il dotato allievo dell'Angelico che, padrone della tecnica dell'affresco, stava completando il ciclo lasciato interrotto da Domenico, e avrebbe di lì a poco affrescato la *Natività* alla Santissima Annunziata (1460). Viveva ancora Paolo Uccello, autore delle memorabili *Storie bibliche* nel Chiostro Verde di Santa Maria Novella e del ritratto equestre di *Giovanni Acuto* in Santa Maria del Fiore, gradito ai Medici ma non quanto si credeva, poiché ora si sa che le tre tavole della *Battaglia di San Romano* furono dipinte per i Bartolini Salimbeni e che raggiunsero il palazzo mediceo solo verso il 1480-85[4]. Proprio nel 1459 Antonio del Pollaiolo mise su col fratello Piero bottega di orafo e pittore, anche se probabilmente i due artisti erano ancora troppo vicini agli esordi per dare affidamento.

È possibile dunque che la relativa rarità di frescanti affermati nella Firenze del sesto decennio del Quattrocento portasse i committenti a guardarsi intorno con maggior attenzione, o a spingere lo sguardo più lontano, fino a considerare con favore Benozzo, un pittore ormai maturo – trentasettenne

– che dopo dodici anni passati a viaggiare e lavorare nell'Italia centrale stava riallacciando rapporti con la città d'origine, anche in vista di sistemare le questioni contrattuali e logistiche del suo matrimonio.

Che giocasse a favore del Gozzoli la formazione e l'associazione con l'Angelico, pittore assai stimato dai Medici e specialmente da Cosimo, sembra non esservi dubbio. Ma poiché è probabile che fin dall'inizio i committenti progettassero di riversare nella decorazione parietale della cappella familiare, attraverso il varco del soggetto sacro, una quantità di immagini, divise, simboli e dettagli di carattere secolare e cortese (specialmente se è vero quel che si è talora sostenuto, che Cosimo intendesse competere pur a distanza di oltre trent'anni con l'indimenticabile *Adorazione dei Magi* di Gentile da Fabriano per il rivale sconfitto Palla Strozzi), altri saranno stati i requisiti che ci si attendevano dal pittore. E come Benozzo avrà dimostrato di possederli? Quali informazioni di lui avranno i Medici – Cosimo e Piero – recuperato, e come? Sarà bastata la fama, certo acquisita con l'abside di Montefalco, di frescante sicuro e dominatore degli spazi dipinti, tanto urbani quanto rurali? Gli avrà giovato la felice riuscita dei ritratti inseriti dentro e ai bordi delle storie francescane, che faceva ben sperare gli esigenti clienti fiorentini? Saranno giunti referti incoraggianti sulla pala di San Fortunato (del 1452, oggi a Vienna), così sapientemente commista di naturalismo nel fondale boschivo, e di splendore insieme devoto e suntuario

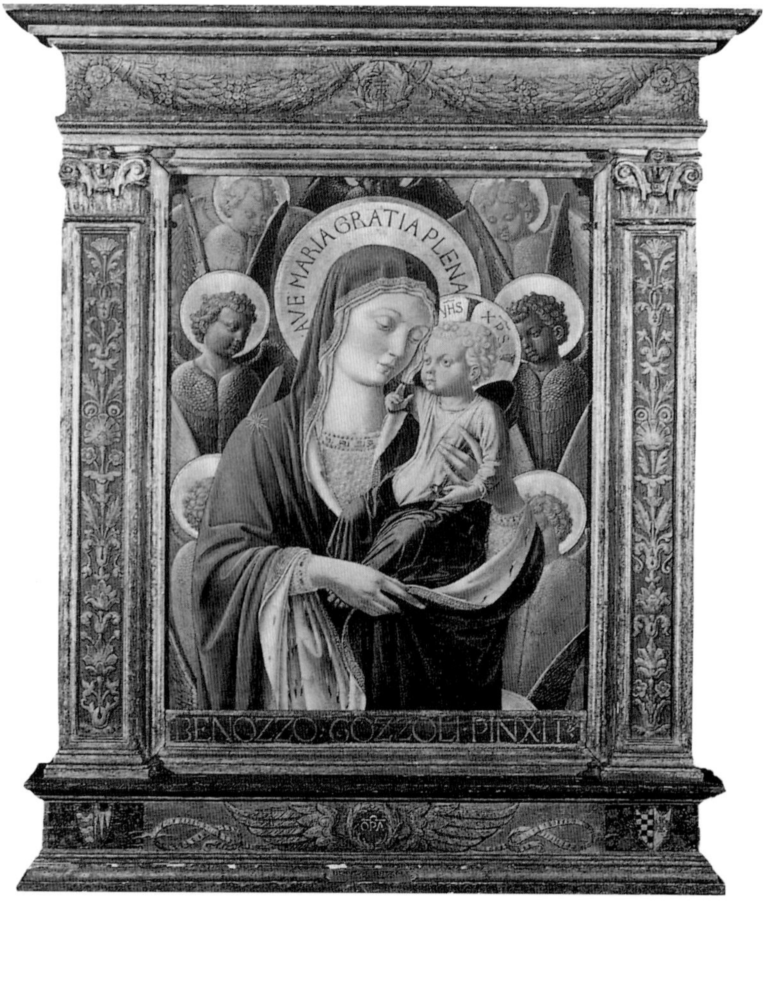

2. Benozzo Gozzoli, *Madonna col Bambino e nove angeli*, Detroit Institute of Arts.

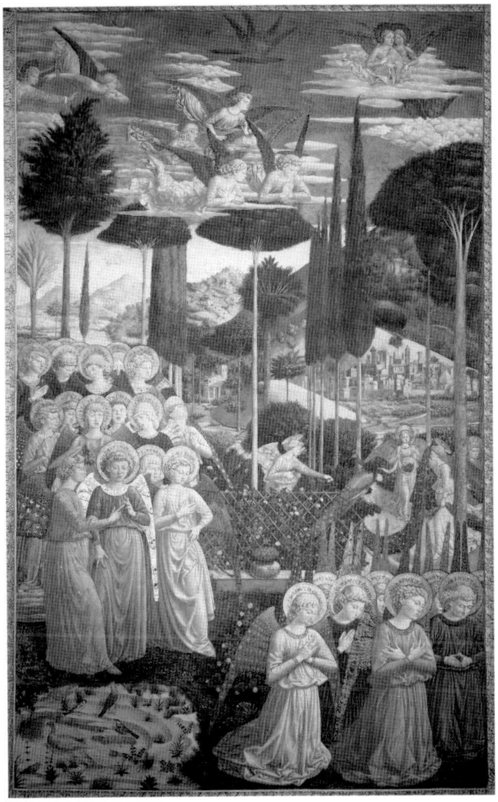

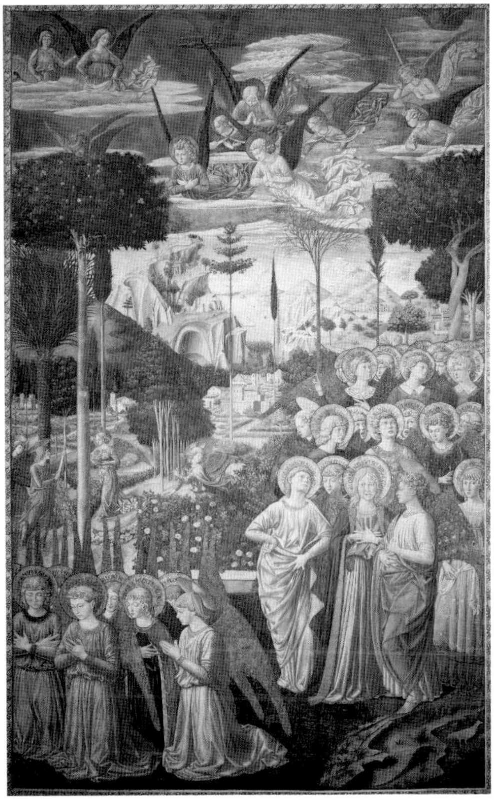

3-4. Benozzo Gozzoli, *Schiere angeliche*, pareti della scarsella, Firenze, Palazzo Medici Riccardi, cappella dei Magi.

nelle figure in primo piano? Avrà avuto successo la pala della Sapienza Nuova di Perugia, del 1456, eseguita per il vescovo di Recanati? Questi interrogativi, e altri ancora, sono destinati a restare senza risposta, anche per la perdita del ciclo d'affreschi in Viterbo, che rappresentava un segmento importante dell'attività di Benozzo sul punto di portarsi a Roma per l'incoronazione di Pio II, nel 1458, allorché dipinse le prestigiose insegne della cerimonia o *regalia*, naturalmente perdute.

In verità, anche se non si è mai discussa apertamente l'ipotesi, sembra verosimile che Benozzo si introducesse presso i Medici, guadagnandosene la fiducia in vista dell'importantissima dipintura della cappella, con un'opera destinata appositamente a loro: in particolare, è da credere, all'anziano Cosimo, che aveva fino allora seguito personalmente la progettazione e l'edificazione del palazzo. Alla ricerca di un'opera del *corpus* gozzoliano che risponda ai probabili requisiti, proporrei di riconsiderare in questa luce uno dei quadri più misteriosi del pittore, del quale non conosciamo la destinazione né la data: la *Madonna col Bambino e nove angeli* del Detroit Institute of Arts (fig. 2). La tavola, di medie dimensioni (cm 64,7 x 50,8), mostra di aver subito in passato delle decurtazioni su tutti e quattro i lati, e specialmente in basso; un dato che, per quanto evidente, non è stato particolarmente sottolineato, forse per riguardo alla famiglia Ford, proprietaria e poi donatrice del quadro al museo, nonché sostenitrice abituale del museo stesso. In assenza di notizie documentarie[5], la tavola viene datata tramite considerazioni stilistiche. Datata a partire dal Valentiner[6] verso il 1460, essa risalirebbe quindi alla prima parte del soggiorno fiorentino di Benozzo, durato

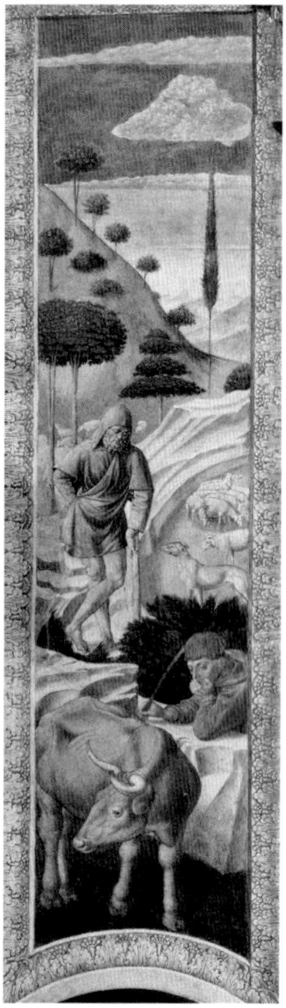

5. Benozzo Gozzoli, *Pastori*, Firenze, Palazzo Medici Riccardi, cappella dei Magi.

dalla primavera del 1459 all'inizio del 1464. Ma mentre John Pope Hennessy, accostandola alla *Madonna e santi* (pala della Purificazione) a Londra, dipinta a Firenze nel 1461, la considerava evidentemente in rapporto alla sola attività fiorentina[7], la Padoa Rizzo segnalava un'affinità stilistica anche con la pala della Sapienza Nuova di Perugia, dunque situando l'opera a far da ponte tra l'attività umbra e le opere fiorentine[8]. La Cole Ahl poi la riferiva decisamente al periodo umbro e laziale di Benozzo, insistendo sulle analogie con i dipinti tra il 1450 e il 1456 e in particolare con la *Madonna* nella cattedrale di Sermoneta, che però la Padoa Rizzo aveva collocato nel 1458, quale *ex voto* per la fine di una pestilenza[9].

Ora, l'analogia tra la tavola di Sermoneta e la *Madonna* di Detroit resta in superficie, poiché mentre la prima mostra una raffigurazione completa delle nove gerarchie angeliche disposte ordinatamente a coppie tutt'intorno alla Madonna seduta con la città in miniatura nel grembo, la seconda rappresenta la Madonna col Bambino circondata e quasi stretta in una vivente compagine (quel che resta di una mandorla?) di cherubini e serafini, le sole due massime gerarchie angeliche, ardenti di luce rispettivamente azzurra e rossa. La riduzione delle dimensioni, tuttavia, non permette di valutare quale fosse veramente la composizione della *Madonna* di Detroit, che potrebbe anche essere (ma occorrerebbe esaminare il supporto da tergo per dar sostegno all'ipotesi) la parte centrale di un dipinto assai più grande. Questa *Madonna* dunque sembra raggiungere, nella sua concentrata raffinatezza d'impaginato e di materia pittorica, il punto d'arrivo dell'esperienza umbro-laziale di Benozzo, alla vigilia di un soggiorno, quello fiorentino, che avrebbe agito sui suoi modi espressivi inducendolo ad abbandonare, per esempio, certi calligrafismi un poco leziosi, e a ripetere invece effetti preziosi, come le bordure gemmate ottenute con lievi risalti in stucco, che si ritrovano negli angeli della cappella dei Magi. D'altronde, i precedenti cui la tavola di Detroit sembra rimandare andrebbero ricercati in ambito fiorentino piuttosto che nell'Italia centrale. E in ambito fiorentino, singolarmente, non tanto nel *corpus* dell'Angelico (dal quale pure Benozzo desunse molte sue invenzioni), quanto da episodi al confine tra la scultura e la pittura. Il primo è la fascia di cherubini e serafini in tondi in terracotta dipinta che ricinge la Sagrestia Vecchia in San Lorenzo, la cui costruzione fu completata nel 1432: una commissione di Cosimo de' Medici che vide protagonisti il Brunelleschi e Donatello, anche se quegli angioletti in terracotta vengono dubitativamente riferiti a Luca Della Robbia[10]. Il secondo, la vetrata raffigurante l'*Incoronazione della Vergine* nell'occhio orientale del tamburo del Duomo, disegnata dal grande scultore Donatello ed eseguita nel 1434-37 (tra le sue rarissime opere "pittoriche"), dove la scena è racchiusa in un anello illusionisticamente strombato, composto da una serrata sequenza di angelici corpi piumati azzurri e rossi. La particolarissima *Madonna* di Detroit, quindi, avrebbe diversi requisiti per candidarsi come omaggio e prova inviata da Benozzo ai suoi potenziali committenti: rappresenta la conclusione del periodo trascorso dal pittore nell'Italia centrale, contiene spunti che saranno sviluppati nel soggiorno fiorentino, richiama certo non casualmente immagini plastico-pittoriche di grande visibilità e prestigio in Firenze. E poiché queste risalgono a circa venticinque anni prima, si potrebbe vedere in questa scelta un poco *retro* il proposito di compiacere il più anziano dei due "padroni di casa", Cosimo, la cui opinione era probabilmente risolu-

tiva nella scelta del pittore. Confermerebbe questa ipotesi il ben noto ma pur sempre illuminante episodio del trattamento dei cherubini e serafini dipinti da Benozzo nei cieli della scarsella, al di sopra degli angeli oranti e volanti, che restarono invisi a Piero il Gottoso, figlio di Cosimo, così da finire almeno in parte coperti da successivi strati pittorici[11]: segno che la smaltata *testudo* bicroma d'angeli nella tavola di Detroit, se la sua destinazione era come credo medicea, doveva piacere (e piacque) a Cosimo, mentre Piero, incaricato poi di fatto di seguire i lavori, per le sue inclinazioni più aggiornate e ricercate rifuggiva da inserti iconografici sorpassati o sentiti come provinciali.
Che cosa potesse attrarre Piero, della pittura di Benozzo, non è impossibile da capire. Il suo interesse per il ritratto era stato già testimoniato dal busto che Mino da Fiesole aveva scolpito nel 1453, appartenente alla serie dei ritratti virili fiorentini in terracotta policroma e marmo che intorno alla metà del secolo era ormai notevole, avendo per capostipite la ritrattistica di Donatello, incluso nel 1456 dall'umanista Bartolomeo Facio nel suo *De viris illustribus* con il commento: "Donatello [...] è molto noto per le sculture in bronzo e in marmo perché riesce a dare vita ai volti delle sue figure, e in questo condivide la gloria degli antichi maestri"[12]. Alla metà del secolo, in pittura si annoveravano ritratti per lo più negli affreschi di grande visibilità, spesso scene religiose in edifici ecclesiastici, in confronto con una ritrattistica in pittura da stanza ancora infrequente. In effetti, la Cavalcata dei Magi che si snoda sulle tre pareti dell'aula è gremita di ritratti, quale più quale meno riconoscibile, la cui identificazione è ancora *in progress*, come dimostra l'individuazione recente di papa Pio II Piccolomini, mescolato senza onori particolari alla folla del corteo che segue il mago Gaspare, a riprova della freddezza reciproca che Cosimo e il pontefice senese si manifestarono in occasione del passaggio di lui per Firenze, nel 1459[13]. Si può inoltre inferire che Piero tenesse non solo alla propria effigie (e a quelle dei familiari, dei soci e degli alleati), ma anche alla restituzione meticolosa degli abiti dalle belle stoffe, degli ornamenti preziosi, degli attributi di ognuno, dal momento che nel settembre 1459 il pittore dovette assicurargli che avrebbe dipinto "el brochato ell-altre chose" al momento giusto, ovvero insieme con le figure.
Nel progettare le pitture murali per le pareti della scarsella e dell'aula della cappella, che l'architetto Michelozzo accortamente aveva isolato dalle muraglie possenti del palazzo, soggette a pericolosi assestamenti statici, così da farne una splendida "scatola" racchiusa ma non compressa nelle strutture circostanti, Benozzo dovette tener conto dell'importante antefatto iconografico e compositivo della pala d'altare di Filippo Lippi, e al tempo stesso subordinare le sue invenzioni alle partiture spaziali stabilite da Michelozzo e dagli artefici che lo affiancavano. È possibile inoltre che il pittore fosse diviso tra le inclinazioni diverse di Cosimo e Piero – il più anziano, probabilmente, cultore di immagini devote dallo splendore rassicurante e un poco arcaico, il più giovane ansioso di significare la magnificenza della famiglia sulle pareti della cappella domestica, così da farne un'epitome figurativa di successo economico non meno che di criptopotere politico – in un rapporto che era per di più mediato dal fiduciario e vicino dei Medici Roberto Martelli[14]. Nonostante questi condizionamenti, o forse sollecitato dalle sfide che essi gli rappresentavano, il Gozzoli con il suo ciclo murale comprenden-

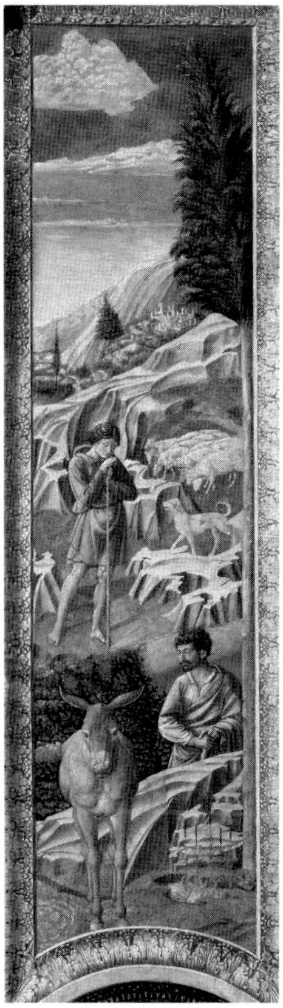

6. Benozzo Gozzoli, *Pastori*, Firenze, Palazzo Medici Riccardi, cappella dei Magi.

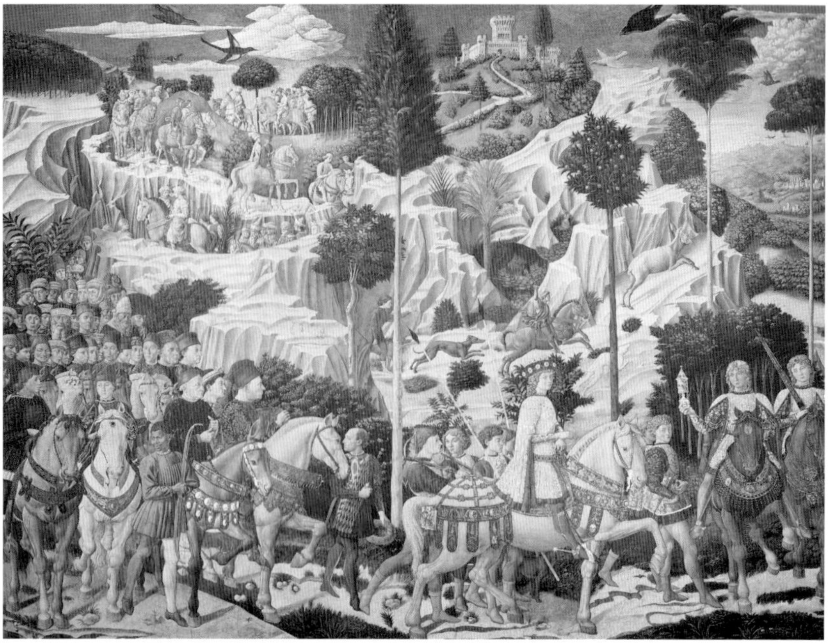

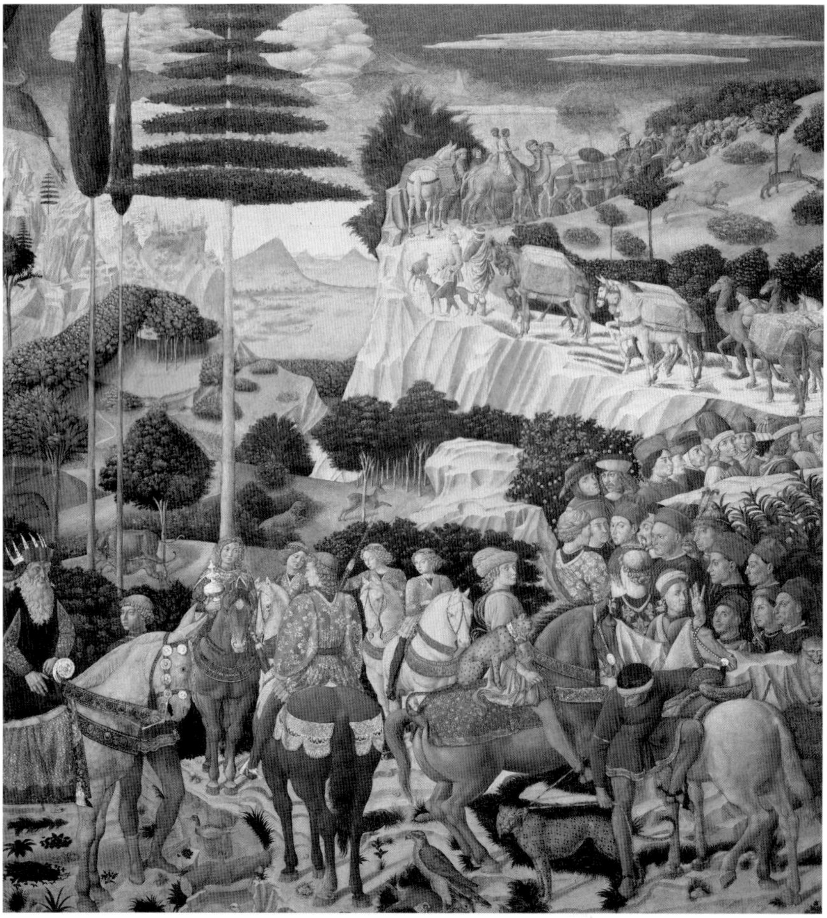

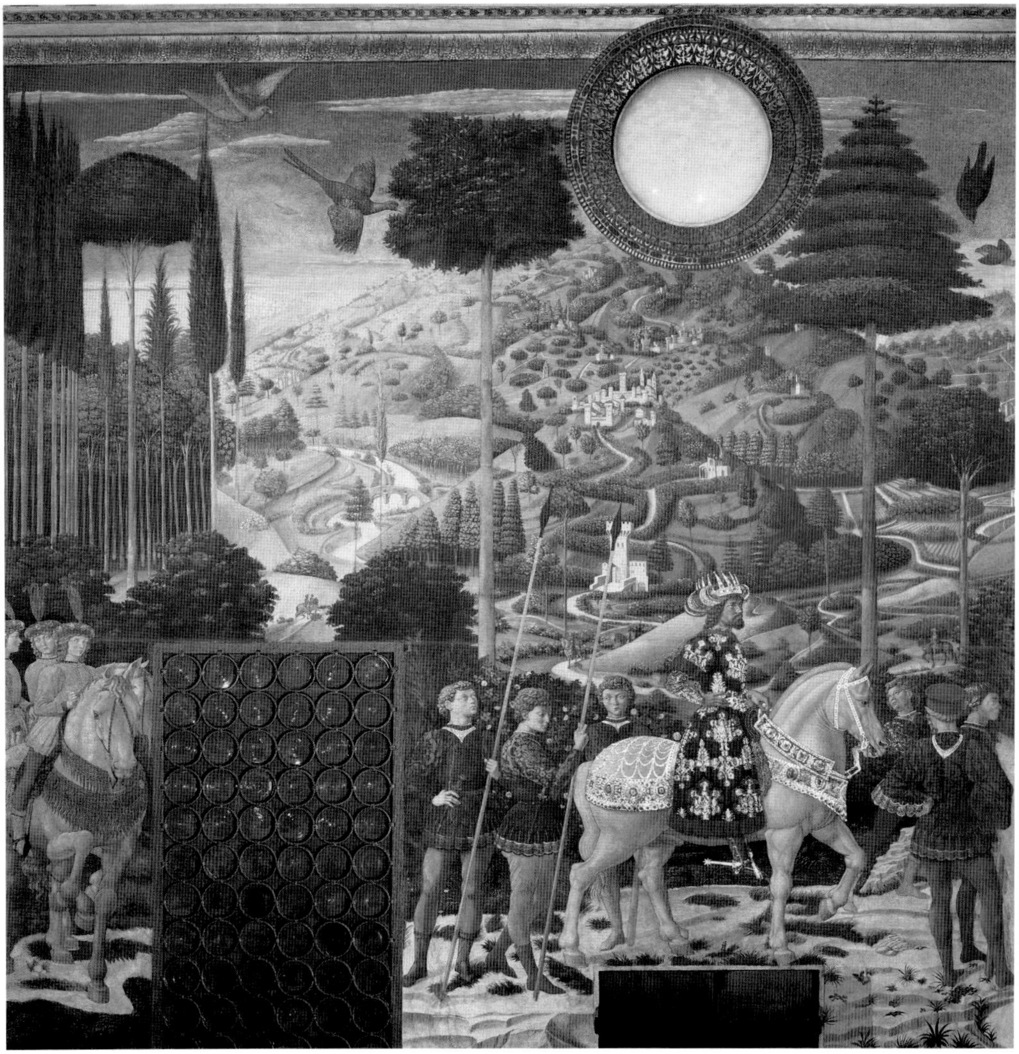

te i quattro *Simboli degli evangelisti* nella parete d'altare (solo due sono rimasti), le *Schiere angeliche* nella scarsella, l'*Attesa dei pastori* sulle facciuole delle sagrestie (figg. 5-6), e il *Viaggio dei Magi* alle pareti dell'aula (figg. 1, 7-9), senza dimenticare l'*Agnello mistico sull'altare* sopra la porta d'ingresso originale, fece della cappella dei Magi uno di quei luoghi d'Italia (molti, ma non moltissimi) in cui la storia e le arti sembrano addensarsi, fino a raggiungere un grado assolutamente eccezionale di testimonianza del passato. Le vicende storiche hanno inciso profondamente sulla conservazione degli apparati decorativi in cappella. Ma lo splendore del ciclo pittorico e degli ornamenti architettonici, sostanziato di intensità storica e simbolica non meno che di ricchezza artistica e materica, alla lunga ha resistito, rinnovandosi anche attraverso i diversi restauri, che nel lontano passato e sino al primo Novecento hanno meticolosamente reintegrato e risarcito le perdite, e sul finire del secolo scorso (1988-92) hanno consolidato i dissesti strutturali, liberando da strati offuscanti e mortificanti di sporco e vernici alterate le gloriose superfici dei legni, dei marmi, delle pitture[15]. Le analisi, che l'Opifi-

7. Benozzo Gozzoli, *Il viaggio dei Magi*, parete orientale, Firenze, Palazzo Medici Riccardi, cappella dei Magi.

8. Benozzo Gozzoli, *Il viaggio dei Magi*, parete occidentale, Firenze, Palazzo Medici Riccardi, cappella dei Magi.

9. Benozzo Gozzoli, *Il viaggio dei Magi*, parete meridionale, Firenze, Palazzo Medici Riccardi, cappella dei Magi.

cio delle Pietre Dure fornì e interpretò per tutta la durata dell'intervento di restauro, svolto di concerto con le Soprintendenze fiorentine, rivelarono la sperimentale e avventurosa distribuzione dei colori che Benozzo Gozzoli aveva operato nel dipingere i due soggetti principali, il *Viaggio dei Magi* nell'aula e le *Schiere angeliche* nella scarsella: oro, argento, lacca rossa e oltremare azzurro, tutti pigmenti pregiati, applicati "a secco" con colle vegetali sul muro, intervallati a stesure di pitture a "buon fresco" eseguite con terre. I verdi delle più varie sfumature, dal pino allo smeraldo, dall'argentato all'ocra, si erano mantenuti con straordinaria fedeltà ai timbri originari (grazie all'oscurità dell'ambiente che li aveva protetti), così da serbare intatta l'immagine armoniosa e varia del paesaggio lavorato dall'opera dell'uomo, che Benozzo aveva imparato ad amare e a comprendere nei suoi viaggi fra la Toscana, l'Umbria e il Lazio. L'oro delle aureole e delle vesti, e l'argento delle punte delle lance, nella luce appropriata (ovvero, scarsa e incerta) dovevano risplendere contro il fondale agreste che sprofonda nell'indistinto della lontananza buia; i cavalli dei Magi e dei loro seguaci dovevano risaltare con la poderosa evidenza di statue equestri in marmo. L'esecuzione minuziosa e cesellata delle pitture dava conto delle abilità molteplici di Benozzo, ch'era stato vicino al grande orafo e scultore Lorenzo Ghiberti nel "rinettare" i rilievi della Porta d'Oro del battistero fiorentino, e si era cimentato anche nella miniatura.
I diversi restauratori riuniti in consorzio seppero attuare un recupero corretto e sensibile, che salvaguardò l'equilibrato sistema dei rapporti cromatici e materici tra le varie componenti della cappella, e all'interno del ciclo pittorico nel suo insieme.
Dalle pareti della cappella, nel riverbero degli apparati preziosi che le incorniciano, le pitture di Benozzo coniugano il passato remoto della Natività e dei Magi con il presente della Firenze quattrocentesca, presentandoci il ritratto collettivo, affascinante e ancora misterioso, di una casata *prima inter pares* nella società del suo tempo: i Medici all'apogeo della pienezza familiare e della ricchezza nel felice anno 1459, dall'anziano Cosimo al figlio primogenito Piero, ai nipotini Lorenzo e Giuliano, con i consanguinei, gli alleati, gli ospiti illustri. Non è qui il luogo di ripercorrere la questione delle identità dei tanti personaggi, per la quale rimando al mio contributo del 1993 e all'aggiornamento, già ricordato, a proposito di Pio II; colgo soltanto l'occasione per replicare dopo parecchi anni a un'obiezione del Caglioti a proposito del riconoscimento del piccolo Giuliano, che egli non riteneva di identificare con il ragazzino da me indicato, mentre accoglieva l'indicazione a suo dire "pacifica" a proposito di un altro, che formerebbe un trio con il giovanissimo Lorenzo e il presunto Gentile de' Becchi[16]. Ora, torno a far osservare che a favore del "mio" Giuliano gioca la spiccata somiglianza dei suoi lineamenti, acerbi ma caratterizzati in sommo grado, con quelli del Giuliano giovane adulto, di cui sono testimonianza i ritratti del Botticelli. E per me, quale storico dell'arte, la compatibilità fra dati visivi fa aggio su ogni altro criterio, specialmente se elusivo, come lo è il senso della "gerarchia sociale" e della "relazione affettiva" (che a me sarebbe mancato) se rapportato a una cavalcata quale quella medicea, ordinata secondo protocolli cerimoniali per noi perduti e insondabili, al punto che vediamo il papa venire dopo il pittore.
Sarà comunque quanto mai opportuno che la controversa vicenda critica

delle identità degli effigiati in cappella sia riconsiderata nell'ambito del rinnovamento del percorso museale, che sta positivamente caratterizzando il palazzo Medici-Riccardi in questo inizio del XXI secolo. Infatti il ricorso al mezzo informatico permetterà ai visitatori di acquisire notizie – a livelli diversi d'approfondimento, secondo gl'interessi – o prima di salire a visitare la cappella, che per le sue ridotte dimensioni può accogliere un numero limitato di persone per un tempo dato, o anche dopo la visita, prima di uscire. Se come ci auguriamo avrà corso il progetto, attualmente allo studio, di una sala dedicata al "virtuale", una quantità d'informazioni sarà resa accessibile in diverse lingue ai visitatori senza comportare ricerche di testi specialistici in biblioteca o in libreria, e la figura di Benozzo Gozzoli, insieme con quelle dei proprietari del palazzo e gli altri artisti, diverrà familiare quanto merita a un vasto pubblico internazionale.

[1] Cole Ahl 1997, pp. 81-82.

[2] Come è noto, l'*Adorazione* fu venduta dai marchesi Riccardi e si trova oggi a Berlino, nella Neue Gemäldegalerie. Nel ripristino della cappella nel primo Novecento, essa fu sostituita da una copia di bottega proveniente da un edificio ecclesiastico ignoto di Firenze. Si veda Paolozzi Strozzi 1993.

[3] Per la cronologia dell'attività artistica di Filippo Lippi rimando a Mannini-Fagioli 1997.

[4] La *Rotta di San Romano* in tre tavole (oggi divise tra il Louvre, la National Gallery di Londra e la Galleria degli Uffizi) era nella proprietà Bartolini Salimbeni, prima nelle loro case a Firenze, poi nella villa di Santa Maria a Quinto (Caglioti 2000, vol. 2, p. 272 e nn. 276, 277n).

[5] Nulla è noto della storia collezionistica della tavola, prima della sua presenza nella raccolta del barone H. von Tucher a Vienna, sicuramente nel 1908, ma probabilmente già nel 1900, secondo un accenno epistolare di Bernard Berenson riferito da Pope Hennessy 1979.

[6] Valentiner 1933.

[7] Pope Hennessy 1979.

[8] Padoa Rizzo 1992, n. 31.

[9] Padoa Rizzo 1992, n. 27; Cole Ahl 1997, n. 11.

[10] La proposta attributiva in *Brunelleschi e Donatello*... 1989.

[11] Per la riscoperta dei cherubini celati dalla ridipintura del cielo durante il restauro, con il commento alle lettere note sull'argomento, si veda Acidini Luchinat 1993.

[12] Per la citazione e il commento si veda Avery 1986, p. 34.

[13] Cfr. Märtl 2000.

[14] Sugli aspetti socio-politici del ciclo di Benozzo Gozzoli si veda il recente contributo di Cardini 2001.

[15] Per la diagnostica e il restauro si rimanda ai contributi scientifici e tecnici di vari autori in Acidini Luchinat 1993, pp. 371 ss.

[16] Caglioti 1995, p. 41, n. 19. All'autore si deve tra l'altro il posizionamento corretto, sopra la porta d'ingresso, del distico *Regum dona preces sup[er]um. Mens Virginis ar[a]e / Sunt sacra Siste procul turba p[ro]fana pedem.*

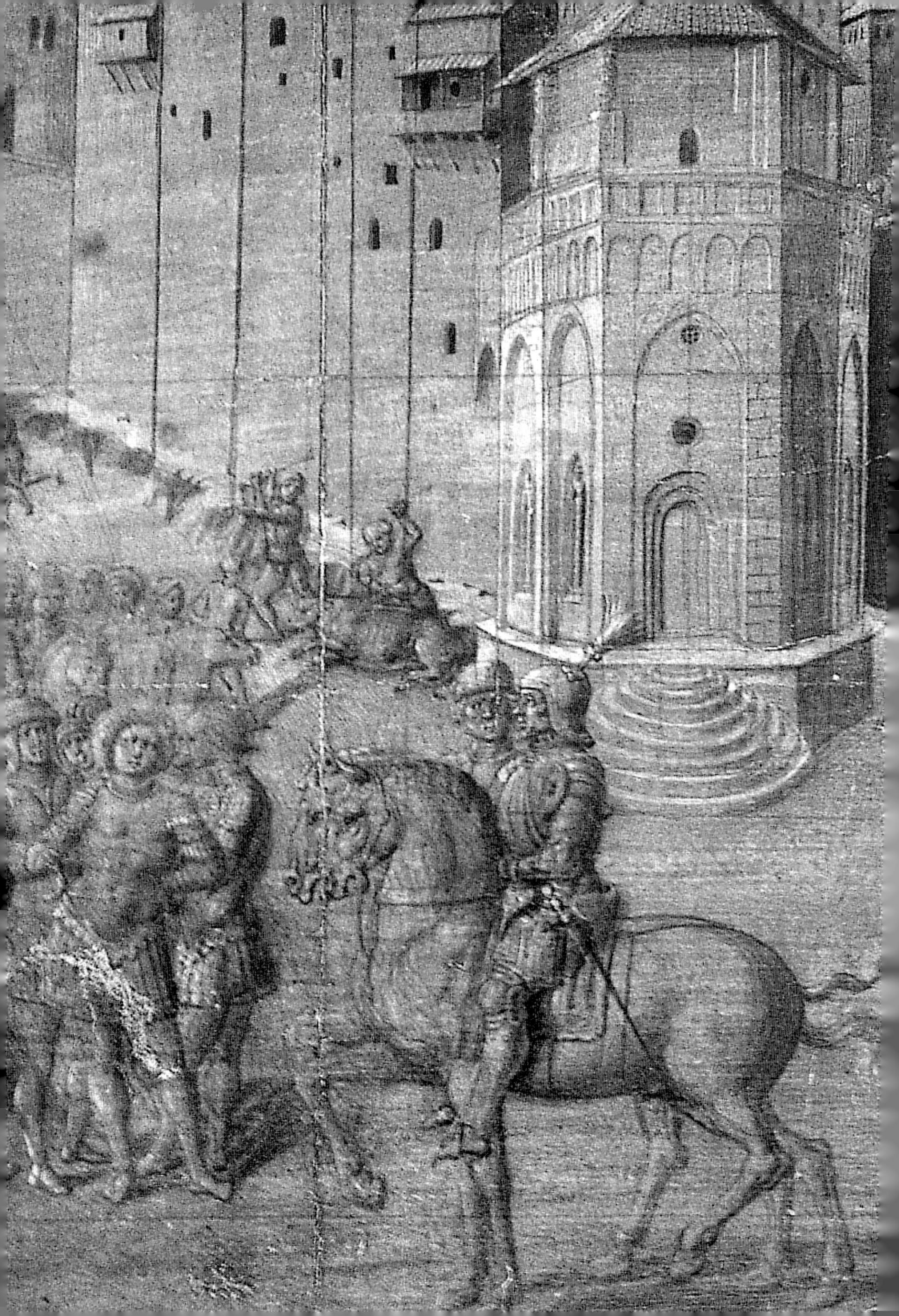

Il disegno per Benozzo

Lorenza Melli

1. Benozzo Gozzoli, *L'assedio di Perugia*, particolare, Firenze, Gabinetto Disegni e Stampe degli Uffizi, fluorescenza UV.

Di pochi altri artisti del Quattrocento come di Benozzo è dato conoscere come il disegno abbia costituito il momento fondamentale per la creazione dell'opera pittorica e per la trasmissione del repertorio iconografico, fornendoci una preziosa documentazione dei procedimenti operativi preliminari alla pittura. Il suo corpus è costituito in parte da disegni autografi[1], molto spesso preparatori per dipinti, che rappresentano i vari stadi dell'elaborazione dell'immagine. Una seconda parte del suo patrimonio grafico è formata da una nutrita serie di disegni di repertorio, molti dei quali, secondo la ricostruzione di Bernard Degenhart e Annegrit Schmitt, erano in origine raccolti in un taccuino: per il loro carattere derivativo e spesso la scarsa qualità grafica, sembrano eseguiti prevalentemente dai collaboratori di Benozzo con la distinzione di pochi fogli autografi[2].

Nel considerare dal punto di vista stilistico e cronologico l'opera grafica del Gozzoli, gli esordi vanno ricercati, così come per quella pittorica, nell'orbita del Beato Angelico. Ma a fronte dell'ampiezza del corpus gozzolesco il numero di prove del frate è limitatissimo. Uno dei punti di riconoscimento può essere trovato nel *Profeta David* del British Museum[3], un disegno dal carattere miniaturistico che tradisce la sua paternità nello stile etereo e delicato. Il Gozzoli appare di solito più sostanziale e caratterizzato, di un naturalismo quasi tipico, che si svela proprio quando traduce disegni dell'Angelico, come nell'*Angelo* di Dresda (fig. 2), o nella *Madonna* degli Uffizi 101 Ev (cat. 14v). Quest'ultima, a volte attribuita al Beato Angelico per l'aderenza iconografica e la finezza esecutiva, sembra rivelarci la prima fase grafica del Gozzoli, al tempo della *Madonna del baldacchino* di Londra (cat. 7). Di altri due fogli, la *Testa di diacono* di Windsor e il *Dioscuro* di Londra, l'attribuzione è autorevolmente dibattuta tra i due pittori, ma cercheremo di tornare su questo argomento alla fine del nostro discorso, dopo aver reso un quadro più ampio del problema stilistico e tentato di delineare la personalità grafica del Gozzoli procedendo ad analizzarne la produzione per tipologie.

Molti dei disegni autografi del Gozzoli sono preparatori per dipinti, eseguiti su fogli autonomi che venivano conservati per accrescere il patrimonio figurativo. Le prove grafiche esistenti documentano vari stadi della preparazione dell'immagine da dipingere. Schizzi compositivi, rappresentativi della prima fase di ideazione della scena complessiva, sono i due disegni (fig. 3) per altrettanti episodi del ciclo di Sant'Agostino a San Gimigniano (1464-65): la scena, con la rispettiva didascalia, è abbozzata nella sua struttura essenziale e nella disposizione strategica dei personaggi principali. Il confronto con sinopia e pittura (fig. 4) permette di seguire l'evoluzione dell'idea iniziale attraverso gli spostamenti delle figure, rivelando come la composizione fosse sinteticamente ma efficacemente impostata fin dall'inizio[4].

I due studi compositivi (fig. 5 e cat. 26) per il perduto ciclo di Santa Rosa a Viterbo (1453), oltre a costituire una preziosa indicazione dell'aspetto com-

2. Benozzo Gozzoli, *Putto e angelo,* Dresda, Kupferstich-Kabinett C. 6.

3. Benozzo Gozzoli, *Studio per la predica di sant'Agostino*, Darmstadt, Hessisches Landesmuseum, A.E. 1297.

4. Benozzo Gozzoli, *Predica di sant'Agostino*, San Gimignano, chiesa di Sant'Agostino.

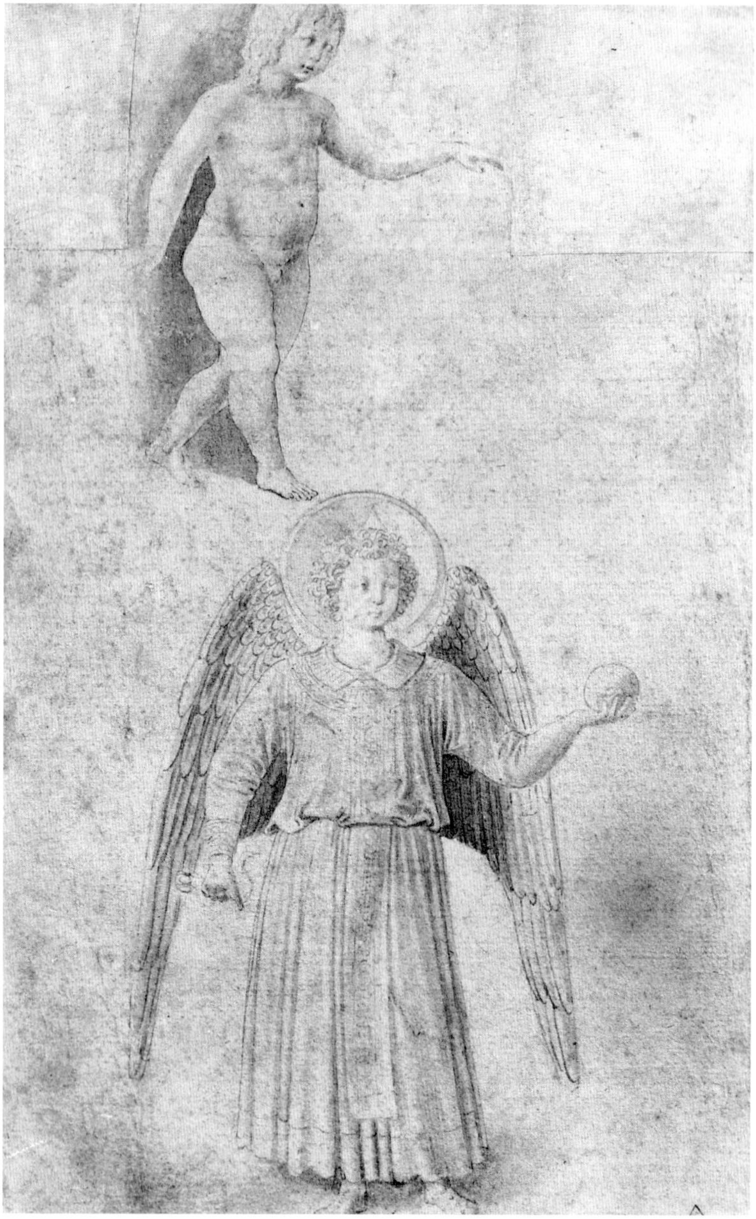

plessivo delle scene, rappresentano un momento più avanzato nella preparazione dell'affresco. Purtroppo, non possedendo altra documentazione di queste due raffigurazioni andate distrutte ancor prima che Sabatini copiasse l'intero ciclo (cat. 27), non è possibile accertarne il grado di compiutezza rispetto al risultato. Nei disegni è già presente una descrizione ambientale, rispettivamente domestica e urbana, in cui le figure sono caratterizzate e riconoscibili, il tutto incorniciato da una finta architettura con lesene e trabeazione che sarà poi adottata anche a San Gimignano (fig. 4).
Partendo da queste composizioni, che potevano avere anche la funzione di 'disegno di presentazione', cioè di progetto da sottomettere al committente per l'approvazione, il Gozzoli passava a elaborare la figura singola o i grup-

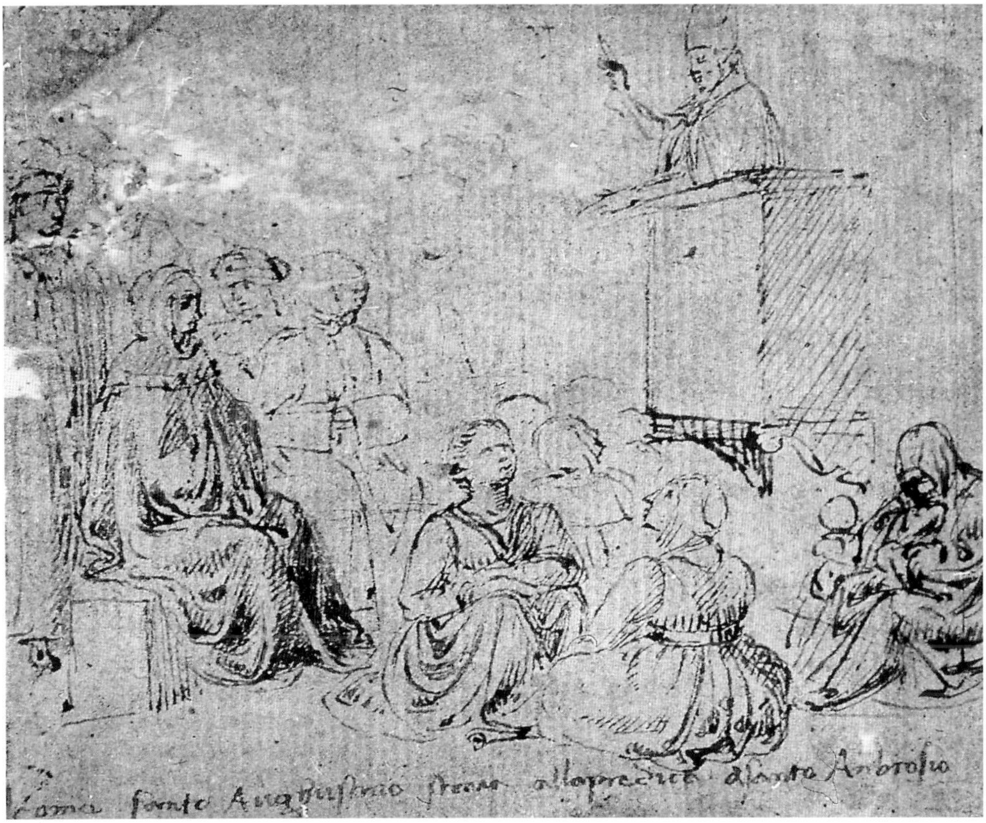

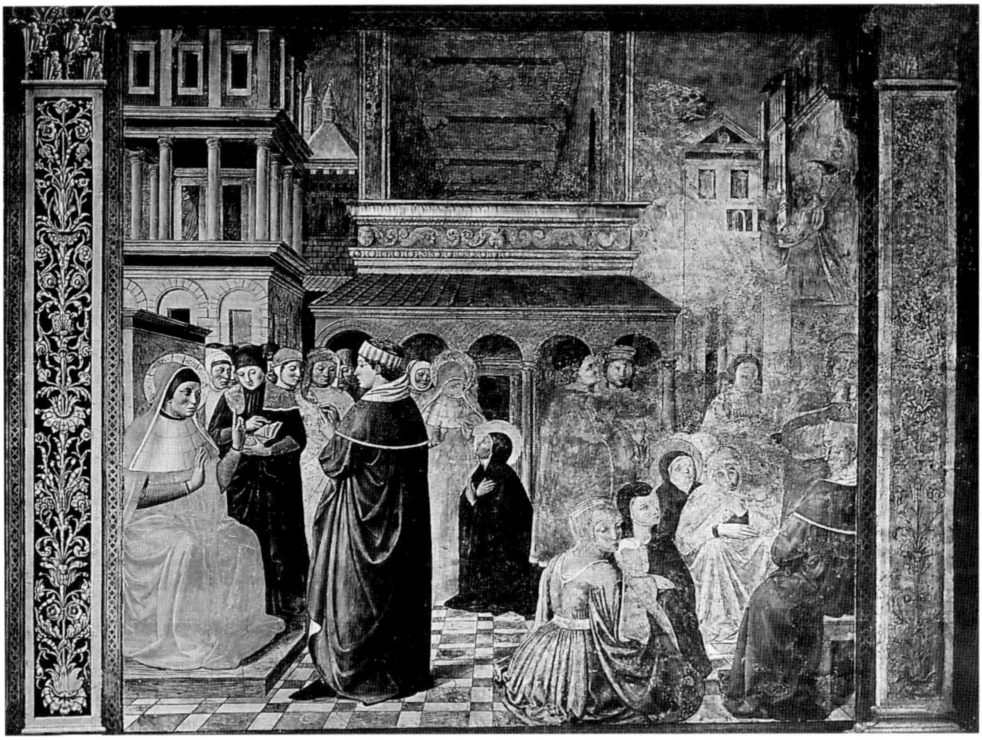

pi di figure. È questo il caso di alcuni disegni per gli affreschi di Montefalco (1450-52), come lo studio per *San Girolamo e un accolito* (cat. 25) nel corrispondente affresco della cappella di San Girolamo. Si tratta di un abbozzo preliminare specifico per i due personaggi, eseguito con un veloce tratto a penna alla ricerca del movimento e dell'andamento del panneggio e privo di indicazioni ambientali. Il disegno per il *San Luigi di Francia* invece (fig. 6) documenta la fase in cui la figura è studiata ancora in modo preliminare ma con tutti gli attributi specifici, compresa l'indicazione della nicchia a tempietto che sarà poi leggermente modificata nel dipinto, con la soppressione dei pinnacoli e l'aggiunta del tamburo nella cupola. Il foglio di Londra (cat. 23) per l'affresco del *San Severo* ci mostra invece l'immagine finita in tutti i suoi aspetti, pronta per essere riportata sulla parete attraverso l'opportuno ingrandimento. Minime modifiche nell'affresco rispetto al disegno attestano il carattere preparatorio e non derivativo di questa opera grafica. In altri casi infatti, disegni completamente aderenti al dipinto nei minimi dettagli e nella distribuzione di ombre e luci, come il *San Giovanni* all'École des Beaux-Arts di Parigi (cat. 29) che corrisponde all'analoga figura nella pala della Sapienza Nuova del 1456 (cat. 28), sembrano piuttosto copie eseguite dal pittore per conservare in bottega un esemplare del proprio repertorio iconografico. Per elaborare le pose delle figure Gozzoli ricorreva anche allo studio dal naturale, come sembrano attestare il disegno con una *Donna di schiena* nella collezione Lugt[5], adattata poi nei gesti per una figura astante sia nel *Presepe di Greccio* a Montefalco che nella *Visione di santa Rosa* a Viterbo (fig. 5); o il foglio di Londra 1895-9-15-444 (cat. 31, fig. 1), dove il tipo iconografico del paggio, derivato a sua volta da un re mago fiammingo, viene "verificato" attraverso l'osservazione di un garzone atteggiato nella stessa posa.

L'elaborazione degli arti umani, e soprattutto lo studio della testa, rappre-

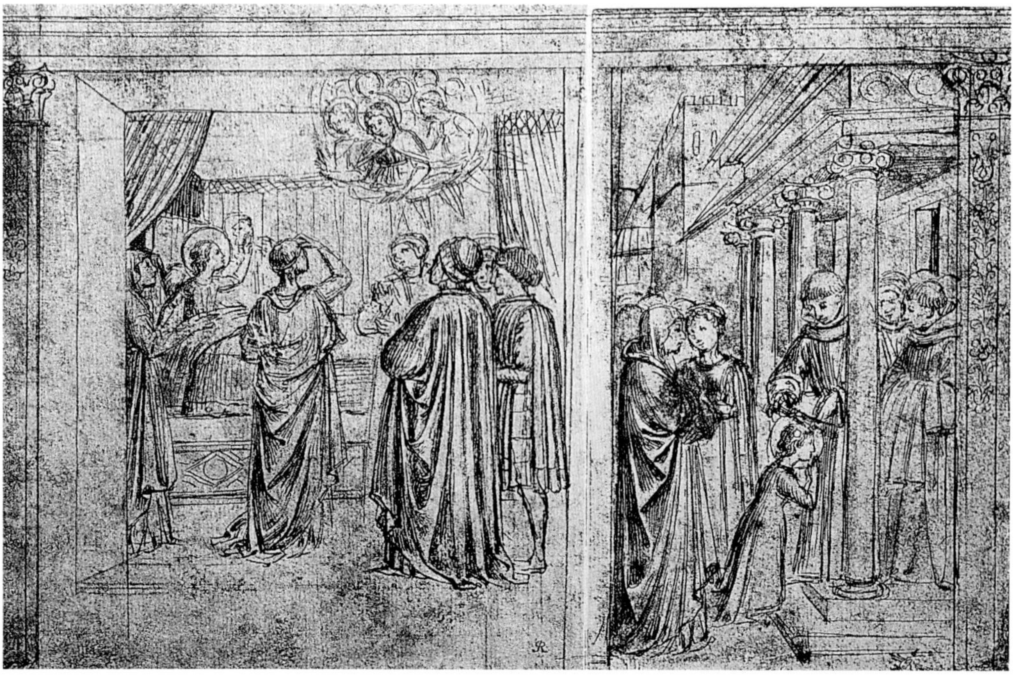

5. Benozzo Gozzoli, *Studi per gli affreschi di Santa Rosa a Viterbo,* Londra, British Museum, inv. 1885-5-9-38 e Dresda, Kupferstich-Kabinett, inv. C. 2.

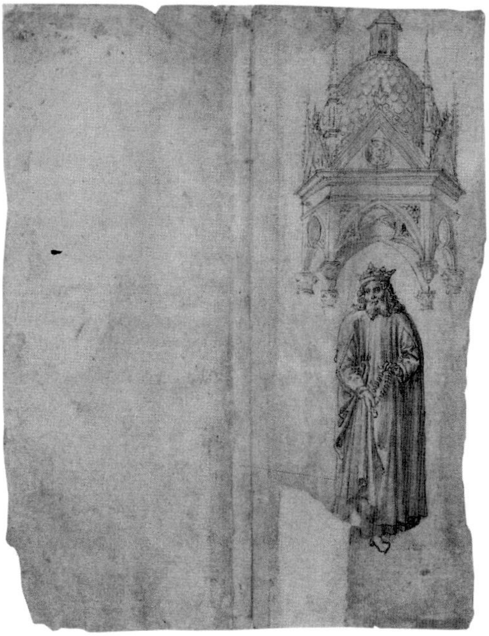

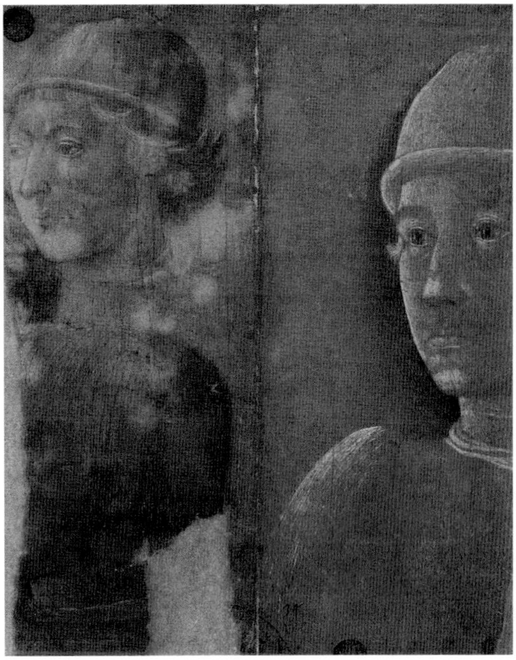

6. Benozzo Gozzoli, *Studio per san Luigi di Francia*, Venezia, Accademia, inv. 102v.

7. Benozzo Gozzoli, *Studi di teste*, Venezia, Accademia, inv. 102-104.

sentava uno degli stadi finali della preparazione grafica del dipinto. Del Gozzoli si conservano vari esemplari che contengono studi di teste maschili, femminili, infantili, per iconografie specifiche. Molti sono ispirati a tipologie angelichiane, tradotti in linguaggio benozzesco e impiegati ripetutamente nel corso della carriera, costituendo quasi un repertorio specializzato per questo genere: come la *Testa di vescovo* di Roma (cat. 24), utilizzata fra l'altro per il vescovo che protegge san Francesco a Montefalco, quella di *Bambino* degli Uffizi (cat. 14r) di cui ritroviamo le sembianze e lo sguardo languido nel Gesù bambino nella pala di Ottawa[6], o le *Teste di monaco* sul foglio inglese (cat. 23v), ripetuta anche per il san Romualdo nella cappella di San Girolamo.

Un caso particolare è costituito dal disegno di Venezia 102-104 (fig. 7)[7], che sembra aver fatto parte del libro di bottega del Gozzoli, e che contiene due diverse tipologie di testa su uno stesso foglio. Esso è infatti formato da due parti di colore verde e rosa[8], con disegni attribuiti rispettivamente a un collaboratore e al maestro per via della schematicità e del minor naturalismo con cui è disegnata la prima rispetto alla seconda. In quella verde è tracciata con una tecnica finissima una testa 'generica', dalla fisionomia rigidamente benozzesca, che il pittore ha realizzato come modello per un tipo seriale la cui esecuzione pittorica era spesso delegata agli aiutanti. Sulla parte rosa, che era anch'essa in origine verde come rivelato da recenti indagini e che presenta sul *verso* il succitato disegno autografo per Montefalco del 1452 (fig. 6), il Gozzoli ha tracciato in un secondo tempo alcune teste dopo aver ricoperto la pagina con un nuovo fondo rosa per coprire un disegno preesistente. Queste teste, purtroppo frammentarie, sono caratterizzate da un delicato naturalismo e potrebbero risalire all'epoca degli affreschi medicei, intorno al 1460. In una pletora di personaggi del corteo dei Magi troviamo allo stesso modo accostati 'teste generiche' e 'ritratti', come in questo dettaglio degli affreschi (fig. 8). Il foglio veneziano contiene dunque disegni di teste

8. Benozzo Gozzoli, *Corteo dei Magi*, Palazzo Medici, particolare della parete orientale della cappella dei Magi.

9. Benozzo Gozzoli, *Angelo e testa maschile di profilo*, Cleveland, The Cleveland Museum of Art, inv. 37.24r.

10. Benozzo Gozzoli, *Testa femminile di profilo*, Cleveland, The Cleveland Museum of Art, inv. 37.24v.

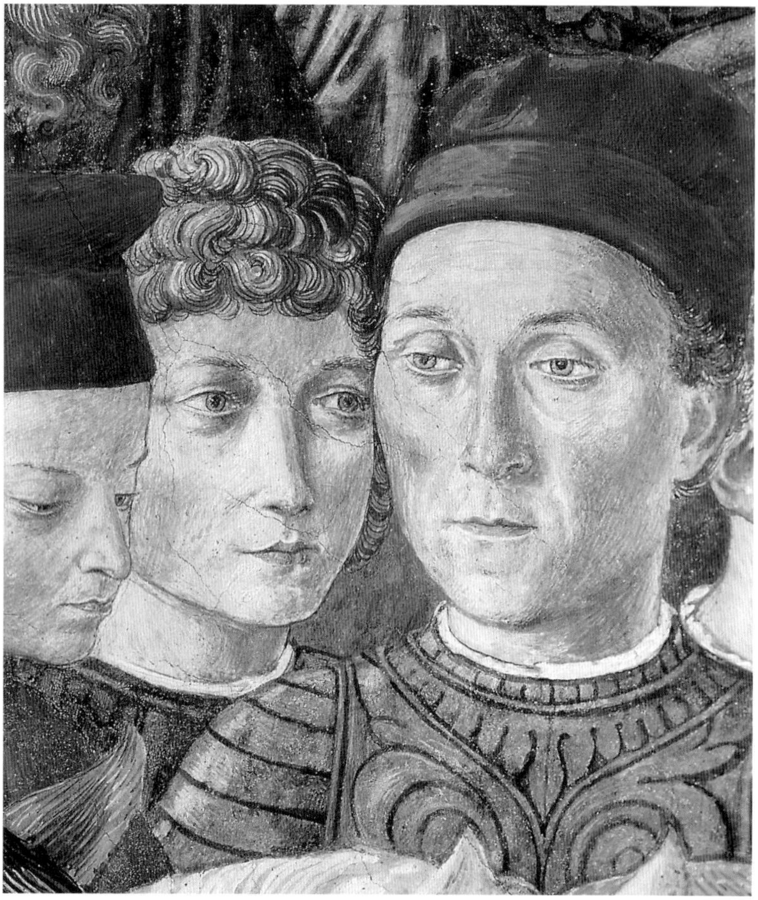

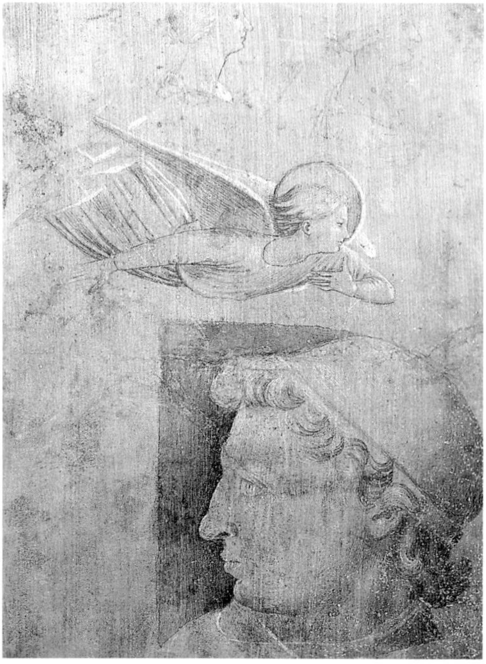

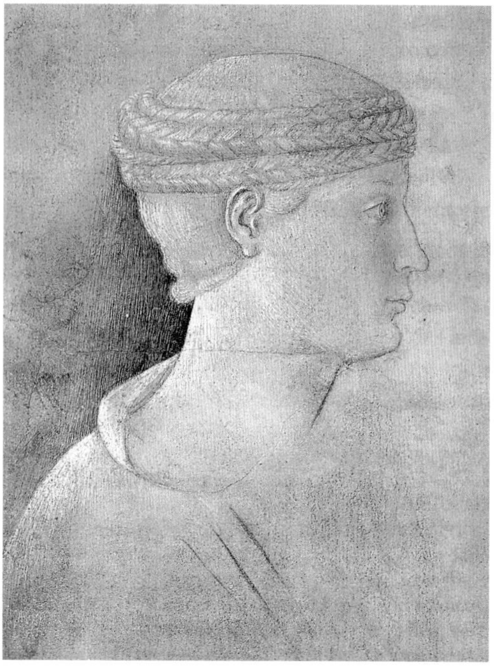

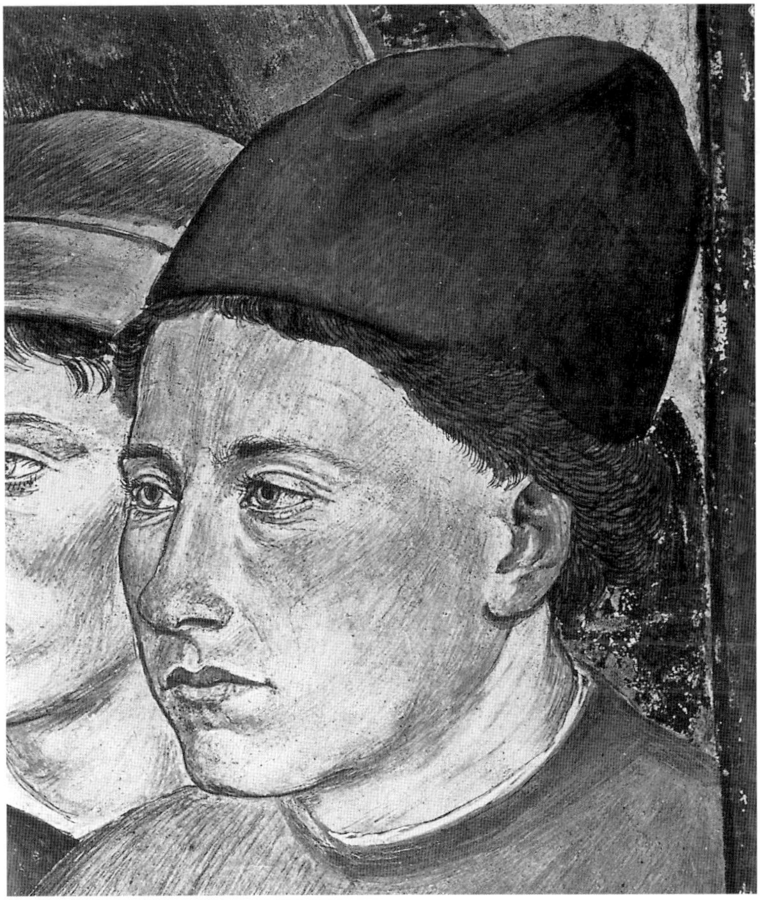

11. Benozzo Gozzoli, *Storie di san'Agostino*, particolare, San Gimignano, chiesa di Sant'Agostino.

eseguiti in tempi diversi e di tipo diverso. Ci sembra che questo caso dimostri come la scelta della tecnica e il grado di naturalismo nei disegni del Gozzoli siano determinati principalmente dalla tipologia del soggetto. Un'analoga situazione è attestata anche dal foglio di Cleveland, recentemente riconosciuto a Benozzo con una datazione intorno al 1460[9], che presenta l'accostamento di una *Testa maschile* dal naturale sul *recto* (fig. 9), e di una *Testa femminile* generica sul *verso* (fig. 10).

In questo contesto torniamo a considerare la *Testa di chierico* di Windsor (cat. 16r) disputata tra Gozzoli e Angelico[10]. Questo soggetto a mezzo busto di tre quarti è reso con un naturalismo accompagnato da una sensibilità spaziale che non troviamo in nessun altro disegno del gruppo. Infatti sia le belle teste dal naturale di Venezia e Cleveland (figg. 7, 9), risalenti all'epoca dell'impresa medicea, sia quelle più giovanili esposte in mostra (cat. 14 e 17), rivelano comunque una cifra gozzolesca più spiccata e non presentano un interesse volumetrico tanto accentuato. Anche se non sono reperibili confronti grafici per questo disegno, il riconoscimento come opera del Gozzoli potrebbe forse essere ammissibile se collocato in un'epoca un po' più avanzata del pittore, quando negli affreschi di San Gimignano eseguiva alcuni altissimi ritratti di notabili locali (fig. 11).

Il foglio 333 E degli Uffizi con *L'assedio di Perugia* (fig. 12)[11], per il formato eccezionalmente grande, la completezza figurativa e le caratteristiche tecniche, potrebbe aver costituito il 'cartonetto' o il 'disegno di presentazione' per un affresco nel palazzo dei Priori di Perugia, poi realizzato dal pittore Benedetto Bonfigli. I committenti potrebbero aver richiesto un progetto al Gozzoli nel 1454, quando fu destinato il lavoro, o nel 1461, quando per la lentezza del Bonfigli si minacciava di chiamare un altro maestro[12]. La fotografia alla fluorescenza UV, rivelando i tratti di penna assorbiti nel tempo dalla preparazione, permette di leggere dettagliatamente tutta la scena, con l'accampamento di Totila a sinistra, la raffigurazione della città di Perugia al centro, e il martirio di sant'Ercolano gettato dalle mura sulla destra del tempio centrale. La struttura della composizione per piani sfalsati, che tornerà anche negli affreschi medicei, presenta una spazialità meno matura nel rapporto tra figure e rappresentazione urbana, osservazione questa che farebbe preferire la prima delle datazioni proposte.

Da un dettaglio raffigurato sul foglio 333 E passiamo a contemplare un altro genere fortunato di disegni, al quale Benozzo come molti artisti della sua epoca, si è dedicato. Si tratta del disegno da esempi plastici antichi, che per il caso del Gozzoli e per gli effetti sulla sua pittura è stato profondamente analizzato da Michael Wiemers[13]. L'episodio dell'uccisione del vitello, rappresentato sulla sinistra del tempio di Sant'Ercolano ai piedi delle mura, sembra ispirato a una raffigurazione antica, così come l'*Uomo con un leone* (fig. 13) sul *verso* del disegno di Dresda[14] sembra derivato da un bassorilievo o da una gemma. Un altro notevole caso di derivazione dall'antico è costituito dal disegno del *Dioscuro di Monte Cavallo* a Londra[15], disputato tra l'autografia di Angelico[16] e quella di Gozzoli[17]. Dal confronto tra queste due interpretazioni dell'antico emerge che nel foglio inglese l'uso della biacca

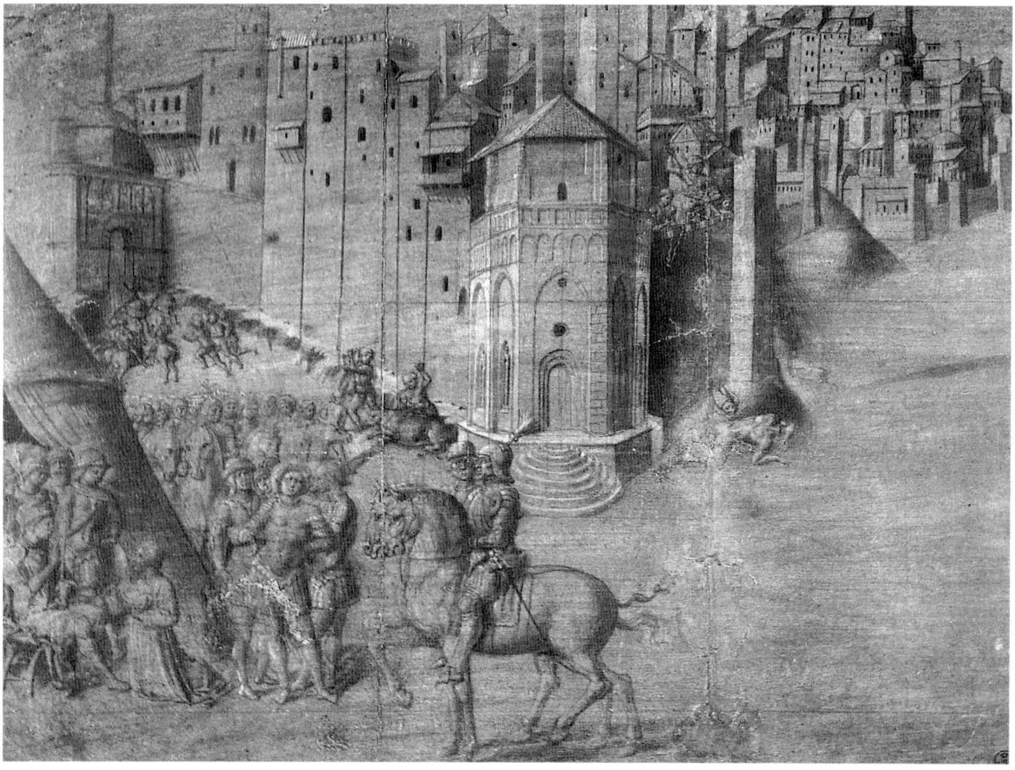

12. Benozzo Gozzoli, *L'assedio di Perugia*, Firenze, Gabinetto Disegni e Stampe degli Uffizi, inv. 333 E, fluorescenza UV.

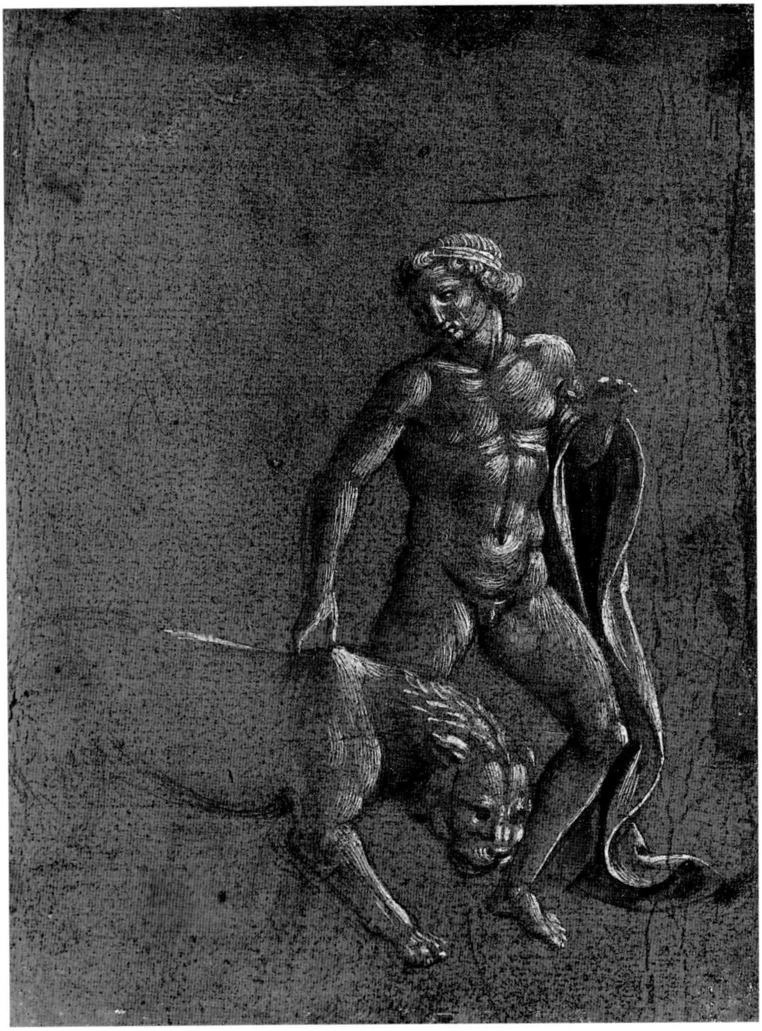

13. Benozzo Gozzoli, *Uomo con leone*, Dresda, Kupferstich-Kabinett, inv. C. 6v.

non è soprattutto luministico ma, come nel disegno del Gozzoli a Dresda, piuttosto finissimo indicatore plastico, privo anche di quella tipizzazione della fisionomia con la quale Gozzoli sembra firmare i suoi disegni. Ma più che il nome dell'Angelico, solitamente dubitato per via del soggetto profano, si può avanzare quello di un nuovo candidato, gentilmente segnalatomi da Miklós Boskovits, di Francesco Pesellino. Infatti l'elegante effetto anatomico ottenuto con una tecnica molto sensibile permette un accostamento alle miniature del Silio Italico di quel pittore[18], soprattutto al *Marte sul carro* della Biblioteca Marciana di Venezia, rapporto che sembra plausibile sia per la figura maschile che per la rappresentazione dell'animale.
Dall'*excursus* sui disegni autografi di Benozzo ci sembra di poter concludere che spesso la scelta della tecnica è determinata dal genere grafico. Infatti la penna, l'acquerellatura e il tratteggio, tecniche molto veloci, erano adatte per esercitazioni, schizzi, abbozzi e disegni preparatori, mentre l'uso della biacca a pennello e della carta colorata si addicevano a studi particolari sugli effetti luministici o plastici delle figurazioni o all'esecuzione di modelli di repertorio.

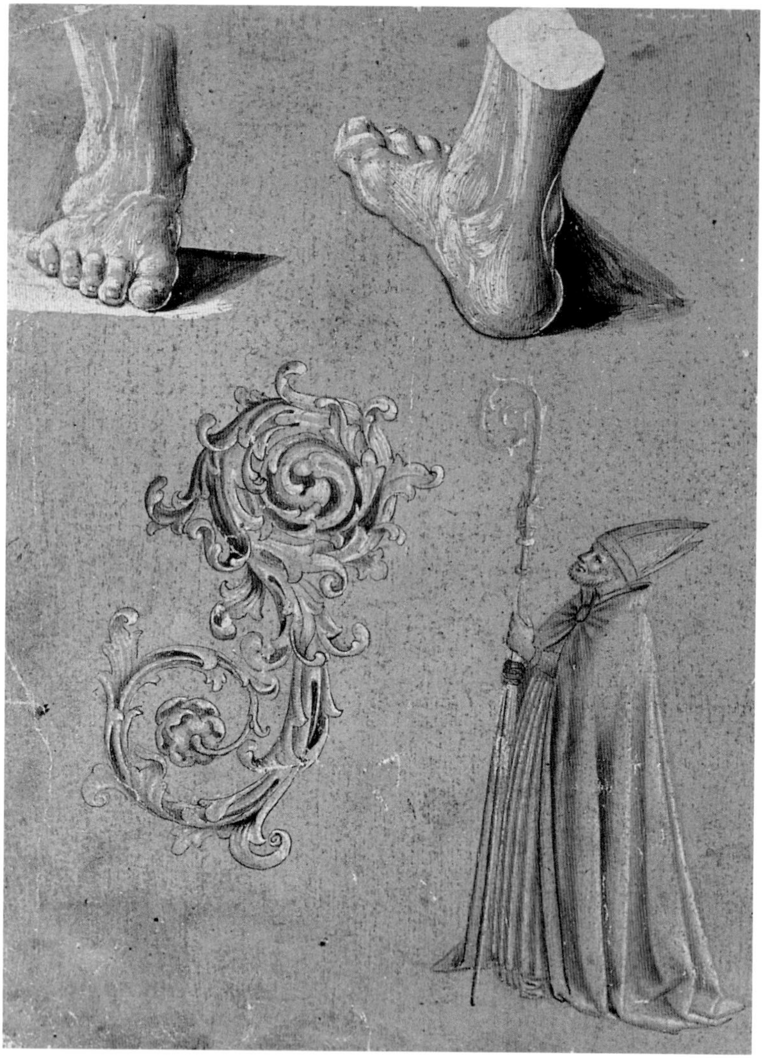

14. Benozzo Gozzoli e bottega, *Due piedi, una voluta a tralcio, un vescovo*, Rotterdam, Museum Boijmans-van Beuningen, f. 58v.

Le ricerche codicologiche hanno rappresentato uno degli aspetti più rilevanti nello studio del corpus grafico del Gozzoli, indirizzate all'individuazione degli elementi che ne attestino la provenienza da un taccuino, o da un libro o da un volume di disegni. Gli artisti spesso conservavano i propri disegni sciolti dentro apposite cartelle e, se rilegati in libri 'a posteriori', questi avevano un carattere molto più variegato rispetto ai taccuini. In uno di questi libri può forse essere stato inserito il già citato disegno de *L'assedio di Perugia*: questo risulta essere stato ritagliato in tre parti della stessa grandezza di altri fogli gozzoleschi e presenta ancora tracce di cuciture sui margini. Sappiamo anche che alcuni esemplari del corpus di Benozzo hanno fatto parte di volumi confezionati non dall'artista stesso, ma da successivi proprietari-collezionisti che li incorniciavano manipolandone il formato. Vasari ad esempio ha posseduto i disegni preparatori per il ciclo di San Gimignano come attestano le sue parole: "in Sant'Agostino nella cappella maggiore a fresco le storie di sant'Agostino, cioè dalla conversione insino alla morte. La quale opera ho tutta disegnata di sua mano nel nostro

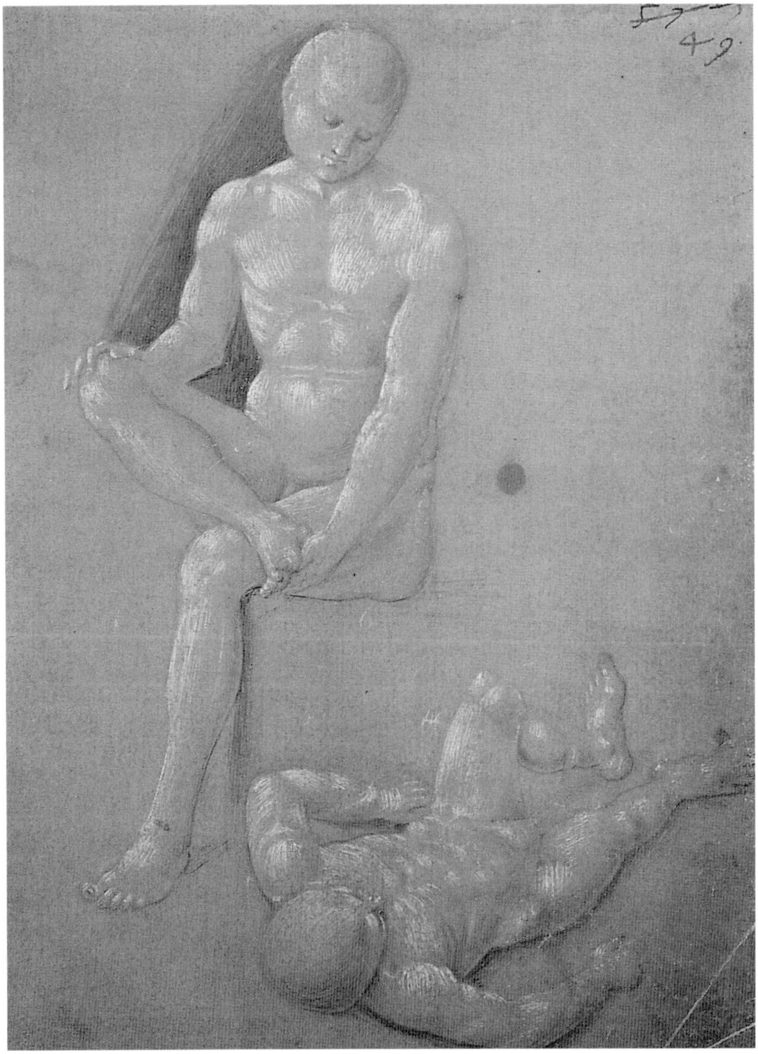

15. Benozzo Gozzoli e bottega, *Una figura maschile seduta e una distesa*, Rotterdam, Museum Boijmans-van Beuningen, f. 51.

libro, insieme con molte carte delle storie sopraddette di Camposanto di Pisa"[19]. Anche nei famosi 'volumi Universali' della collezione di Leopoldo de' Medici erano conservati disegni del Gozzoli, tra i quali è possibile riconoscere il 101 E (cat. 14), mentre tra i fogli dell'Angelico vi era il disegno di un *Cavallo* (GDSU 107 Ev), ora riferito a Benozzo[20].
L'ipotesi della originaria appartenenza del gruppo dei disegni di bottega, conservati per la maggior parte a Rotterdam (figg. 14, 15), a un libro rilegato 'a priori', cioè un taccuino, è stata supportata, oltre che da notazioni codicologiche come gli angoli inferiori sporchi di ditate e le numerazioni sulle pagine, dallo strabordamento della preparazione rosa della pagina conservata a Venezia e già da noi considerata su quella successiva[21]. Come abbiamo osservato però, questa colorazione rosa è stata data dal Gozzoli in un secondo momento, intorno al 1460. In questo modo si attesta che almeno allora questi fogli si trovavano rilegati insieme. L'ipotesi dell'esistenza di un libro 'a priori' è suggerita soprattutto dall'organicità delle raffigurazioni, tipica di un libro di modelli.

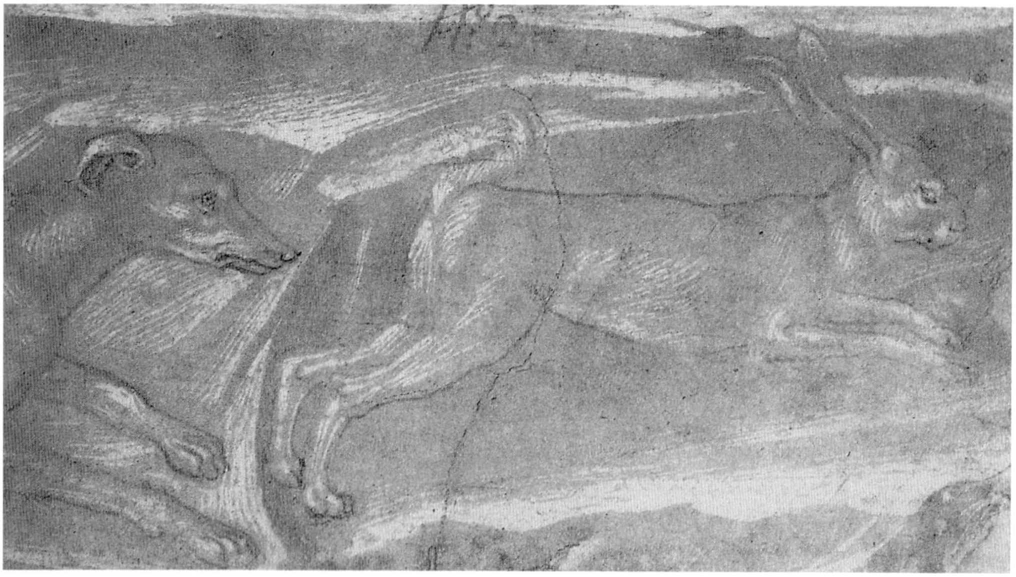

16. Benozzo Gozzoli, *Cane che insegue una lepre,* New York, Woodner Collection.

Le pagine di questo 'taccuino' presentano infatti con una originale uniformità l'accostamento casuale di modelli. Molti di questi sono copie da opere di Gozzoli, che hanno fatto appunto supporre l'intervento compilativo degli allievi, come a costituire un 'catalogo' dei prodotti. La pagina conteneva generi diversi per tutte le occorrenze, un prontuario a cui attingere senza limite di spazio o tempo. In questo caso, ad esempio (fig. 14), i disegni di piedi da adattare alle figure di santi scalzi, il tralcio vegetale per decorare lesene e architravi, il vescovo per iconografie specifiche, sembrano derivare rispettivamente da modelli plastici, decorazioni architettoniche antiche, dipinti o disegni angelichiani. È molto frequente che questi disegni siano solo apparentemente studiati dal naturale, rivelandosi piuttosto come derivazioni da opere pittoriche e grafiche dello stesso Benozzo o di altri artisti, riallacciandosi a una lunga tradizione figurativa di cui costituiscono solo un anello della catena. Come ha spiegato Anna Forlani, è tipico del disegno di repertorio avere un carattere ambiguo nel rapporto tra invenzione e tradizione, essendo difficile individuare il confine tra studio dal naturale e dipendenza dal modello[22]. Esplicativo in questo senso è il foglio con figure nude sedute e distese (fig. 15), dove la prima sembra studiata dal vero atteggiata a *Spinario*[23], quando in realtà è una replica incompleta di un altro disegno del gruppo[24], entrambe derivate da una precedente interpretazione di questo prototipo aulico.

Recentemente sono stati riconosciuti alla mano di Benozzo alcuni fogli, finora ritenuti di bottega, che possono aver costituito un libro a sé stante risalente al 1456-59, con disegni stilisticamente omogenei derivati da modelli antichi, nordici (cat. 32, 30) e forse anche zoologici, se ad essi si può aggiungere il *Cane che insegue una lepre* della collezione Woodner[25] (fig. 16). La datazione è suggerita dalla loro aderenza stilistica alla pala della Sapienza Nuova (1456) e per l'aver Gozzoli fatto ampio ricorso ai soggetti di questo repertorio nel *Corteo dei Magi.*

Nel gruppo di disegni generalmente attribuiti alla bottega ci sembra dunque che l'autografia del maestro sia più ricorrente di quanto generalmente riconosciuto, e anche laddove è possibile individuare la mano di un collaboratore che replica o si esercita sugli originali del maestro, questi interventi vanno considerati pur sempre come diretta emanazione della sua personalità artistica, oltre che direttamente funzionali alla sua produzione. Inoltre non tutti i disegni derivativi sembrano attribuibili agli allievi, anzi a volte era il maestro stesso che replicava le opere proprie o altrui per creare un repertorio di modelli destinato anche ai suoi collaboratori. Anche i disegni eseguiti dai garzoni, nella loro ingenuità stilistica, contribuivano ad accrescere il patrimonio della bottega partecipando ugualmente al funzionamento di questo organismo vivo di cui i disegni stessi ci parlano, rivelandoci gerarchie, ruoli e funzioni.

La varietà tipologica dell'attività grafica del Gozzoli ci ha mostrato quale fosse la sua funzione nel contesto della produzione pittorica. Ci sembra di poter concludere che la ricchezza del patrimonio grafico del Gozzoli è indice del suo attaccamento ai propri modelli figurativi. Il nostro pittore recava seco, tra le "masserizie" di bottega nei vari spostamenti in Umbria e in Toscana, i suoi libri di disegni. Questi gli permettevano di replicare le invenzioni più fortunate o richieste, in un gioco di giustapposizioni e riadattamenti che ha prodotto spesso il consapevole accostamento di motivi tradizionali ed elementi rinascimentali, donando alla sua pittura il carattere surreale di un racconto.

[1] Degenhart-Schmitt 1968, I-2, dal cat. 397 al 433 (con bibliografia). Per studi più recenti sul corpus grafico del Gozzoli nel suo complesso, vedi Ames-Lewis 1995, 1998, 2000a e 2000b.

[2] Degenhart-Schmitt 1968, I-2, dal cat. 434 al 469 (con bibliografia); Elen 1995, cat. 23, pp. 223-226 (con bibliografia); Scheller 1995, cat. 36 pp. 369-380 (con bibliografia).

[3] Inv. 1895-9-15-437. Degenhart-Schmitt 1968, I-2, cat. 369.

[4] L'altro foglio è a Cambridge (Mass.), inv. 1932.123. Si veda Cole Ahl 1996, pp. 135-140.

[5] Degenhart-Schmitt 1968, I-2, cat. 412.

[6] Cole Ahl 1996, cat. 49, pp. 238-239.

[7] Per l'analisi più approfondita di questo disegno vedi Melli 2000, pp. 183-189.

[8] Recentemente restaurato ripristinando la contiguità originaria.

[9] Olszewsky, in Dunbar-Olszewsky 1996, pp. 28-34, cat. 5.

[10] Questa attribuzione è sostenuta da De Marchi, in Bellosi 1990, cat. 14, pp. 102-103, e Clayton 1993, cat. 1, pp. 18-21.

[11] Per l'approfondimento degli aspetti tecnici, codicologici, storici e iconografici del foglio 333 E, vedi Melli 2000 (con bibliografia).

[12] Cfr. Mencarelli 1998, p. 76.

[13] Wiemers 1987.

[14] Degenhart-Schmitt 1968, I-2, cat. 399.

[15] British Museum, inv. Pp. 1-18.

[16] Degenhart-Schmitt 1968, I-2, cat. 373.

[17] A. Natali, in Petrioli Tofani 1992, cat. 1.1, pp. 22-23.

[18] M. Ferro, in Bellosi 1990, cat. 20, pp. 128-133 e Franci-Ceccanti 1996.

[19] Come riconosciuto da Ragghianti Collobi 1974, vol. testo, p. 65, che propone anche per il 101 E (cat. 8) l'appartenenza alla collezione del Vasari.

[20] Descritto nell'Inventario manoscritto del Pelli "1793", II, tra i diciassette disegni di fra Giovanni nel volume Universale III, n. 17: "Un cavallo sellato a acquerello e biacca su fondo color di terra". Cfr. Petrioli Tofani 1986.

[21] Si tratta della colorazione rosa del foglio 35v (Venezia 102) visibile sul bordo del 36r (Stoccolma 57), cfr. Degenhart-Schmitt 1968, I-2, cat. 443 e 444.

[22] Forlani Tempesti 1994.

[23] Come ha notato Dalli Regoli 1992, p. 63.

[24] Fol. 26 di Rotterdam, Degenhart-Schmitt 1968, I-2, cat. 440. Vedi anche Ames-Lewis 1995, pp. 394-398.

[25] L. B. Kanter, in Morgan-Grasselli 1995, cat. 6, pp. 44-45.

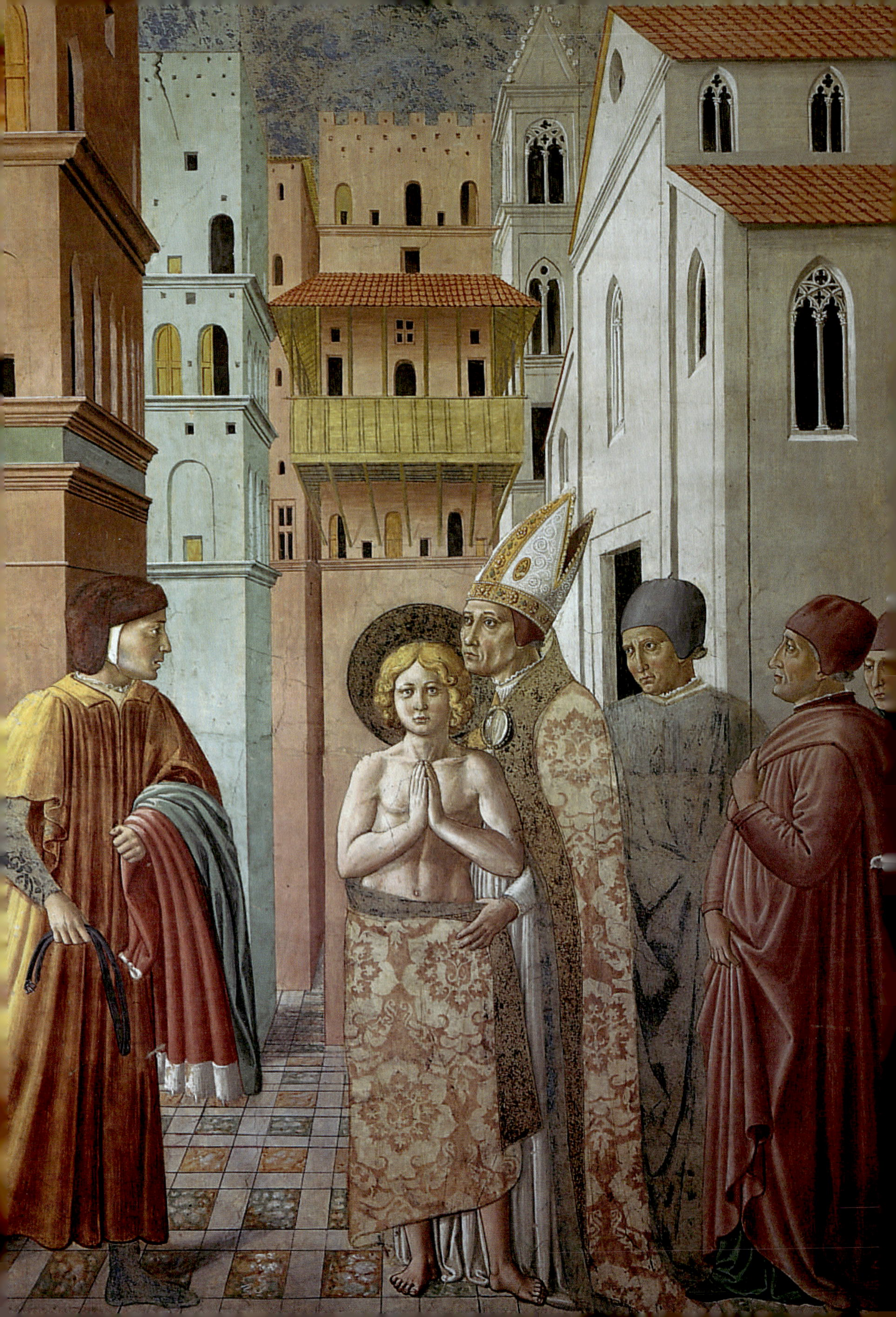